"十二五"职业教育国家规划教材
经全国职业教育教材审定委员会审定
普通高等教育"十一五"国家级规划教材
21世纪建筑工程管理系列规划教材

房地产测绘

第3版

主 编 郭玉社
副主编 徐广翔 张加颖
参 编 朱莉宏 周志富 韩 亮

机械工业出版社

本书为"十二五"职业教育国家规划教材,经全国职业教育教材审定委员会审定。全书分为基础篇和应用篇两部分。基础篇包括绪论、水准测量、角度测量、距离测量与直线定向、全站仪及其应用、测量误差的基本知识、地形图的基本知识等内容,简要介绍了普通测量的常用仪器、基本理论和地形图的基础知识;应用篇包括房地产控制测量、房产调查、房产要素测量、房地产图测绘、房产面积测算及房地产测绘资料管理等内容,重点介绍了房地产测绘的基本内容、工作程序、工作方法及要求。

本书可作为应用型本科和高职高专院校房地产经营与管理专业以及相关专业的教材,也可作为房地产管理与经营人员的参考用书。

本书配有电子课件、思考题与习题参考答案等教学资源,凡选用本书作为教材的教师可登录机械工业出版社教育服务网 www.cmpedu.com 下载。咨询电话:010-88379375。

图书在版编目（CIP）数据

房地产测绘/郭玉社主编. —3 版. —北京:机械工业出版社,2018.3
(2023.2 重印)

"十二五"职业教育国家规划教材　普通高等教育"十一五"国家级规划教材

ISBN 978-7-111-59329-4

Ⅰ.①房… Ⅱ.①郭… Ⅲ.①房地产-测量学-高等职业教育-教材　Ⅳ.①F293.3

中国版本图书馆 CIP 数据核字（2018）第 042921 号

机械工业出版社（北京市百万庄大街 22 号　邮政编码 100037）
策划编辑：李　莉　饶雯婧　责任编辑：李　莉　饶雯婧
责任校对：肖　琳　　　　　封面设计：马精明
责任印制：孙　炜
北京虎彩文化传播有限公司印刷
2023 年 2 月第 3 版第 5 次印刷
184mm×260mm・15.5 印张・1 插页・378 千字
标准书号：ISBN 978-7-111-59329-4
定价：49.00 元

电话服务　　　　　　　　　　网络服务

客服电话：010-88361066　　　机　工　官　网：www.cmpbook.com
　　　　　010-88379833　　　机　工　官　博：weibo.com/cmp1952
　　　　　010-68326294　　　金　　书　　网：www.golden-book.com
封底无防伪标均为盗版　　　机工教育服务网：www.cmpedu.com

第 3 版前言

自 2004 年至今,《房地产测绘》经过 10 多年的教学应用,受到了有关院校师生和相关从业人员的关注和好评。本书第 2 版被教育部列为普通高等教育"十一五"国家级规划教材,第 3 版被教育部列为"十二五"职业教育国家规划教材。本书现已成为部分应用型本科院校测绘工程专业的选修课程教材、工程管理专业的必修课程教材,高职高专院校房地产经营与管理等相关专业的必修课程教材,以及房地产经营管理人员的培训教材。

《房地产测绘》第 2 版问世以来,经过多年的教学实践,编者发现教材中存在着一些不足之处,同时也征集到不少师生和房地产测绘、经营与管理人员对本书提出的宝贵意见和建议。为了更好地适应教学和测绘生产及管理的需要,决定修编本书。

本次修订主要进行了以下几个方面的调整:关注测绘技术的发展动态,删减了钢尺精密量距、交会测量、传统测图方法的大平板仪测图等内容,增加了网络 GPS、数字房地产图的应用等内容;进一步完善知识的系统性,绪论中增加了概述,将光学仪器、电子仪器一并介绍,不再将电子经纬仪、电子水准仪单列,结合测图软件介绍了数字化测图法测绘房地产图的方法。此外,还编写了教学实验、教学实习指导书及课后思考题与习题参考答案等以供参考。

本次修编工作由郭玉社组织,具体编写分工如下:大同大学郭玉社修编绪论、第五、十、十二章,徐广翔修编第六、九、十一章,周志富修编第四、七章,韩亮修编第一、三章,辽宁建筑职业学院朱莉宏修编第二章,黑龙江工学院张加颖修编第八章。

由于编者水平有限,书中难免出现错误和不足之处,恳请读者批评指正。

编　者

目 录

第3版前言

基础篇

绪论 ·· 3
 第一节 概述 ·· 3
 第二节 房地产测绘的任务及其作用 ··· 5
 第三节 地面点位置的确定 ··· 7
 第四节 房地产测绘的度量单位 ·· 13
 小结 ·· 14
 思考题与习题 ·· 15

第一章 水准测量 ··· 16
 第一节 水准测量原理 ··· 16
 第二节 水准测量的仪器和工具 ·· 17
 第三节 水准仪的使用方法 ··· 20
 第四节 水准测量方法 ··· 22
 第五节 水准测量成果计算 ··· 27
 第六节 微倾式水准仪的检验及校正 ··· 31
 第七节 水准测量误差 ··· 34
 小结 ·· 37
思考题与习题 ·· 37

第二章 角度测量 ··· 39
 第一节 角度测量原理 ··· 39
 第二节 经纬仪 ·· 40
 第三节 水平角观测 ··· 46
 第四节 竖直角观测 ··· 50
 第五节 经纬仪的检验和校正 ·· 53
 第六节 角度测量误差 ··· 55
 小结 ·· 57
 思考题与习题 ·· 57

第三章 距离测量与直线定向 ··· 59
 第一节 钢尺量距 ··· 59
 第二节 视距测量 ··· 64
 第三节 光电测距 ··· 67
 第四节 直线定向 ··· 70
 小结 ·· 74

思考题与习题 ··· 75

第四章　全站仪及其应用 ··· 76
第一节　全站仪简介 ··· 76
第二节　全站仪的操作与使用 ··· 78
第三节　全站仪的应用 ··· 84
　　小结 ··· 86
　　思考题与习题 ·· 87

第五章　测量误差的基本知识 ··· 88
第一节　测量误差的来源与分类 ·· 88
第二节　观测值的算术平均值 ··· 91
第三节　评定精度的标准 ··· 93
第四节　误差传播定律 ··· 96
　　小结 ··· 100
　　思考题与习题 ·· 100

第六章　地形图的基本知识 ·· 101
第一节　地形图的比例尺 ··· 101
第二节　地形图的分幅与编号 ·· 103
第三节　地物及地貌的表示方法 ·· 108
第四节　地形图的识读 ··· 116
第五节　地形图的基本应用 ·· 118
第六节　数字地形图的基本应用 ·· 121
　　小结 ··· 122
　　思考题与习题 ·· 123

应　用　篇

第七章　房地产控制测量 ·· 127
第一节　控制测量概述 ··· 127
第二节　导线测量 ··· 130
第三节　高程控制测量 ··· 139
第四节　全球定位系统（GPS）及其应用 ·· 143
　　小结 ··· 157
　　思考题与习题 ·· 157

第八章　房产调查 ·· 158
第一节　房产调查概述 ··· 158
第二节　房屋用地调查 ··· 160
第三节　房屋调查 ··· 166
　　小结 ··· 172
　　思考题与习题 ·· 173

第九章　房产要素测量 ·· 174
第一节　房产要素测量的内容 ·· 174
第二节　房产要素测量的方法 ·· 176
　　小结 ··· 186

思考题与习题 …… 186

第十章　房地产图测绘 …… 187
第一节　房地产图的一般知识 …… 187
第二节　传统测图法测绘房地产分幅图 …… 192
第三节　房地产分丘图测绘 …… 201
第四节　房地产分户图测绘 …… 202
第五节　数字化测图法测绘房地产分幅图 …… 204
小结 …… 209
思考题与习题 …… 210

第十一章　房产面积测算 …… 211
第一节　房屋建筑面积测算的范围 …… 211
第二节　套面积计算与共有建筑面积的分摊 …… 215
第三节　房屋用地面积测算的方法 …… 225
第四节　房产测绘软件 BMF 简介 …… 227
小结 …… 229
思考题与习题 …… 230

第十二章　房地产测绘资料管理 …… 231
第一节　测绘资料质量管理 …… 232
第二节　测绘资料管理 …… 234
第三节　房地产变更测量 …… 237
小结 …… 239
思考题与习题 …… 239

参考文献 …… 240

基础篇

绪 论

学习目标

通过本章学习，了解测绘学的分类，房地产测绘在测绘学科中的地位；了解确定地面点位置的方法；熟悉房地产测绘的研究对象、任务、作用；掌握测绘学的基本概念。

  房地产是指具有权属性质的地块和其上建（构）筑物的总称，故房地产又称为不动产。狭义的房地产是指土地、建筑物及其他地上定着物，包括物质实体和依托于物质实体的权益。广义的房地产除上述内容外，还包括诸如水、矿藏、森林等自然资源。房地产测绘所指的房地产仅指狭义的房地产。

第一节 概 述

一、测绘学的学科分类

  测绘学（Geomatics）是一门古老而又具有时代特征的科学。随着人类的进步、经济的发展和科技水平的提高，测绘科学的理论、技术、方法及其学科内涵也随之不断地发生变化。人类进入21世纪以来，由"3S"技术（GPS、RS、GIS）支撑的测绘科学技术在信息采集、数据处理和成果应用等方面正在步入数字化、网络化、智能化、实时化和可视化的新阶段。测绘学已成为研究对地球和其他实体的有关空间分布的信息进行采集、量测、分析、显示、管理和利用的科学技术。

  现代测绘科学的服务对象和范围越来越广泛，已扩大到国民经济和国防建设中与地理空间信息有关的各个领域。目前测绘学可分成如下几门学科：

1. 大地测量学

  大地测量学是研究地球表面及其外层空间点位的精密测定，地球的形状、大小和重力场，地球整体和局部运动以及它们的变化的理论和技术的学科。其基本任务是建立和维护全球和区域大地测量系统和大地测量参考框架，为地理信息系统、数字地球和数字区域提供物理和几何的基础平台。20 世纪 80 年代以来，随着空间技术、计算机技术和信息技术的发展，大地测量学按其研究内容又可分为实用大地测量学、椭球面大地测量学、物理大地测量学和卫星大地测量学。

2. 摄影测量学

摄影测量学是研究利用摄影或遥感手段获取目标物的影像数据，从中提取几何或物理信息，并用图形、图像和数字形式表达测绘成果的学科。根据与目标物的关系和获取影像方法的不同，摄影测量学又可分为航空摄影学、航天摄影学、航空航天摄影测量学和地面摄影测量学等。

3. 海洋测绘学

海洋测绘学是研究以海洋水体和海底为对象所进行的测量，以及海图编制理论和技术的学科。海洋测绘学主要包括海道测量、海洋大地测量、海底地形测量、海洋专题测量，以及航海图、海底地形图、各种海洋专题图和海洋图集的编制。

4. 地图制图学

地图制图学是研究模拟地图和数字地图的基础理论、地图设计、地图编制和复制的技术方法及其应用的学科。它的任务是按一定的数学原理，利用已有的测量成果或经过处理的信息（数字与图像），研究如何编制、印刷和出版各种地图。

5. 工程测量学

工程测量学是研究工程建设和自然资源开发各阶段测量工作的理论和技术的科学，是测绘学在国民经济和国防建设中的直接应用。它的主要任务有两点：一是确定现实世界中被测对象上任意一点在某一坐标系中用二维或三维坐标来描述的位置；二是将设计的或抽象的物体，根据已知数据安置在现实空间中的相应位置。前者称为测量，后者称为放样或测设。工程测量学是以某一工程作为研究对象，所以又分为矿山工程测量、土木工程测量、线路工程测量、水利工程测量、国防工程测量及不动产测绘。

上述各门学科既自成体系，又密切联系；既分工明确，又相互配合、互为所用。

随着科学技术的发展，测绘科学在国民经济和国防建设中的作用日益增大，目前，在地质勘探、矿业开发、工业与民用建筑、交通运输、桥梁隧道、农田水利、城市规划、地震预测预报、国土开发、灾情监视与调查、空间技术等工程领域，以及现代战争中，从战略部署到指挥各兵种、军种联合作战及洲际导弹的发射等国防领域，无不需要测绘工作的保障与配合。由此可见，测绘工作有着广泛的应用。

二、房地产测绘的学科地位

房地产测绘作为测绘学科的一个分支，主要是采集和表述房屋和房屋用地的有关信息，为房产产权、产籍管理，房地产开发利用、交易、征收费税，城镇规划建设提供数据和资料。房地产测绘是测绘技术与房地产管理业务相结合的测量工作，它以房产调查为依据，测绘技术为手段，从控制到碎部精确测定各类房屋和房屋用地的坐落、用地四至、权属界址点的坐标、面积大小，房屋的界址、境界及其附属物，绘制房产图。房地产测绘与普通测量、地籍测量有相同之处，但由于服务对象不同，内容和要求又有所不同。

第二节 房地产测绘的任务及其作用

一、房地产测绘的研究内容及其学习方法

房地产测绘的研究内容包括房屋及房屋用地测绘的误差理论、方法、仪器设备、数据的采集和处理以及存储和共享。房地产测绘与普通测量学、地籍测量学的理论、技术、方法、仪器设备基本相同。普通测量学是测绘学的基础,它是研究地球表面较小区域内测绘工作的理论、技术和方法的科学;地籍测量学是研究土地信息测绘工作的理论、技术、方法以及仪器设备的科学;房地产测绘则是研究城市、县区、建制镇的建成区和建成区以外的工矿企事业单位及其毗连居民点测绘的基本理论、仪器、技术和方法的应用科学。房地产测绘是测绘科学的分支,应该遵循测绘工作的从整体到局部、从高级到低级、先控制后碎部的原则。房地产测绘与一般测量的不同之处在于它的专业性强,主要表现在:①房地产测绘是带有法律性的行政行为;②具有较高的能满足房地产管理、开发、利用、交易、征收费税的精度指标;③要求有配套的成果资料,包括图、表、册、卡;④要保持房地产成果资料的现势性,更新没有固定的周期,当房地产要素变化后,要及时同步地进行变更测量。

根据房地产测绘的研究对象和特点,本课程的内容包括普通测量和房地产测绘两部分。普通测量主要介绍地球的形状和大小、地面点位的确定、高程测量的仪器和方法、角度测量的仪器和方法、距离测量的仪器和方法、地形图的基本知识。房地产测绘主要介绍房地产控制测量、房产调查、房产要素测量、房地产图测绘、房产面积计算、房地产测绘资料管理等内容。本课程具有很强的实践性,学习中应该在弄清基本概念、基本理论的基础上,通过课堂学习、课间实验、课后实习,掌握测量仪器的结构和使用方法及水准测量、角度测量、距离测量的方法和要求;重点掌握房产调查、房产要素测量、房地产图测绘、房产面积计算的方法和要求。学习中要精思勤练,切勿死记硬背,通过操作仪器,熟悉仪器的结构性能、使用方法;通过实地调查、丈量、测绘、测算,熟悉掌握房地产测绘的工艺过程、技术方法、作业要求;在实践中加深对基本概念、基础理论的理解,提高自身技能,为将来从事的工作打下良好的基础。

二、房地产测绘的任务

房屋是人们生产和生活的场所,房屋和房屋用地是人们生产和生活的基本物质要素。房地产的开发、利用、交易和管理与人们的生活密切相关,房地产业已成为国民经济的重要组成部分。房屋和房屋用地要素的采集和表述,必须经过房地产测绘,所以房地产测绘是房地产管理的重要基础。准确而完整的房地产测绘成果是审查确认房屋的产权、产籍和保障产权人合法权益的重要依据,也是发展房地产业,进行城镇规划、建设和管理的必不可少的基础资料。

房地产测绘的任务主要是通过调查和测绘工作来确定城镇房屋的坐落、权属、权界、权源、数量、质量和现状等,并以文字、数据及图集的形式表示出来。房地产测绘的目的是明确房地产的产权、产籍,使用权的范围、界线和面积,房屋的分布、坐落和形状,建筑物的结构、层数和建成年份,以及房屋用途和土地的使用情况等基础资料,为房地产产权、产籍管理,房地产的开发利用,征收费税以及城镇的规划建设提供基础依据,促进房产开发、管理、维修的经济效益和社会效益不断提高。其具体任务包括以下几项:

(1) **通过房产调查编制房产簿册** 包括：
1) 房产调查表。
2) 房屋用地调查表。
3) 有关产权状况的调查资料。
4) 证明及协议文件。

(2) **通过房地产控制测量、房产要素测量和房产面积计算，建立房地产数据库** 包括：
1) 房地产平面控制点成果。
2) 界址点成果。
3) 房角点成果。
4) 高程点成果。
5) 面积测算成果。

(3) **通过测绘绘制房产图集** 包括：
1) 房产分幅平面图。
2) 房产分丘平面图。
3) 房屋分层分户图。
4) 房产证附图。
5) 房屋测量草图。
6) 房屋用地测量草图。

三、房地产测绘的作用

由于房地产测绘的成果（房产簿册、房地产数据库、房产图集）都具有法律效力，是进行房产产权、产籍管理，房地产开发、利用、交易、征收费税，以及城镇规划建设的重要数据和资料，因此，具有法律（权属）、经济（税收）和社会服务（城镇规划）三大基本功能。其主要作用可归纳为以下几个方面：

1. 法律方面的作用

房地产测绘为房地产的产权、产籍管理和房地产开发提供房屋及房屋用地的权属界址、产权面积、权源及产权纠纷等资料。经过测绘部门逐幢房屋调查产权，逐块土地调查使用权，并经各户申请登记，最终由政府房产管理部门确认后的房地产测绘成果资料具有法律效力，是进行产权登记、产权转移和处理产权纠纷的依据，是加强房地产管理、核定产权、颁发权证，保障房地产占有者和使用者的合法权益，强化法制管理的重要依据。

2. 经济方面的作用

房地产测绘提供的大量准确的房产簿册、房产数据、房产图集等图样资料，为及时正确掌握城镇房屋和土地的现状及其变化，理清公私占有的房地产数量和面积，建立产权、产籍和产业管理档案，统计各类房屋的数量和比例等，提供了可靠的依据，也为开展房地产经济理论研究奠定了坚实的基础。

房地产测绘成果包括房地产的数量、质量、利用现状等资料，为进行房地产的资产评估、征收房地产税费、房地产开发、房地产交易、房地产抵押，以及保险服务等方面提供了准确的数据。

3. 社会服务方面的作用

为使城镇房地产管理适应社会主义市场经济的需要，城镇房地产管理部门和规划建设部门都必须全面了解和掌握房地产的权属、地理位置、数量、质量和现状等基本情况。只有这样，才能进行妥善的管理和科学的规划建设，更好地配置土地资源，合理地使用房屋，有计划地进行旧城区的改造和新区的规划、开发、建设。房地产测绘的资料，也是开展城镇房地产管理理论研究的重要基础资料。

从另一个角度讲，房地产测绘的服务对象、着重点和主要目标是满足房地产产权和产籍管理的需要，以及房地产其他管理方面的需求。但是，随着中国特色社会主义市场经济的完善和不断发展，房地产测绘将逐步进入市场，它不仅为房地产业服务，而且也可以利用丰富的房地产测绘成果资源为城镇规划建设、市政工程、公共事业、绿化环保、治安消防、文教卫生、水利交通、工商管理、旅游等城镇事业提供基础资料和有关信息，从而达到信息共享，避免重复测绘、重复投入，提高经济效益。

第三节　地面点位置的确定

测量工作的实质就是确定地面点的位置，确定地面点位置首先要了解地球的形状和大小，并且要知道地面点空间的表示方法。

一、地球的形状和大小

地球的表面是极不规则的，其表面有海洋岛屿、江河湖泊、平原盆地、高山丘陵，陆地最高山峰——珠穆朗玛峰高出海洋面 8844.43m，海洋最深处马里亚纳海沟深达 11022m，两者相对高差近 20km。尽管有这样大的高低起伏，但与地球平均半径 6371km 相比起来是微不足道的。同时，就整个地球表面而言，海洋面积约占 71%，陆地面积仅占约 29%。因此，假想由静止的海水面延伸穿过陆地与岛屿形成的闭合曲面与地球的总形体拟合，这个曲面称为水准面。在测量学中，任何一个自由静止的水面均称为水准面。在地球重力场中水准面处处与重力方向线正交。重力方向线称为铅垂线，是测量工作的基准线。由于受潮汐影响，海水水面时高时低，呈动态变化，因此水准面可有无穷多个。通常把通过平均海水面的水准面称为大地水准面，大地水准面是测量工作的基准面。大地水准面所包裹的地球形状称为大地体，大地体代表了地球的形状和大小。

由于地球内部质量分布的不均匀性，使得铅垂线方向发生不规则变化，处处与重力方向正交的大地水准面也就不是一个规则的数学面，而是一个表面有微小起伏的复杂曲面。在这个面上无法进行测量工作的计算，于是人们选择了一个与大地体的形状和大小较为接近的、经过测量理论研究和实践证明的旋转椭球体来代替大地体，如图 0-1 所示，并通过定位使旋转椭球体与大地体的相对关系确定下来，这个旋转椭球体称为参考椭球体。参考椭球体的表面是一个可以用数学公式表达的规则曲面，它是测量计算和投影制图的基准面。

参考椭球体的形状和大小，通常用其长半轴 a，短半轴 b 和扁率 α 描述，只要已知其中两个元

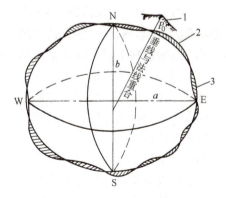

图 0-1　地球表面与大地水准面及参考椭球体相互关系示意图
1—地球表面　2—大地水准面
3—参考椭球体

素,即可确定椭球体的形状和大小。

我国1954年北京坐标系采用苏联的克拉索夫斯基椭球体元素,其值为

长半轴 $a = 6378254\text{m}$

扁 率 $\alpha = \dfrac{a-b}{a} = \dfrac{1}{298.3}$

我国1980年西安坐标系采用国际大地测量与地球物理协会(IUGG)推荐的IUGG—1975椭球元素,其值为

长半轴 $a = 6378140\text{m}$

扁 率 $\alpha = \dfrac{a-b}{a} = \dfrac{1}{298.257}$

1980年西安坐标系曾命名为1980年国家大地坐标系,大地原点设在陕西省西安市泾阳县永乐镇,地球椭球的短轴平行于地球球心指向,1968.0地极原点(JYD)的方向。

由于参考椭球体的扁率很小,在普通测量中又近似地把大地体视为圆球体,其半径采用与参考椭球体等体积的圆半径,其值为

$$R = \dfrac{1}{3}(a+a+b) = 6371\text{km}$$

当测区范围较小时,可以直接把测区的球面作为平面,即将水准面作为水平面。

二、确定地面点位置的方法

地面点的位置是由该点在椭球面上的位置(地理坐标)或投影在水平面上的平面位置(平面坐标)及该点到大地水准面的铅垂距离(高程)来表示。

(一)地面点的坐标

1. 地理坐标

地理坐标是用经度和纬度表示地面点位置,如图0-2所示。O为地心,PP'为地球旋转轴,简称地轴,通过地轴的平面称为子午面(如图0-2中的平面PMP'),子午面与地球表面的交线称为子午线(经线)。过地心O垂直于地轴的平面称为赤道面(图0-2中QMM_0Q'),赤道面与地球表面的交线称为赤道。

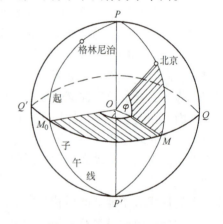

图0-2 地理坐标示意图

确定地面点的地理坐标,以赤道面和通过英国格林尼治天文台的子午面(起始子午面也称为首子午面)作为基准面。

地面上任意一点的经度,即为通过该点的子午面与首子午面的夹角。以首子午线为基准,向东0°~180°为东经,向西0°~180°为西经。经度相同的点的连线称为经线。

地面上任意一点的纬度,即为通过该点的铅垂线与赤道面的夹角。以赤道为基准,向北0°~90°为北纬,向南0°~90°为南纬。纬度相同的点的连线称为纬线。

以法线为依据,以参考椭球面为基准面的地理坐标称为大地地理坐标,分别用L、B表示;以铅垂线为依据,以大地水准面为基准面的地理坐标称为天文地理坐标,分别用λ、Ψ表示。天文地理坐标是用天文测量的方法直接测定的;而大地地理坐标是根据起始的大地原点的坐标推算的。大地原点的天文地理坐标和大地地理坐标是一致的。

2. 高斯平面直角坐标

地理坐标是球面坐标，只能表示地面点在球面上的位置，观测、计算、绘图较为复杂，不能直接用于测绘大比例尺地形图和房地产图。因此，必须将地面点的地理坐标转换成平面直角坐标。椭球面上的点的坐标不能直接转换成平面坐标，只有通过投影的方法才能将椭球面上的点、线或者图形投影到平面上。这种变换要产生变形，即投影变形，包括长度变形、面积变形和角度变形。

投影的方法很多，归纳起来可分为三大类，即等角投影、等面积投影和任意投影。《房产测量规范 第1单元：房产测量规定》（GB/T 17986.1—2000）中规定：房产测量统一采用高斯投影。这种建立在高斯投影面上的直角坐标系统称为高斯平面直角坐标系。

高斯投影是将地球看作一个圆球，设想用一个空心横圆柱面套在地球外面，使横圆柱的中心轴位于赤道面内并通过球心，让圆柱面与地球球面上某一子午线相切，该子午线称为中央子午线，如图 0-3a 所示。将中央子午线东西两侧球面上的图形按一定的数学法则投影到圆柱面上，然后将圆柱面沿着通过南北两极的母线切开展平，即得到高斯投影的平面图形，如图 0-3b 所示。

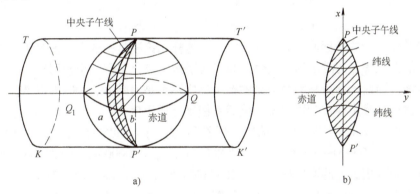

图 0-3 高斯投影示意图

高斯投影前后所有角度保持不变，故高斯投影也称为等角投影或正形投影。在投影后的高斯平面上，中央子午线投影为直线，与赤道垂直且长度保持不变，其余子午线的投影为对称于中央子午线的弧线，而且距中央子午线越远，长度变形越大。为了将长度变形控制在允许的范围之内，一般采用分带投影的方法，以经差6°或3°来限定投影带的宽度，简称6°带或3°带，如图 0-4 所示。

6°带是从起始子午线开始，自西向东每隔6°划分一带，整个地球划分为60个投影带，用数字1～60顺序编号。6°带中央子午线的经度依次为3°、9°、15°、…、357°，也可按式 (0-1) 计算，即

$$\lambda_6 = 6°N - 3° \tag{0-1}$$

式中 λ_6——6°带中央子午线的经度（°）；
N——6°带的带号。

3°带是从东经1.5°子午线开始，自西向东每隔3°划分为一带，整个地球划分为120个投影带，用数字顺序编号。3°带的中央子午线的经度依次为3°、6°、9°、…、360°，可用式 (0-2) 计算，即

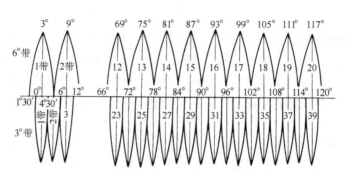

图 0-4　投影带示意图

$$\lambda_3 = 3°N' \tag{0-2}$$

式中　λ_3——3°带中央子午线的经度（°）；

　　　N'——3°带的带号。

将每个投影带沿边界切开，展成平面，以中央子午线为纵轴，向北为正，向南为负；以赤道为横轴，向东为正，向西为负；两轴的交点为坐标原点，就组成了高斯平面直角坐标系，如图 0-5 所示。我国位于北半球，x 坐标为正号，y 坐标有正有负。为了避免横坐标出现负值，通常将每带的坐标原点向西移 500km，这样无论横坐标的自然值是正还是负，加上 500km 后均能保证每点的横坐标为正值。为了表明地面点位于哪一个投影带内，在横坐标前加上投影带号。因此，高斯平面直角系的横坐标实际上是由带号、500km 以及自然坐标值三部分组成，这样的横坐标称为国家统一坐标系横坐标通用值。

在图 0-5 中，设 A、B 两点位于第 20 号投影带内，$y_A = 3868.5\mathrm{m}$，$y_B = -6482.3\mathrm{m}$；加上 500km 后，$y_A = 500000\mathrm{m} + 3868.5\mathrm{m} = 503868.5\mathrm{m}$，$y_B = 500000\mathrm{m} - 6482.3\mathrm{m} = 493517.7\mathrm{m}$；再加上带号，则其横坐标的通用值为 $y_A = 20503868.5\mathrm{m}$，$y_B = 20493517.7\mathrm{m}$。

由横坐标通用值可以看出，若小数点前第六位数小于 5，则表示该点位于中央子午线西侧，其横坐标自然值取负；反之，则点位于中央子午线东侧，其横坐标自然值取正。我国的领域在 6°带的第 13~23 号带之间，而在 3°带的第 25~45 号带之间，没有重叠带号，因此，根据横坐标通用值就可以判定投影带是 6°带还是 3°带。

由于城市工程放样的需要，城市测量对投影变形的限制很严，要求变形小于 0.025m/km，即投影误差应不超过 1/40000，所以城市测量的中央子午线一般定在城市中央，它们不一定是 3°带或 6°带的中央子午线，而是任意中央子午线。大中城市的坐标系统一般是高斯正投影任意带平面直角坐标系统，且与国家坐标系统进行了联测，可以进行坐标转换。

3. 独立平面直角坐标

当城镇的测量范围较小且与国家坐标系统无法联测时，可以把该地区的球面直接当作平面，将地面点直接投影到水平面上，用平面直角坐标表示点平面位置。

房地产测量使用的直角坐标系与数学上的坐标系基本相似，但纵坐标轴为 x 轴，正向朝北，横坐标轴为 y 轴，正向朝东。象限按顺时针方向编号，对直线方向的表示从坐标纵轴（x 轴）的北端开始，顺时针度量至待定向的直线，与数学上的顺序恰好相反。采用这样的表示方法，是为了直接采用数学上的公式进行坐标计算，而不必另行建立数学模型。为了使坐标不出现负值，一般把坐标原点选择在测区的西南角，如图 0-6 所示。

绪　论

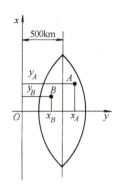

图 0-5　高斯平面坐标系

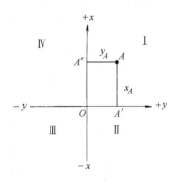

图 0-6　独立平面直角坐标系

4. 空间直角坐标系

空间直角坐标系的定义是：原点 O 与地球质心重合，Z 轴指向地球北极，X 轴指向格林尼治子午面与地球赤道的交点 E，Y 轴垂直于 XOZ 平面构成右手坐标系，如图 0-7 所示。目前 GPS 卫星定位系统已在测量中得到广泛应用，而 GPS 卫星定位在地心空间直角坐标系（WGS84）中表示地面点的空间位置。自 2008 年 7 月 1 日起，中国全面启用 2000 国家大地坐标系。2000 国家大地坐标系是全球地心坐标系在我国的具体体现，其原点为包括海洋和大气的整个地球的质量中心。Z 轴指向

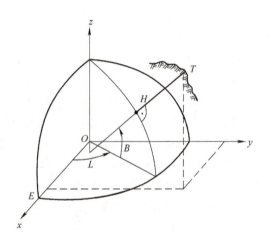

图 0-7　三维空间直角坐标系

BIH1984.0 定义的协议极地方向（BIH 国际时间局），X 轴指向 BIH1984.0 定义的零子午面与协议赤道的交点，Y 轴按右手坐标系确定。

（二）地面点的高程

1. 绝对高程

地面点沿铅垂线方向到大地水准面的距离称为该点的绝对高程，也称为海拔，简称高程，用 H 表示。如图 0-8 所示，地面点 A、B 的绝对高程分别为 H_A、H_B。A、B 两点的高差为

$$h_{AB} = H_B - H_A \tag{0-3}$$

即地面两点间的高差等于两点的高程之差。

目前，我国采用 1985 年国家高程基准，它是将与黄海平均海水面相吻合的大地水准面作为全国高程系统的基准面，在该基准面上绝对高程为零。1985 年国家高程基准是经国务院批准、1987 年颁布命名的在全国统一使用的高程基准。这个基准是以青岛验潮站根据 1952—1979 年的验潮资料计算确定的平均海水面作为基准面的高程基准，国家水准原点（青岛原点）的高程为 72.260m。

2. 假定高程

地面点沿铅垂线方向到任意假定水准面的距离称为该点的假定高程，也称为相对高程。

如图 0-8 所示,地面点 A、B 的假定高程分别为 H'_A、H'_B。

由图 0-8 可看出,A、B 两点的高差为

$$h_{AB} = H_B - H_A = H'_B - H'_A \quad (0-4)$$

在测量工作中,一般只采用绝对高程,只有在偏僻地区没有已知的绝对高程点可以引测时,才采用假定高程。

（三）用水平面代替水准面的限度

如前所述,当测区的范围较小时,可以把该地区球面看成水平面。那么多大范围能用水平面代替水准面,并能满足测绘用图的精度要求呢?这就必须讨论用水平面代替水准面时,对距离、高程测量的影响,明确可以代替的范围和必要时应加的修正数。

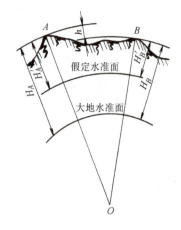

图 0-8　绝对高程和假定高程

1. 水平面代替水准面对距离的影响

如图 0-9 所示,设地面上两点 A、B,沿铅垂线方向投影到大地水准面上得到 A'、B',如果用过 A 点与大地水准面相切的水平面代替大地水准面,B 点在水平面上的投影为 C,A、B 两点在大地水准面上的投影 A'、B' 的弧长为 s,投影到水平面上的距离为 t,则两者之差即为用水平面代替大地水准面所引起的距离误差,用 Δs 表示,则

$$\Delta s = t - s = R\tan\theta - R\theta = R(\tan\theta - \theta)$$

式中　R——地球曲率半径,$R = 6371\text{km}$;

　　　θ——A'、B' 两点间弧长 s 对应的圆心角,单位为 rad。

将 $\tan\theta$ 用级数展开并取前两项,代入上式得

$$\Delta s = \frac{1}{3}R\theta^3$$

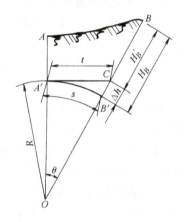

图 0-9　水平面代替水准面

因为

$$\theta = \frac{s}{R}$$

所以

$$\Delta s = \frac{s^3}{3R^2} \quad (0-5)$$

将 R 和不同的 s 代入上式,计算出的 Δs 和 $\Delta s/s$ 见表 0-1。从表 0-1 可以看出,当距离为 10km 时,产生的距离相对误差为 120 万分之一,而目前测量工作中精密距离测量的最小允许误差为 100 万分之一。因此,可以得出结论,半径在 10km 范围之内,可用水平面代替水准面,地球曲率对距离的影响可以忽略不计。对于房地产测绘和一般市政建筑工程而言,其工作范围半径可以扩大到 25km,甚至更大些。

表 0-1　用水平面代替水准面对距离和高程的影响

距离 s/m	距离误差 Δs/mm	距离相对误差 $\Delta s/s$	高程误差 Δh/mm	距离 s/km	距离误差 Δs/mm	距离相对误差 $\Delta s/s$	高程误差 Δh/mm
500	0.004	$1/(2.5 \times 10^8)$	38.8	10	8.2	$1/(1.2 \times 10^6)$	7850.0
1000	0.008	$1/(1.25 \times 10^8)$	78.5	20	128.3	$1/(1.95 \times 10^5)$	49050.0

2. 水平面代替水准面对高程的影响

如图0-9所示，地面点的绝对高程为 H_B，当用水平面代替水准面时，B 点的高程为 H'_B，则其差值即为用水平面代替水准面所产生的高程误差，用 Δh 表示，可得

$$(R + \Delta h)^2 = R^2 + t^2$$

因为 t 与 s 的相差很小，以 s 代替 t，由上式可得

$$\Delta h = \frac{s^2}{2R + \Delta h}$$

上式中，Δh 与 R 比较可以忽略不计，于是上式可变为

$$\Delta h = \frac{s^2}{2R} \tag{0-6}$$

将 R 和不同的 s 代入上式，计算所得相应的 Δh 见表0-1。从表0-1中可以看出，用水平面代替水准面所产生的高程误差，与距离的平方成正比，所以就高程测量而言，地球曲率对其影响，即使在较小的距离范围内也应考虑。

第四节　房地产测绘的度量单位

一、长度单位

我国测量工作中法定的长度计量单位为米（meter）制单位：

1m（米）=10dm（分米）=100cm（厘米）=1000mm（毫米）

1km=1000m

在涉外房地产业务中，可能会用英美制的长度计量单位，英美制与米制的长度换算关系为

1in（英寸）=2.54cm

1ft（英尺）=12in=0.3048m

1yd（码）=3ft=0.9144m

1mile（英里）=1760yd=5280ft=1.6093km

二、面积单位

我国法定的面积计量单位为平方米（m^2），大面积用公顷（hm^2）或平方千米（km^2）。农村农业常用市亩为面积计量单位。

$1m^2$（平方米）=$100dm^2$=$10000cm^2$=$1000000mm^2$

1 市亩 = $666.6667m^2$

1a（公亩）=$100m^2$=0.15 市亩

$1hm^2$（公顷）=$10000m^2$=1500 市亩

$1km^2$（平方千米）=$100hm^2$=15 市亩

米制与英美制面积单位的换算关系为

$1in^2$（平方英寸）=$6.04516cm^2$

$1ft^2$（平方英尺）=$144in^2$=$0.0929m^2$

$1yd^2$（平方码）=$9ft^2$=$0.8361m^2$

1acre（英亩）=$4840yd^2$=40.4686a=$4046.86m^2$=6.072 市亩

1mile^2（平方英里）$= 640\text{acre} = 2.59\text{km}^2$

三、角度单位

测绘常用的角度单位有度分秒制和弧度制。

（一）度分秒制

1. 基本单位

1 圆周 $= 360°$

$1° = 60'$

$1' = 60''$

2. 100 等分制的新度

1 圆周 $= 400^g$（新度）

$1^g = 100^c$（新分）

$1^c = 100^{cc}$（新秒）

3. 公式换算

两者的换算关系为：1 圆周 $= 360° = 400^g$，故

$1^g = 0.9°$，$1° = 1.11^g$

$1^c = 0.45'$，$1' = 1.852^c$

$1^{cc} = 0.324''$，$1'' = 3.086^{cc}$

（二）弧度制

$$\rho° = \frac{180°}{\pi}$$

$$\rho° = \frac{180°}{\pi} = 57.2957795° \approx 57.3°$$

$$\rho° = \frac{180°}{\pi} = 3437.74677' \approx 3438'$$

$$\rho° = \frac{180°}{\pi} = 206264.806'' \approx 206065''$$

小　结

1. 测绘学按其研究的对象和应用的领域范围可分为大地测量学、摄影测量学、海洋测绘学、地图制图学和工程测量学等分支。房地产测绘属于工程测量学中不动产测绘。

2. 房地产测绘是研究房屋及其用地信息的采集、处理、表述显示及其存储和共享的科学和技术。房地产测绘的任务包括：编制房产簿册、建立房地产数据库、绘制房产图集等。房地产测绘具有法律、经济和社会服务等方面的作用。

3. 地面点的位置用地理坐标、平面坐标、空间直角坐标及高程表示。用水平面代替水准面对地面点高程的影响比对水平距离的影响更显著。

4. 介绍了房地产测绘的度量单位。

思考题与习题

1. 名词解释：测绘学、大地水准面、旋转椭球面、经度、纬度、高程。
2. 房地产测绘的任务、作用有哪些？
3. 高斯平面直角坐标系统是如何建立的？
4. 在测量工作中用水平面代替水准面对距离和高程各有什么影响？
5. 设我国某处 A 点在高斯平面直角坐标系的横坐标 $y=19668516.122\mathrm{m}$，问该坐标值是按几度投影带计算而得？A 点位于第几带？A 点在中央子午线东侧还是西侧？距中央子午线多远？
6. 测量工作的原则是什么？

第一章 水准测量

学习目标

通过本章学习，掌握水准测量原理、水准仪的操作方法、水准测量方法和内业计算方法；熟悉水准仪的构造、四等水准测量方法精度要求、水准测量误差来源和减弱的措施。了解微倾式水准仪的检验校正内容和方法。

测量工作中测量地面点高程的工作，称为高程测量。测定地面高程时先测出已知点和待求点之间的高差，再根据已知点高程计算出待求点高程。根据所用仪器和原理不同，高程测量方法包括水准测量、三角高程测量、GPS 高程测量和气压高程测量。水准测量采用水准仪根据几何原理来测量高差，所以水准测量又称为几何水准测量。与其他高程测量方法相比，水准测量精度较高，是常用的测量方法。本章主要介绍水准测量。

第一节 水准测量原理

水准测量是利用水准仪提供的水平视线和水准尺来测定两点间的高差。

设地面上有 A 和 B 两点，A 点高程 H_A 已知，现欲求 B 点高程 H_B。如图 1-1 所示，测出 A 和 B 点间的高差 h_{AB}，即可求得 B 点高程 H_B。

为测定 h_{AB}，在 A 和 B 两点上分别竖立水准尺，中间安置水准仪，利用水准仪给出的水平视线，分别读出 A 点在水准尺上的读数 a 和 B 点在水准尺上的读数 b，则所求高差为

$$h_{AB} = a - b \tag{1-1}$$

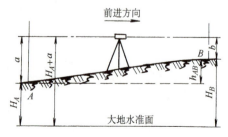

图 1-1 水准测量原理

水准测量时，若是从 A 点向 B 点方向前进，则 A 点称为后视点，B 点称为前视点；a、b 分别称为后视读数和前视读数。h_{AB} 的符号有正有负，正号表示 B 点高于 A 点，负号表示 B 点低于 A 点。无论 h_{AB} 是正还是负，式（1-1）始终成立。必须注意 h 下脚标字母顺序，h_{AB} 表示 A 点测量至 B 点的高差；而 h_{BA} 表示 B 点测量至 A 点的高差。

根据已知点 A 的高程 H_A 和测出的高差 h_{AB}，就可算出 B 点的高程为

$$H_B = H_A + h_{AB} = H_A + (a - b) \tag{1-2}$$

从图 1-1 还可以看出，A 点高程 H_A 加上后视读数 a，得到水平视线高 H_i。视线高程减前视读数 b，也可得到 B 点高程，即把式（1-2）变成

$$H_B = (H_A + a) - b = H_i - b \tag{1-3}$$

当根据一个已知后视点测定几个前视点的高程时，用式（1-3）比用式（1-2）计算方便些。

第二节　水准测量的仪器和工具

一、DS_3 微倾式水准仪的构造

水准仪的种类很多，我国水准仪系列标准规定，水准仪分为 DS_{05}、DS_1、DS_3、DS_{10} 等型号。"D"表示大地测量仪器，"S"是汉语拼音"水"字的首字母，代表水准仪，下标是仪器实测所能达到的每千米往返观测高差中误差（以 mm 为单位）。水准仪按其结构可分为微倾式水准仪和具有补偿功能的自动安平水准仪以及电子水准仪三大类。DS_3 微倾式水准仪的构造如图 1-2 所示。

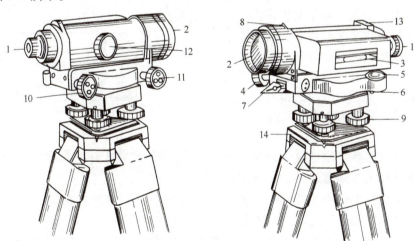

图 1-2　DS_3 微倾式水准仪的构造

1—目镜　2—物镜　3—符合式水准器　4、11—微动螺旋　5—圆水准器　6—圆水准器校正螺旋　7—制动螺旋　8—准星　9—脚螺旋　10—微倾螺旋　12—物镜对光螺旋　13—缺口　14—三脚架

仪器通过基座与三角架连接，基座上有一个圆水准器，基座下有三个脚螺旋，用来粗略整平仪器。望远镜中物镜光心和十字丝分划板中心的连线称为视准轴。望远镜旁装有一个管水准器，转动微倾螺旋，管水准器和望远镜一起上下仰俯，当气泡居中时，望远镜视线便水平了，即形成一条水平视线。

为了使管水准器气泡严格居中，大多数水准仪在管水准器上方装有符合棱镜系统，又称符合式水准器，如图 1-3a 所示，符合棱镜由三块棱镜组成，气泡两端的半个影像经过反射之后，出现在望远镜旁的观测窗内。如图 1-3b 所示，气泡两端影像符合，表示气泡居中；如图 1-3c 所示，气泡两端影像错开，表示气泡没有居中，转动微倾螺旋，可使气泡居中。

符合式水准器不但使用方便，而且能够把气泡偏移零点的距离放大一倍，所以能够明显看出较小的偏移，从而提高观测气泡居中的精度。

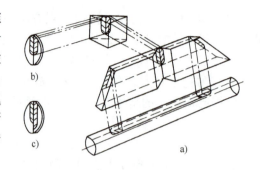

图 1-3 符合式水准器成像图原理
a) 符合式水准器 b) 气泡居中 c) 气泡不居中

二、自动安平水准仪的构造

自动安平水准仪与微倾式水准仪外形相似，操作也十分相似，不予累述。两者区别在于：①自动安平水准仪的机械部分采用了摩擦制动（无制动螺旋）控制望远镜的转动。②自动安平水准仪在望远镜的光学系统中装有一个自动补偿器代替了管水准器起到了自动安平的作用。当望远镜视线有微量倾斜时，补偿器在重力作用下对望远镜做相对移动，从而能自动而迅速地获得视线水平时的标尺读数。

自动安平水准仪的构造如图 1-4 所示。

自动安平水准仪由于没有制动螺旋、管水准器和微倾螺旋，在观测时候，在仪器粗略整平后，尽管视准轴有微小的倾斜，但仪器中有补偿装置，借助于补偿装置，仍然可以读出相当于视线水平时的读数，观测效率大大提高。对于地面的微小震动、温度和风等外界因素的影响引起的视线倾斜，都可由补偿器自动调整，并予以减小或消除，从而提高了测量精度，并大大加快了测量速度。

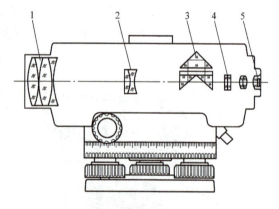

图 1-4 自动安平水准仪的构造结构示意图
1—物镜 2—物镜调焦透镜 3—补偿器棱镜组
4—十字丝分划板 5—目镜

三、电子水准仪的构造

电子水准仪又称数字水准仪，是在自动安平水准仪的基础上发展起来的。它采用条码标尺，各厂家标尺编码的条码图案不相同，不能互换使用。目前照准标尺和调焦仍需目视进行。人工完成照准和调焦之后，标尺条码一方面被成像在望远镜分划板上，供目视观测，另一方面通过望远镜的分光镜，标尺条码又被成像在光电传感器（又称探测器）上，即线阵 CCD 器件上，供电子读数。因此，如果使用传统水准标尺，电子水准仪又可以像普通自动安平水准仪一样使用，不过这时的测量精度低于电子测量的精度。

图 1-5 为徕卡 DNA3003 电子水准仪的构造示意图，从图中可以看到电子水准仪较自动安平水准仪多了调焦发送器、补偿器监视、分光镜和线阵探测器 CCD 这 4 个部件。

四、水准尺和水准尺垫

（一）水准尺

水准尺是进行水准测量时使用的标尺，是水准测量的重要工具之一，其质量好坏直接关系到水准测量的精度，因此水准尺常使用优质木材、玻璃钢、金属材料、玻璃纤维或铟钢制成。常用的有塔尺（图1-6a）和双面水准尺（图1-6b），用于光学水准测量；条码水准尺（图1-6c），用于电子水准测量。

1. 塔尺

塔尺是一种逐节缩小的组合尺，长度2～5m不等，两节或三节连接在一起。尺的底部为零，尺面上黑白格或红白格相间，每格宽度为1cm或0.5cm，在米和分米处有数字注记。塔尺连接处稳定性较差，仅用于普通水准测量。

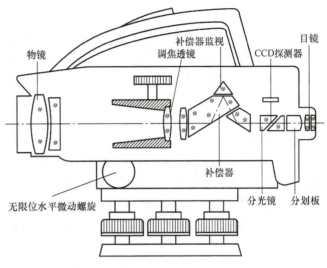

图1-5 徕卡DNA3003电子水准仪的构造

2. 双面水准尺

双面水准尺多用于三、四等水准测量。尺长为3m，两根为一副，尺的双面均有刻划，一面为黑白相间，称为黑面尺（也称主尺）；另一面为红白相间，称为红面尺（也称辅尺）。两面的刻划均为1cm，在分米处注有数字。两根尺的黑面尺尺底均从零开始，而红面尺尺底，一根从4.687m开始，另一根从4.787m开始。水准测量中，双面水准尺必须成对使用。在视线高度不变的情况下，同一根水准尺的红面和黑面读数之差应等于常数4.687m或4.787m，这个常数称为尺常数，用K表示，以此检核读数是否正确。

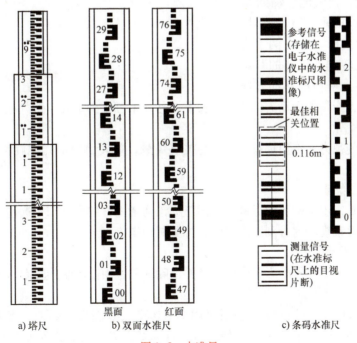

a) 塔尺　　b) 双面水准尺　　c) 条码水准尺

图1-6 水准尺

3. 条码水准尺

条码水准尺一面印有条形码图案，供电子水准仪测量用；另一面和普通水准尺的刻画相同，供光学水准仪测量用。条码水准尺设计时要求各处条码宽度和条码间隔不同，以便探测器能正确测出每根条码的位置。各厂家设计的条码水准尺条码图案不相同，故不能互换使用，但其基本要求是一致的。目前，条纹编码方式有二进制条码、几何位置测量条码和相位差法条码。

（二）尺垫

水准尺垫如图 1-7 所示，形状为三角形，一般用生铁铸成，中央有一圆形突起，下有三个足尖。其作用是使水准尺有一个稳定的立尺点，防止水准尺下沉或位置发生变化，使用时应在立尺处放置尺垫，将尺垫的三足踩入土中，然后将水准尺轻轻地放在中央凸起处。

图 1-7 水准尺垫

第三节 水准仪的使用方法

一、DS_3 微倾式水准仪的使用

打开三脚架，使脚架高度适中，架头大致水平，用中心螺旋将水准仪固定在架头上，把架腿牢固踩入地面。

（一）粗略整平

粗平是用脚螺旋将圆水准器气泡居中。如图 1-8 所示，当气泡偏离中心位置，位于 a 处时，先旋转 1、2 两个脚螺旋，使气泡移动到 1、2 两个脚螺旋连线的垂直方向 b 处。转动这两个脚螺旋时，左右两手应以对称方法匀速转动，气泡的移动方向总是与左手大拇指的移动方向

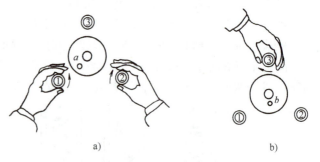

图 1-8 圆水准器整平方法

相同，而与右手大拇指的运动方向相反。接着再移动第三个脚螺旋，使气泡居中。

（二）目镜对光

根据观测者的视力，将望远镜对向白色光亮背景，旋转目镜对光螺旋，进行目镜对光，使十字丝清晰。

（三）照准水准尺

松开制动螺旋，水平旋转望远镜，利用望远镜物镜上方的准星和望远镜后部上方的缺口瞄准水准尺。望远镜视场内看到水准尺时，拧紧制动螺旋。

（四）对光与瞄准

转动对光螺旋，使尺子的影像十分清晰并消除视差，用微动螺旋转动水准仪，使十字丝竖丝照准尺面中央。

视差的产生如图 1-9a 所示，观测者可用十字丝交点 Q 对准目标上一点 P，眼睛在目镜后上下或左右移动，若十字丝交点 Q 始终对准目标交点 P 点时，则对光合乎要求。否则如图 1-9b 所示，当眼睛从 o_1 移动到 o 和 o_2 时，十字丝交点 Q 分别对准像面上 P_1、P、P_2 点，

即十字丝交点与目标点发生相对移动,这种现象称为视差。由此可见,视差产生的原因,是由于物镜的像平面与十字丝平面不重合。视差使对目标进行读数时产生误差,因此对光不合乎要求。消除视差的方法是重新仔细调节

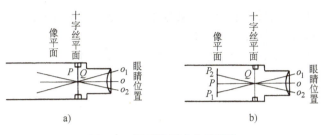

图1-9 望远镜瞄准中的视差

目镜和用望远镜对光螺旋对光,直至眼睛上下或左右移动观测时,目标像与十字丝不发生相对移动为止。

（五）精平与读数

对于微倾式水准仪,读数前旋转微倾螺旋,使管水准器气泡居中,并使望远镜旁的观测窗中的气泡完全符合,这就达到了精平的要求。然后立即根据十字丝横丝在水准尺上读数,读数时要从小往大的方向数格数的多少。对于倒立的尺像,读数应由上而下进行,要读出米、分米、厘米并估读出毫米数。如图1-10所示,读数为1571mm。读完后视读数后,转向前视水准尺读数,也要注意符合气泡然后再读数。

二、自动安平水准仪的使用

自动安平水准仪的使用与微倾式水准仪基本相同,但操作更为简单。观测时先用脚螺旋把圆水准器气泡居中,然后用望远镜瞄准水准尺,无需精确整平即可读数。由于仪器的补偿范围有限,在目镜视场中可以看到一个绿色的指示标记,说明补偿装置在起作用,读数是正确的;否则,出现红色警示标志,说明仪器不能正常工作,此时读数是错误的。自动安平水准仪中的补偿装置比较脆弱,在使用时要防止剧烈震动。

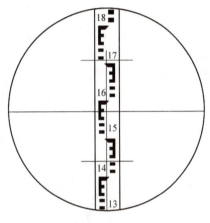

图1-10 十字丝横丝读数

三、电子水准仪的使用

以LEICA（徕卡）DNA3003为例,说明电子水准仪的使用步骤。

1）按开机键,仪器正常开机。
2）按程序键,进入应用程序菜单。
3）选择"3 线路测量"。
4）在线路测量界面中,选择"1 作业",进行新建一作业组。
5）在线路测量界面中,选择"2 线路",输入线路名称,水准起点的点名和高程等。
6）在线路测量界面中,选择"3 设置",进行限差的设置。
7）在线路测量界面中,选择"4 开始",开始线路测量。
8）按仪器的提示照准后视点上的水准尺（条码尺）进行目镜和物镜调焦,使十字丝和水准尺清晰,消除视差。按右侧面的测量按钮进行测量。
9）同理,依次瞄准后视点B,前视点F,前视点F,后视点B,直到本站测量结束。若某项误差不满足以上所设限差的要求,应按限差要求重测直至满足要求。
10）每站测完后光标移到"测站"上按【Enter】键进入查看本站的测量结果。

11)如果当前的测站数据不符合要求,按【Shift】键后再按【Back Space】键回退至前一个目标点进行重测,直至符合要求。

12)重复上述步骤直到本线路测量完成。

第四节 水准测量方法

一、水准点和水准路线

1. 水准点

为了进行高程测量,满足各种比例尺测图、工程建设以及科学研究的需要,在全国范围内埋设了许多固定的高程标志,称为水准点,常用"BM"(英语 BENCH MARK 的缩写)符号表示。它们的高程已由专业测量单位按国家水准测量的精度测定。水准测量通常是从某一已知高程的水准点开始,引测其他点的高程。水准点有永久性和临时性两种。国家级水准点一般用混凝土制成,顶部嵌入半球状金属标志,半球状金属标志顶点位置表示水准点的高程,如图 1-11a 所示;有的水准点位埋设于基础稳定的建筑物墙角上,称为墙上水准点,如图 1-11b 所示。

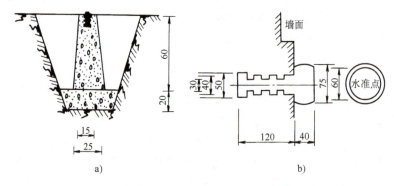

图 1-11 国家级水准点标志

建筑工地上的临时水准点一般也用混凝土制成,顶部嵌入半球状金属标志,其形式如图 1-12a 所示。临时性的水准点可利用地面突起的坚硬岩石,也可用大木桩打入地下,桩面钉一半球形金属钉,如图 1-12b 所示。埋设水准点后应绘点位略图,称为点之记,以便日后寻找和使用。

2. 水准路线

在水准测量中,水准点和水准点连接起来形成的测量路线,就是水准路线。按照不同的情况和要求,可以选择不同的水准路线,简单的水准路线可以分为三种:

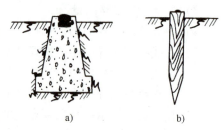

图 1-12 临时水准点标志

(1)附合水准路线 从一已知高程的水准点出发,经过一些高程待定的水准点(控制点),最后测到另一已知高程的水准点,如图 1-13a 所示。

(2)闭合水准路线 从一已知高程的水准点出发,经过一些高程待定的水准点(控制点),最后测回到同一起始点,如图 1-13b 所示。若测区没有已知水准点,可在闭合路线中假定一点的高程为已知。

（3）支线水准路线　从一已知高程的水准点出发，沿一条水准路线测定一个或几个高程待定的水准点（控制点）的高程，如图 1-13c 所示。为了检核观测成果并提高精度，水准支线一般要往返观测。

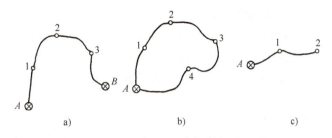

图 1-13　水准路线
a）附合水准路线　b）闭合水准路线　c）支线水准路线

二、水准测量的外业工作

当两点间距离较远、高差较大或不通视时，安置一次仪器不能测得两点间高差，此时可以在两点间加设若干个立尺点，分段连续进行观测，这种测量方法称为复合水准测量。水准测量外业工作包括路线检核和测站检核。

如图 1-14 所示，已知 A 点高程 H_A，欲求 B 点高程 H_B，必须把 AB 路线分成若干段，从 A 点向 B 点测定各段的高差。首先将水准仪安置于 A 点与 1 点中间，照准 A 点水准尺，读得后视读数 a_1，接着照准 1 点水准尺读得前视读数 b_1。然后将水准仪迁至 1 点与 2 点之间，此时 1 点水准尺作为后视尺不动，只将尺面转向仪器，将原立尺点 A 的水准尺移至 2 点作为前视，以同样方法读取后视读数 a_2 和前视读数 b_2。依次类推，直到测完最末一段为止。

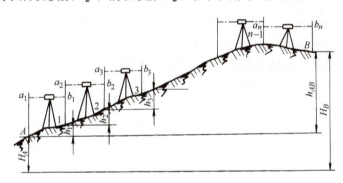

图 1-14　复合水准测量原理

假设在 AB 路线内依次进行 n 次水准测量，根据高差公式则有

$$h_1 = a_1 - b_1$$
$$h_2 = a_2 - b_2$$
$$\vdots$$
$$h_n = a_n - b_n$$

上列各式相加，得 A 点到 B 点的高差 h_{AB} 为

$$h_{AB} = \sum_{i=1}^{n} h_i = \sum_{i=1}^{n} a_i - \sum_{i=1}^{n} b_i \tag{1-4}$$

则 B 点的高程为

$$H_B = H_A + h_{AB} \tag{1-5}$$

由式（1-4）可以看出，A 点到 B 点的高差等于各段高差的代数和，也等于后视读数总

和减去前视读数总和。

图1-14中的1、2等点称为转点，它们起着传递高程的作用。转点必须选在稳定的点上，前视点的尺垫位置不能动，否则水准测量成果将产生错误。为了防止读数错误，保证每站测量的正确，应采用测站检核的观测方法。测站检核可以采用以下两种方法：

1. 双面尺法

双面尺法是仪器的高度不变，而用水准尺的红、黑两面分别测量高差进行检验。检验符合表1-1要求则取平均结果作为最后结果，否则应重新观测。

2. 双仪器高法

双仪器高法是在一个测站上用不同的仪器高测出两次高差。测得第一次高差后，重新安置仪器（高度变化不小于10cm）进行第二次观测。两次测得的高差如果在表1-1规定的限差之内，则认为观测结果符合要求，取平均值作为最后结果，否则需要重测。用单面水准尺进行测量多用此法。

表1-1　四等及等外水准的精度要求

等级	仪器类型	视线长/m	前后视距之差/m	前后视距累计差/m	黑红面读数之差/mm	黑红面所测高差之差/mm	双仪高所测高差之差/mm
四等	DS_3	100	3	10	3	5	5
等外	DS_3 或 DS_{10}	100	10	50	4	6	6

三、测站上水准测量观测、记录、计算和检核

四等及等外水准测量的精度要求、仪器类型、作业方法、视线长度及读数误差等都有相应的要求，一般要符合表1-1的规定。

（一）双面尺法

四等及等外水准测量，一般用双面尺法进行。现以四等水准为例，就双面尺法进行水准测量的外业观测、手簿记录、计算检查等，结合表1-2说明如下（表中括号内的数字表示记录和计算的顺序）。

表1-2　四等水准测量记录手簿

测站编号	后尺 下丝 上丝 后距 视距差/m	前尺 下丝 上丝 前距 ∑d/m	方向及尺号	水准尺读数 黑面/m	水准尺读数 红面/m	(K+黑−红)/m	高差中数/m	备注
	(1) (2) (15) (17)	(4) (5) (16) (18)	后 前 后−前	(3) (6) (11)	(8) (7) (12)	(9) (10) (13)	(14)	A尺 K为4787mm， B尺 K为4687mm
1	159.1 109.7 49.4 +1.3	073.9 025.8 48.1 +1.3	后A 前B 后−前	1.384 0.551 +0.833	6.171 5.239 +0.932	0 −1 +1	+0.832	

（续）

测站编号	后尺 下丝 上丝 后距 视距差/m	前尺 下丝 上丝 前距 ∑d/m	方向及尺号	水准尺读数 黑面/m	水准尺读数 红面/m	(K+黑−红)/m	高差中数/m	备注
2	246.1 164.5 81.6 −2.1	219.6 135.9 83.7 −0.8	后 B 前 A 后 − 前	1.934 2.008 −0.074	6.623 6.793 −0.170	−2 +2 −4	−0.072	A尺 K为4787mm， B尺 K为4687mm
3	191.4 107.3 84.1 +1.6	205.6 123.1 82.5 +1.8	后 A 前 B 后 − 前	1.726 1.866 −0.140	6.511 6.553 −0.042	+2 0 +2	−0.141	

1. 观测程序与记录方法

表中（1）～（8）代表观测数据。用双面尺法每个测站的观测顺序为

1）照准后视尺黑面，读取下丝、上丝和中丝读数，分别记入（1）、（2）、（3）各栏内。

2）照准前视尺黑面，读取下丝、上丝和中丝读数，分别记入（4）、（5）、（6）各栏内。

3）照准前视尺红面，读取中丝读数，记入（7）中。

4）照准后视尺红面，读取中丝读数，记入（8）中。

这样的观测顺序简称为后-前-前-后。对于四等及等外水准也可以按后-后-前-前（即黑-红-黑-红）的顺序观测。观测等外水准时可以不读（1）、（2）和（4）、（5），而直接按视距法读取视距，分别记入（15）和（16）栏内。

2. 高差的计算及检核

高差的计算及检核，按下列各式进行

$$(9) = (3) + K − (8)$$
$$(10) = (6) + K − (7)$$
$$(11) = (3) − (6)$$
$$(12) = (8) − (7)$$
$$(13) = (11) − [(12) ± 100\text{mm}] = (9) − (10)$$
$$(14) = [(11) + (12) ± 100\text{mm}]/2$$

计算中用到的 K 是尺常数，两根尺的 K 值不一样，分别为 4687mm 和 4787mm，相差 100mm，因此所用两根尺的 K 值，应在表 1-2 中的备注栏内说明。

（9）和（10）都应等于零，但因观测有误差，四等和等外水准测量分别容许限差为 3mm 和 4mm。

（11）为黑面高差，（12）为红面高差。由于两尺的 K 值相差 100mm，所以（11）与（12）也应相差 100mm。但因观测有误差，对于四等和等外水准测量来说，减去 100mm 以后容许限差分别为 5mm 和 6mm。

（13）表示黑、红面求得的高差之差。（11）、（12）之差应与（9）、（10）之差相等，即等于（13）。如果两者不一致，说明计算有错。计算（14）时，要以黑面高差（11）为依据来决定红面差数 100mm 的加或减。

3. 视距的计算及检核

表中的（15）、（16）是后、前视距，以 m 为单位。（17）、（18）分别是前后视距差及前后视距累计差，按下面公式计算

$$（17）=（15）-（16）$$

$$（18）=本站的（17）+前站的（18）$$

（17）和（18）从理论上说最好为零，但实际上很难做到。对于四等及等外水准测量，（17）分别要求不超过 3m 和 10m，（18）分别要求不超过 10m 和 50m。

（二）双仪器高法

等外水准测量一般采用双仪器高法，其观测过程如下：

1）照准后视尺，读取下、中、上丝读数。

2）照准前视尺，读取下、中、上丝读数。

3）变更仪器高至少 10cm，重新安置仪器。

4）照准前视尺，读取中丝读数。

5）照准后视尺，读取中丝读数。

表 1-3 是采用双仪器高法测量等外水准的记录格式。每一测站均有两个后视读数和两个前视读数，可求得两个高差。当其差值在等外水准规定的 6mm 限差内时可以取平均值作为各站前后两点间的高差中数。进行检核时，先以后视读数的总和减去前视读数的总和，得总高差 $\sum h = +1.189\text{m}$；然后再求所有高差中数的代数和 $\sum h = +1.189\text{m}$，用两种方法计算的总高差结果应相同，计算填在表中最下面一行。

表 1-3　双仪器高法测量等外水准测量记录手簿

测站及测点编号		视距/m	后视读数/mm	前视读数/mm	高差/mm 正	高差/mm 负	高差中数/m	高程/m	备注
I	A	56	1890					43.578	已知点
			1992		0745		+0.743		
	1	54		1145	0741				
				1251					

（续）

测站及测点编号		视距/m	后视读数/mm	前视读数/mm	高差/mm 正	高差/mm 负	高差中数/m	高程/m	备注
Ⅱ	1	72	2515 2401		1102 1100		+1.101		
	2	75		1413 1301					
Ⅲ	2	98	2001 2114		0850 0854		+0.852		
	3	96		1151 1260					
Ⅳ	3	41	1012 1142			0601 0603	−0.602		
	4	43		1613 1745					
Ⅴ	4	79	1318 1421			0906 0904	−0.905		
	B	77		2224 2325				44.767	已知点
Σ		691	17.806m	15.428m			Σh = +1.189	+1.189	
计算校核			Σh = [（17.806 − 15.428）/2] m = +1.189m						

第五节 水准测量成果计算

水准测量成果计算时，首先要检查外业观测手簿，计算各点间高差。经检核无误后则根据观测高差计算高差闭合差，若闭合差符合规定的要求，则调整闭合差，然后计算各点的高程。

一、水准测量的精度要求

不同等级的水准测量，对高差闭合差的限差有不同的规定。等外水准测量的高差闭合差容许值为

平地时 $$W_{hp} = \pm 40\sqrt{L} \tag{1-6}$$

山地时 $$W_{hp} = \pm 12\sqrt{n} \tag{1-7}$$

式中 W_{hp}——等外水准测量的高差闭合差允许值，单位为 mm；

L——水准路线长度，单位为 km；

n——测站数。

在山地，每千米超过 16 站时用式（1-7）。在具体情况下可根据要求施测。

二、支线水准测量成果计算

如图 1-15 所示，对支线水准路线进行了往返观测。已知点 A 的高程为 86.785m，图中箭头表示水准测量往测方向，往返测站平均值为 16 站。

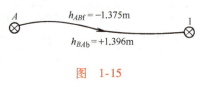

图 1-15

1. 求往返测高差闭合差

支线往返测得高差闭合差应等于零。否则其值为闭合差

$$W_h = |h_f| - |h_b| \tag{1-8}$$

图 1-15 中，$W_h = 1.375\text{m} - 1.396\text{m} = -0.021\text{m}$

$$W_{h\text{p}} = (\pm 12\sqrt{n})\text{mm} = (\pm 12\sqrt{16})\text{mm} = \pm 48\text{mm}$$

$$|W_h| < |W_{h\text{p}}|$$

其精度符合要求。

2. 求改正后高差

支线水准路线各测段往返测得高差平均数即为改正后高差，其符号以往测为准。如

$$h_{AB\text{f}} = (h_\text{f} + h_\text{b})/2 = (-1.375 - 1.396)\text{mm}/2 = -1.386\text{mm}$$

3. 计算待定点高程

待定点 1 的高程为

$$H_1 = H_A + h_{AB\text{f}} = (86.785 - 1.386)\text{m} = 85.399\text{m}$$

必须指出，如果将支线起始点的高程抄录错误或位置搞错，其计算出的待定点的高程也是错误的，因此应注意检查。

三、闭合水准测量成果计算

如图 1-16 所示，水准点 BMA 的高程为 44.856m，1、2、3 点为待定高程点，各段高差及测站数均注于图中，图中箭头表示水准测量进行方向。计算步骤和结果见表 1-4。

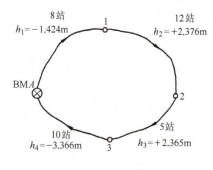

图 1-16

1. 填写观测数据

按高程推算顺序将各点号、测站数、实测高差及已知高程填入表 1-4 中。

2. 计算高差闭合差

闭合水准路线的起点与终点为同一点，因此路线上各段高差代数和的理论值应为零，即 $\sum h_{\text{th}} = 0$。实际上由于各测站高差存在误差，致使观测高差往往不为零，其值即为闭合差，即

$$W_h = \sum h_\text{m} \tag{1-9}$$

$$W_h = \sum h_\text{m} = -0.049\text{m}$$

$$W_{h\text{p}} = (\pm 12\sqrt{n})\text{mm} = (\pm 12\sqrt{35})\text{mm} = \pm 71\text{mm}$$

$$|W_h| < |W_{hp}|$$

精度符合要求，可以调整闭合差。

表 1-4　闭合水准路线计算表

测段编号	点名	测站数	实测高差/m	改正数/m	改正后高差/m	高程/m	备注
1	BMA					44.856	
		8	−1.424	+0.011	−1.413		
2	1					43.443	
		12	+2.376	+0.017	+2.393		
3	2					45.836	已知
		5	+2.365	+0.007	+2.372		
4	3					48.208	
		10	−3.366	+0.014	−3.352		
Σ	BMA	35	−0.049	+0.049	0	44.856	

3. 调整高差闭合差

高差闭合差的调整原则和方法，是按其与测站数（或测段长度）成正比，并反符号改正到各相应的测段上，得到改正后的高差，即

$$v_i = \frac{-W_h}{\sum n} n_i$$

$$v_i = \frac{-W_h}{\sum l} l_i \tag{1-10}$$

$$h'_i = h_{im} + v_i \tag{1-11}$$

式中　v_i——第 i 测段的高差改正数；

h'_i——第 i 测段改正后的高差；

$\sum n$、$\sum l$——路线总测站数与总长度；

n_i——第 i 测段的测站数；

l_i——第 i 测段的总长。

将各测段高差改正数分别填入相应的改正数栏内并检核，改正数的总和与所求的高差闭合差绝对值相等、符号相反。将各测段改正后的高差分别填入相应栏内并检核，改正后的高差总和应等于零。

4. 计算待定点高程

由已知高程水准点 BMA 开始，逐一加各测段改正后的高差，即得各待定点高程，并填入相应栏内。

推算的 H_A 应等于该点的已知高程，以此作为计算的检核。

四、附合水准测量成果计算

如图 1-17 所示，A、B 为两个水准点，A 点的高程为 65.376m，B 点的高程为 68.623m，1、2、3 为待定高程点，各测段测站数、路线长度及高差注于图中。

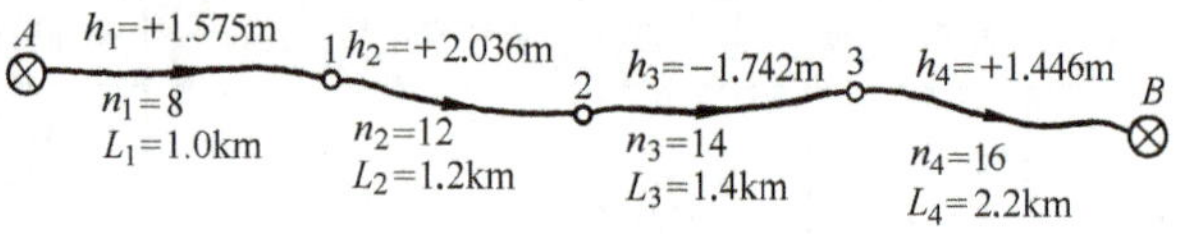

图 1-17

按推算顺序将各点号、测站数、测段长度、实际高差及已知高程填入表 1-5 中。

表 1-5 附合水准路线计算表

测段编号	点号	距离/km	测站数	实测高差/m	改正数/m	改正后高差/m	高程/m	备注
1	A	1.0	8	+1.575	-0.012	+1.563	65.376	
2	1	1.2	12	+2.036	-0.014	+2.022	66.939	
3	2	1.4	14	-1.742	-0.016	-1.758	68.961	
4	3	2.2	16	+1.446	-0.026	+1.420	67.203	
Σ	B	5.8	50	+3.315	-0.068	+3.247	68.623	

1. 计算高差闭合差

首先根据测站及路线长度求出每千米测站数，以确定采用平地还是采用山地限差计算公式。本例中

$$\frac{\Sigma n}{\Sigma l} = \left(\frac{50}{5.8}\right) 站 = 8.6 站 < 16 站$$

故高差闭合差的容许值采用平地公式，即

$$W_{hp} = \pm 40\sqrt{L}$$

附合水准路线各段实测高差总和应与两已知高程之差相等，否则其差值为高差闭合差，即

$$W_h = \Sigma h - (H_B - H_A) \tag{1-12}$$

例中

$$W_h = +3.315\text{mm} - (68.623 - 65.376)\text{mm} = +0.068\text{m}$$

因平地

$$W_{hp} = (\pm 40\sqrt{L})\text{mm} = (\pm 40\sqrt{5.8})\text{mm} = \pm 96\text{mm}$$
$$|W_h| < |W_{hp}|$$

故其精度符合要求。

2. 调整高差闭合差

高差闭合差的调整原则和方法同闭合水准路线，计算见表 1-5。

第六节 微倾式水准仪的检验及校正

一、水准仪应满足的几何条件

水准仪上的几何轴线有圆水准轴 L_0L_0、水准管轴 LL、视准轴 CC 和竖轴 VV，如图 1-18 所示。根据水准测量原理，水准管轴 LL 必须平行于视准轴 CC，此外还应满足圆水准轴 L_0L_0 平行于竖轴 VV 及十字丝横轴垂直于仪器竖轴 VV 这两个条件。

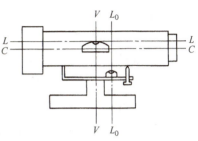

图 1-18 水准仪的轴线关系

水准仪轴线间的几何关系是否满足要求，对水准测量成果有着极为重要的影响。水准仪出厂时一般都进行了严格的检查，各部分的轴线都是正确的，但是在长期的使用过程中，由于震动等原因会使仪器各轴线关系发生变化，因此使用之前必须对仪器进行检验与校正。

二、水准仪的检验与校正

1. 圆水准轴应平行于仪器竖轴

（1）检校目的　通过检校使圆水准器气泡居中时仪器竖轴基本处于铅垂位置，即 L_0L_0 平行于 VV。

（2）检验方法　安置仪器后，旋转脚螺旋，使圆水准器气泡居中，如图 1-19a 所示。将仪器绕竖轴旋转 180°，若气泡仍居中，则条件满足，不需要校正。如果气泡偏于一边，如图 1-19b 所示，说明 L_0L_0 不平行于 VV，需要校正。

（3）校正方法　在检验基础上，旋转脚螺旋，使气泡向圆水准中心移动偏距的一半，如图 1-19c 所示，然后用校正针拨动圆水准器底部的三个校正螺钉使气泡居中，如图 1-19d 所示。此项检验校正应反复进行，直到仪器旋转到任何位置，气泡始终居中为止。在水准器底部除了有三个校正螺钉外，中间还有一个固定螺钉。在拨动各个校正螺钉以前，应先松一下固定螺钉。校正完毕，再把固定螺钉旋紧。

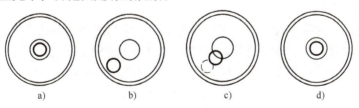

图 1-19 圆水准器的检验与校正

检校原理如下：若圆水准轴 L_0L_0 与仪器竖轴 VV 不平行，其间夹角为 δ，则当 L_0L_0 处于铅垂位置、水准气泡居中时，VV 就倾斜了一个角度 δ，如图 1-20a 所示。当仪器绕 VV 旋转 200°后，由于未动脚螺旋，VV 轴位置不变，仍然倾斜了 δ，但圆水准器已转到仪器竖轴的另一边，L_0L_0 相对于铅垂线倾斜了 2δ，气泡偏移圆水准器零点的距离，反映了 2δ 的大小，如图 1-20b 所示。若转动脚螺旋，使气泡偏移零点方向的一半（δ），此时气泡虽未居中，但是仪器竖轴已垂直，如图 1-20c 所示，剩下偏离的一半用圆水准器校正螺钉使气泡居中，这

时 L_0L_0 已平行于 VV 了,如图 1-20d 所示。

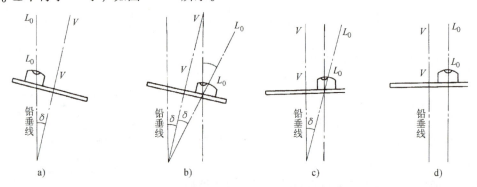

图 1-20 圆水准器的检校原理

2. 十字丝横丝应垂直于仪器竖轴

(1) 检校目的　通过检校能保证横丝垂直于竖轴,当水准仪竖轴处于铅垂位置时,横丝一定处于水平状态,这样根据横丝的任何位置读水准尺上的数值都是一样的。

(2) 检验方法　整平水准仪后,用十字丝交点瞄准远处一个明显的目标 P,拧紧制动螺旋,徐徐转动微动螺旋,P 点始终在横丝上移动,表明横丝垂直于竖轴,横丝水平。否则横丝不水平,需要校正,如图 1-21a 所示。

(3) 校正方法　卸下目镜筒上十字丝校正螺钉的保护罩,用螺钉旋具松开十字丝环的四个固定螺钉,如图1-21b所示,按十字丝倾斜方向的反方向轻轻转动十字丝环,直到满足要求,然后拧紧固定螺钉。

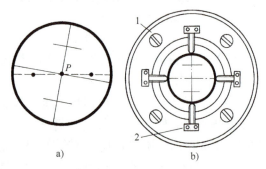

图 1-21 横丝的检校
1—十字丝固定螺旋　2—十字丝校正螺钉

3. 望远镜视准轴应与水准管轴平行

(1) 检校目的　如果视准轴平行于水准管轴,当水准管气泡居中时,则视准轴是水平的,从而能获得水平视线。

(2) 检验方法　如果水准管轴不平行于视准轴,它们之间的夹角为 i,如图 1-22 所示,当水准管气泡居中时,视准轴将倾斜 i,水准仪离水准尺的距离越远,由此引起的误差 x 也越大。当水准仪离前后水准尺的距离相等时,求得的高差不受影响,即

$$h = (a_1 - x) - (b_1 - x) = a_1 - b_1$$

检验时在平坦的地面上选择 A、B、C 三点,使其能在一条直线上,且使 $AC = BC$,A、B 两点相距 80m 左右,A、B 点各打下一木桩或放置尺垫。

首先置水准仪于 C 点,在 A、B 两点上立水准尺,精确瞄准 A、B 后分别得读数 a_1 和 b_1,求得其正确高差 $h = a_1 - b_1$,观测两次,所测高差较差小于 2mm,取平均值作为正确高差 h。

移动水准仪到 B 尺外侧处,使望远镜目镜离尺面约 2～3cm,整平仪器并使符合气泡居中,此时可在望远镜物镜中看到一明亮的圆孔,根据圆孔中心位置,用铅笔尖在尺上定出读数 b_2,然后瞄准 A 尺,精平以后读取读数 a_2。如果 $a_2 - b_2 = a_1 - b_1 = h$,说明视准轴已平行于水准管轴,若差值超过 5mm,则需要校正。

第一章 水准测量

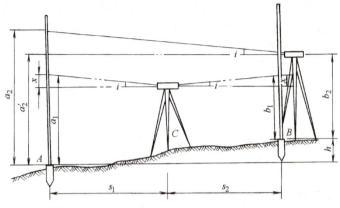

图 1-22 视准轴平行于水准管轴的检验

(3) 校正方法 如图 1-22 所示，望远镜视准轴不平行于水准管轴，虽然视线产生了倾斜，但仪器距离 B 尺很近，视准轴的倾斜在 B 尺上的影响是很小的，可不予考虑，看作 b_2 读数没有误差；而仪器离 A 尺较远，视准轴倾斜对 A 尺读数的影响就大多了，所以 a_2 读数误差很大。校正时先计算视准轴水平时在 A 尺上的正确读数 a'_2，即

$$a'_2 = b_2 + h$$

为了使视准轴平行于水准管轴，一种方法是校正水准管以改变其位置，另一种方法是校正十字丝以改变视准轴的位置。

1) 校正水准管。转动微倾螺旋，使横丝在 A 尺上的读数从 a_2 变成 a'_2，此时视准轴已水平，但水准管气泡不居中，用校正针拨动目镜端的水准管上下两校正螺钉，如图 1-23 所示，使气泡居中，此时 LL 平行于 CC。

校正水准管前，必须先判断水准管带校正螺钉的一端是要抬高还是要降低，以决定螺钉的转动方向。图 1-24a 中的符合气泡状况表示目镜端需要抬高，调整时先旋进上面的校正螺钉，留出一定空隙，然后旋出下面的校正螺钉，使其抬高，直到气泡符合。图 1-24b 校正时与上面情况相反，使目镜端降低。测量仪器上这种成对的校正螺钉，在校正时必须遵循先松后紧的原则，否则容易损坏螺钉，从而达不到校正的目的。

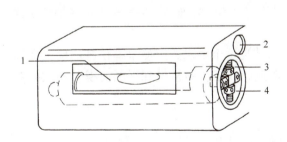

图 1-23 水准管的校正
1—水准管 2—气泡观察窗
3—上校正螺钉 4—下校正螺钉

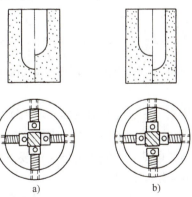

图 1-24 水准管校正螺钉的校正动向
a) 上进下出 b) 下进上出

33

2）校正十字丝。旋下目镜处的十字丝环外罩，使水准管气泡居中，用校正针拨动十字丝环的上、下校正螺钉，如图 1-21 所示，使横丝对准 A 尺上的正确读数 a'_2，从而使视准轴水平，满足 LL 平行于 CC 的条件。拨动校正螺钉前，也需先判明是需要抬高还是需要降低十字丝环，然后按照先松后紧的原则拨动校正螺钉。

无论采用哪种校正方法，校正后的仪器必须再进行检测，直到水准仪的主要几何条件满足要求为止。

第七节 水准测量误差

水准测量不可避免地会产生误差，误差产生的原因可分为三个方面：仪器误差、观测误差以及外界条件的影响。下面对水准测量误差的主要来源及其影响进行分析，以便在观测过程中消除或减弱其影响。

一、视准轴与水准管轴不平行的误差

水准仪观测的主要条件是视准轴平行于水准管轴。在水准测量之前，尽管对仪器进行了检验与校正，但是两者之间的残余误差还是存在的。此外，在使用仪器的过程中，由于温度和望远镜对光的影响，视准轴和水准管轴之间还会有微小的夹角 i，影响观测的准确结果。

在图 1-25 中，水准仪距离前后水准尺的距离分别为 s_1、s_2，观测时水准轴与水准管不平行的误差角分别为 i_1、i_2。所以在前后读数中分别包含了 x_1、x_2 的误差。若不考虑有其他误差的影响，由图可知

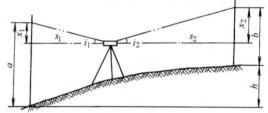

图 1-25 角 i 误差的影响

$$h = (a - x_1) - (b - x_2) = (a - b) + (x_2 - x_1)$$
$$= (a - b) + (s_2 \tan i_2 - s_1 \tan i_1) \quad (1\text{-}13)$$

当
$$x_1 = x_2$$

则
$$h = a - b$$

这说明当前后水准尺上的误差相同时，测得的高差不受视准轴不平行于水准管轴的误差的影响。

为使 $x_1 = x_2$，要设法使 $s_1 = s_2$ 和 $i_1 = i_2$。为满足这个要求，应使水准仪各部件温度稳定，前后视读数时不要对光。所以观测时要用伞遮护仪器，尽量做到观测前视时不重新对光，这样就可基本上满足 $i_1 = i_2$ 的要求。

若 $i_1 = i_2 = i$，则
$$h = (a - b) + (s_2 - s_1) \tan i$$

对于复合水准测量

$$\sum h = \sum (a - b) + \sum (s_2 - s_1) \tan i \quad (1\text{-}14)$$

为了消除或减弱 $\sum (s_2 - s_1) \tan i$ 的影响，在每一测站上应使 $s_2 = s_1$，但因在实际条件下

不容易做到，所以要采取对各测站前后视距离不等长加以调整的方法，使 (s_2-s_1) 差值有正有负，从而将 $\sum(s_2-s_1)$ 限制在很小的范围内。

二、整平误差

水准测量是利用水平视线来测量高差的。如果仪器不严格整平，视线将倾斜，高差 h 的精度将受到影响。如图 1-26 所示，由于有整平误差，视线倾斜了角 i，导致读数产生了误差 Δ，Δ 的大小与仪器到水准尺的距离 s 成正比。由于角 i 误差很小，s 距离较大，Δ、i、s 三者的关系为

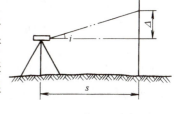

图 1-26　整平误差

$$\Delta = \frac{i}{\rho}s \qquad (1-15)$$

式中　ρ——弧度与角度的换算常数，其值为 206265″；

　　　i——视线倾斜角（″）。

设水准管的分划值等于 30″，若气泡偏离半格，Δ 与 s 的关系见表 1-6。

表 1-6　整平误差的影响

s/m	30	50	80	100
Δ/mm	2.0	3.6	5.8	7.2

从表 1-6 中可以看出，距离越大，整平误差引起的读数误差就越大，所以操作仪器时应该严格整平仪器，而且仪器到水准尺的距离不能太远。

三、读数误差

在消除视差的条件下，读数误差主要是估读毫米时的误差，其精度与望远镜放大倍数有关。水准测量中要求望远镜放大倍数在 20 倍以上，视线距离不超过 100m。

四、水准尺不竖直的影响

如图 1-27 所示，水准尺不竖直，读数 b' 和 b'' 比水准尺竖直时的读数都要大，且视线越高，读数的偏差量越大。为了减小水准尺不竖直的误差，一般水准尺上都装有圆水准器。根据手扶水准尺不竖直而引起的误差估算，一般水准测量时应该在 2.7m 以下读数。

五、仪器下沉的影响

仪器下沉是指在一个测站上读完后视读数 a，未读前视读数 b 之前，仪器发生的下沉。如图 1-28 所示，下沉后的读数是 b'，下沉前的读数是 b。显然 b 大于 b'，所以求出的高差 h 就变大了。由仪器下沉所引起的误差为 $x = b - b'$。为避免和减小仪器的下沉，安置仪器时要选择在比较坚实的地面上，而且要踩实三脚架，尽量减小震动。

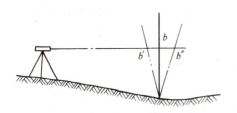

图 1-27　水准尺倾斜对读数的影响

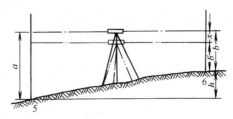

图 1-28　仪器下沉对读数的影响

六、尺垫下沉的影响

尺垫下沉是指在前一测站读出水准尺读数后，在下一测站读该尺读数前，尺垫因自身和水准尺重力以及土质松软等原因而产生的下沉。如图 1-29 所示，设转点处尺垫由 2 点下沉到 2′点，下沉量为 x。此时所测得高差不是 2 点到 3 点的高差 h，而是 2′点到 3 点的高差 h'，从图中可以看出

$$h' = a' - b = (a + x) - b = a - b + x = h + x \quad (1-16)$$

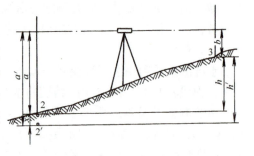

图 1-29　尺垫下沉对读数的影响

从式（1-16）中可以看出，尺垫下沉将使高差增大，导致高程也相应增大。所以，扶尺人员必须选择坚实的地方放置尺垫；在土质松软的地方要把尺垫用力踩实；水准尺要轻拿轻放。

七、地球曲率和大气折光的影响

图 1-30 中，大地水准面是个曲面。若要测定地面上 A、B 两点间高差 h，设想水准仪视线也是一个与大地水准面平行的曲线，这样才能得到正确的读数 a' 及 b'，从而得到高差 $h = a' - b'$。而实际上水准仪的视线是水平的，此时读数分别为 a'' 及 b''。因此由于地球曲率的影响，使水准尺上的读数分别产生 P_a、P_b 的误差，其大小可用式（1-17）求出

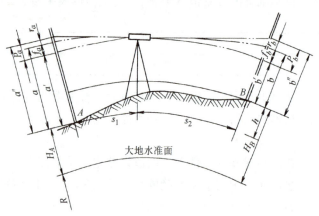

图 1-30　地球曲率和大气折光的影响

$$P_a = \frac{s_1^2}{2R} = a'' - a'$$
$$P_b = \frac{s_2^2}{2R} = b'' - b' \quad (1-17)$$

式中　R——地球半径。

另外，水平视线在通过密度不同的大气层时会产生折光，致使视线偏离水平位置，导致尺上读数不是 a''、b''，而是 a、b。大气折光的影响为 $r_a = a'' - a$、$r_b = b'' - b$。根据实验可知，大气折光的影响要比地球曲率的影响小一些，前者约为后者的 1/7。考虑两者的综合影响，尺上读数的影响值为

$$W_a = P_a - r_a = \frac{s_1^2}{2R}\left(1 - \frac{1}{7}\right) = 0.43\frac{s_1^2}{R}$$
$$W_b = P_b - r_b = \frac{s_2^2}{2R}\left(1 - \frac{1}{7}\right) = 0.43\frac{s_2^2}{R} \quad (1-18)$$

从图 1-30 可以看出，A、B 两点间的高差为

$$h_{AB} = a' - b' = (a - W_a) - (b - W_b)$$
$$h_{AB} = (a - b) - (W_a - W_b)$$

从上式可知，要消除地球曲率和大气折光的影响，必须使 $W_a = W_b$，若使 $W_a = W_b$，从其表达式可知，就必须使水准仪安置在与前后水准尺距离相等的地方。实际观测时很难使 $s_1 = s_2$，只有尽可能使 s_1 接近 s_2，才能消除或减弱地球曲率和大气折光的影响。

上述各种影响的产生原因及消除或减弱方法，都是在各自分别的影响下进行的分析。实际上，各种影响是综合作用的，有时可以互相抵消一部分。但是，只有搞清各种单一的影响规律并采用适当的方法加以消除或减弱，才能更有效地提高水准测量的观测精度。

小 结

1. 水准测量原理：水准测量是利用水准仪提供的水平视线和水准尺直接测定已知点和待定点间的高差，然后根据已知点的高程计算待定点的高程。

2. 水准仪主要由望远镜、水准器和基座组成。水准仪（微倾式）的操作步骤包括粗略整平、目镜对光、照准水准尺、对光与瞄准、精平与读数。

3. 水准测量路线形式包括附合水准路线、闭合水准路线和支线水准路线。水准测量外业工作包括路线检核和测站检核。闭合水准路线内业计算步骤包括填写观测数据，计算高差闭合差，调整高差闭合差，计算待定点高程。

4. 水准测量误差来源于仪器误差、观测误差和外界条件的影响。水准测量误差包括：

1）视准轴与水准管轴不平行的误差。
2）整平误差。
3）读数误差。
4）水准尺不竖直的影响。
5）仪器下沉的影响。
6）尺垫下沉的影响。
7）地球曲率和大气折光的影响。

思考题与习题

1. 什么是水准尺的尺常数？有什么作用？
2. 何为转点？转点在水准测量中起什么作用？
3. 将图 1-31 中水准测量观测数据填入记录手簿中（表 1-7），计算出各点的高差和 B 点的高程，并进行计算检核。

表1-7 记录手簿

测站	点号	后视读数/m	前视读数/m	高差/m		高程/m	备注
				+	−		
计算检核							

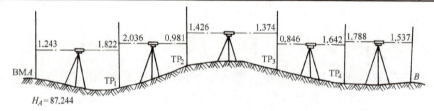

图1-31 某水准测量观测数据

4. 支线水准测量中,已知水准点A的高程为48.305m,从A点往测到1点的高差为+2.456m,从1点返测到A点的高差为+2.478m。A、1两点间的水准路线长度为1.6km。计算高差闭合差、高差容许闭合差以及1点的高程。

5. 图1-32为附合水准路线观测成果和略图,在表1-8中完成水准测量成果计算。

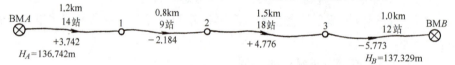

图1-32 某附合水准路线观测成果和略图

表1-8 水准测量成果计算

测段编号	点号	测站数	实测高差/m	改正数/m	改正后高差/m	高程/m	备注

6. 水准仪应满足哪些几何条件?
7. 水准测量中容易产生哪些误差?如何消除或减小这些误差?
8. 自动安平水准仪有哪些特点?
9. 电子水准仪有哪些特点?

第二章

角度测量

学习目标

通过本章学习，掌握水平角、竖直角的概念；了解经纬仪（包括电子经纬仪）的构造、经纬仪应满足的几何条件；掌握经纬仪的操作方法、水平角和竖直角的观测和记录计算方法。了解角度测量误差和经纬仪的检验校正。

角度测量是测量工作的基本内容之一。在房地产测量中，无论是测定房屋和房屋用地及其相关要素的几何位置，还是测量铁路、公路、街道、水域及相关地物的位置，都离不开角度测量。经纬仪是角度测量的主要仪器，在房地产测绘中，最为普遍使用的是 DJ_2、DJ_6 光学经纬仪，所以本章着重介绍这类仪器的原理、构造、操作方法及注意事项等。

第一节 角度测量原理

一、水平角测量原理

水平角是指一点到两目标的两方向线垂直投影在水平面上所成的夹角，用 β 表示。如图 2-1 所示，A、O、B 是地面上不同高程的三个任意点，OA 和 OB 两个方向线所夹的水平角就是分别通过 OA、OB 的两个竖直面在水平面 P 上的投影线 oa 和 ob 的夹角，即

$$\beta = \angle aob$$

由此可见，水平角就是通过两方向线所做竖直面间的两面角，在该两面角的交线上任一点均可测量出水平角。

现设想在两竖直面的交线上任一点 o_1 水平地放置一个顺时针方向刻划的圆形度盘，过左侧方向线 OA 的竖直面与水平度盘的交线得一读数 a_1，过右侧方向线 OB 的竖直面与水平

度盘的交线得另一读数 b_1,如图 2-1 所示,可得水平角 β

$$\beta = b_1 - a_1 \qquad (2\text{-}1)$$

这就是水平角测量原理。

二、竖直角测量原理

竖直角是指在同一个竖直面内,一点到目标的方向线与水平线之间的夹角,用 α 表示。如图 2-2a 所示,目标 A 的方向线在水平线上方,为仰角,符号为"+"(图示为 $+6°12'33''$);目标 B 的方向线在水平线下方,为俯角,符号为"-"(图示为 $-5°19'21''$)。竖直角的角值从 $0° \sim 90°$。

如图 2-2b、c 所示,现设想有一竖直的圆形度盘,水平视线 OH 及点到目标的方向线 OA 分别沿侧垂面投影在竖直度盘上得读数分别为 $90°$(图 2-2b)和 L(图 2-2c),则竖直角 α 为

$$\alpha = L - 90° \qquad (2\text{-}2)$$

这就是竖直角测量原理。

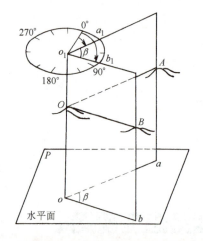

图 2-1 水平角测量原理示意图

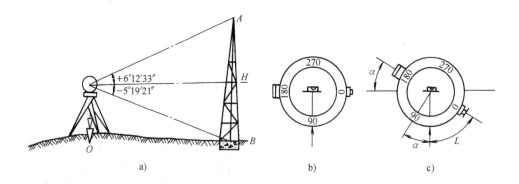

图 2-2 竖直角测量原理示意图

a)竖直角定义示意图　b)水平视线在竖直度盘上的读数　c)倾斜视线在竖直度盘上的读数

综上所述,为完成水平角和竖直角测量,仪器必须具备水平度盘、竖直度盘和瞄准目标用的望远镜,同时要求望远镜不仅能在水平方向左右转动,而且能在竖直方向上下转动。测量水平角时,不仅要求水平度盘能放置水平,且度盘中心要位于水平角顶点的铅垂线上。经纬仪就是根据上述基本要求设计制造的。

第二节　经　纬　仪

经纬仪是测量水平角和竖直角的仪器。经纬仪根据度盘刻度和读数方式的不同,分为游标经纬仪、光学经纬仪和电子经纬仪。目前我国主要使用光学经纬仪和电子经纬仪,游标经纬仪早已淘汰。

房地产测绘中,角度观测常使用 DJ_1、DJ_2、DJ_6 三个等级系列的光学经纬仪或电子经纬

仪，其在室外试验条件下的一个测回水平方向标准偏差分别不超过±1″、±2″、±6″，习惯称一秒经纬仪（DJ$_1$）、二秒经纬仪（DJ$_2$）、六秒经纬仪（DJ$_6$），D、J分别为大地测量和经纬仪汉语拼音的首字母。DJ$_2$光学经纬仪的构造如图2-3所示，DJ$_6$光学经纬仪的构造如图2-4所示。

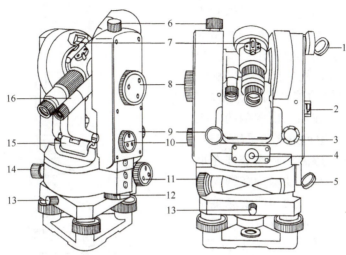

图 2-3　DJ$_2$光学经纬仪示意图

1—竖直度盘反光镜　2—竖盘水准管观察镜　3—竖盘水准管微动螺旋　4—光学对中器　5—水平度盘反光镜
6—望远镜制动螺旋　7—光学瞄准器　8—测微轮　9—望远镜微动螺旋　10—换象手轮
11—照准部微动螺旋　12—水平度盘位置变换手轮　13—轴座固定螺旋
14—照准部制动螺旋　15—照准部水准管　16—读数显微镜

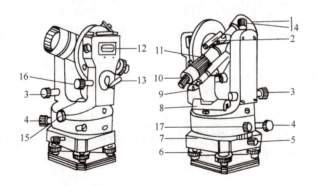

图 2-4　DJ$_6$光学经纬仪示意图

1—望远镜物镜　2—光学瞄准器　3—望远镜微动螺旋　4—照准部微动螺旋　5—轴座连接螺旋
6—脚螺旋　7—水平度盘位置变换手轮　8—照准部水准器　9—读数显微镜　10—望远镜目镜
11—物镜对光螺旋　12—竖盘指标水准管　13—反光镜　14—望远镜制动螺旋　15—光学对中器
16—竖盘指标水准管微动螺旋　17—照准部制动螺旋

一、光学经纬仪的构造

各个等级系列的光学经纬仪基本构造大致相同，主要由照准部、水平度盘和基座三部分组成，如图2-5所示。

1. 照准部

照准部主要由望远镜、读数设备、水准管、竖轴和竖直度盘等组成。

经纬仪上的望远镜构造与水准仪上的基本相同，由物镜、目镜、对光透镜和十字丝分划板等组成，不同的是对光螺旋的位置和望远镜十字丝的形状，十字丝一半为单丝，一半为双丝，用来照准不同标志形式的目标。望远镜的旋转轴称为横轴，望远镜通过横轴安置在照准部两侧的支架上，当横轴水平时，望远镜绕水平轴旋转，将扫过一个竖直面。望远镜和照准部在水平方向的转动由照准部制动螺旋和微动螺旋来控制。望远镜制动螺旋和微动螺旋用来控制望远镜在竖直方向的转动。

反光镜是一个平面镜。打开反光镜，并调整它的位置，光线会经反光镜反射后通过一系列透镜和棱镜，分别把水平度盘和竖直度盘以及测微器的分划影像，反映在望远镜旁的读数显微镜内，便于读出目标方向线的水平度盘或竖直度盘读数。

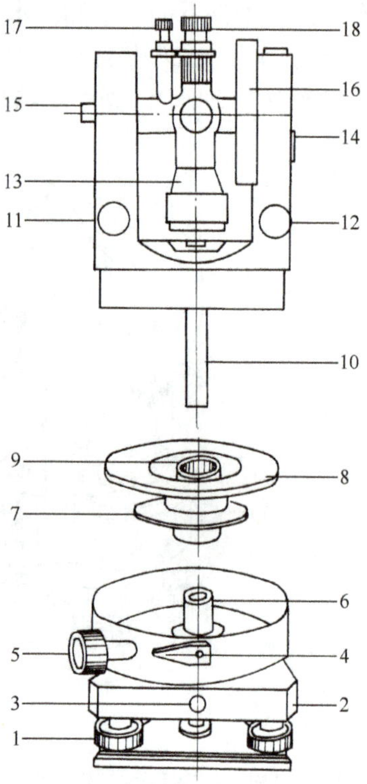

照准部上装有水准管，其中的气泡是否居中用以指示竖轴是否竖直和水平度盘是否水平。

照准部的旋转轴，即竖轴，插在竖轴轴套内，使整个照准部绕竖轴平稳地旋转，并起置中作用。

照准部上的竖直度盘是一个玻璃圆环，刻有 0°~360°注记。它固定在望远镜旋转轴即横轴的一侧，且二者中心重合，当望远镜在竖直面内转动时竖盘也随之转动。有关竖直度盘的构造及使用将在竖直角观测中详细介绍。

2. 水平度盘

水平度盘是一个光学玻璃圆环，刻有按顺时针方向从 0°~360°的刻划。度盘轴套套在竖轴轴套的外面，绕竖轴轴套旋转。

水平度盘的转动是用水平度盘位置变换手轮（图2-3、图2-4）来控制的。使用这种仪器，当照准部位置固定不变时，转动变换手轮，水平度盘一起随之转动，这时度盘读数会发生改变；当变换手轮不动，转动照准部时，水平度盘不随之转动，这时度盘读数也会发生改变。例如，要求瞄准 P 点后的水平度盘读数为 0°00′00″，操作时，先转动照准部瞄准 P 点，然后打开手轮护罩，再转动变换手轮，使度盘读数为 0°00′00″，最后再关上手轮护罩。

3. 基座

经纬仪的基座与水准仪相似，主要包括轴座、脚螺旋和连接板等。

图 2-5 光学经纬仪的构造

1—脚螺旋　2—基座　3—轴座固定螺旋　4—照准部制动螺旋
5—照准部微动螺旋　6—竖直轴套　7—复测盘
8—水平度盘　9—水平度盘轴套　10—竖轴
11—望远镜微动螺旋　12—竖直度盘水准管微动螺旋
13—望远镜　14—反光镜　15—望远镜制动螺旋
16—竖直度盘　17—读数显微镜　18—望远镜目镜

三个脚螺旋用来整平仪器。转动角螺旋可使照准部水准管气泡居中,这项工作称为整平。

将三脚架头的连接螺旋拧紧连接板,可使仪器与三脚架固连在一起。在连接螺旋下面的正中间有个挂钩可以悬挂垂球,当垂球尖端对准地面上角度顶点的标志时,称为对中或对点。为了提高对中精度和对中时不受风力影响,光学经纬仪一般都装有光学对中器,它是由目镜、分划板、物镜等组成的小型折式望远镜,一般装在仪器的基座上,如图2-6所示。使用时先将仪器整平,再移动基座使对中器的十字丝或小圆圈中心对准地面标志中心。

竖轴轴套插入在基座轴套内,通过轴座固定螺旋将照准部固定在基座上。因此,使用仪器时切勿松动该螺旋,以免照准部与基座分离,摔坏仪器。

二、光学经纬仪的读数方法

光学经纬仪的度盘影像经过一系列棱镜和透镜的折射聚光而呈现在读数显微镜中。度盘上相邻两分划间的弧长所对的圆心角称为度盘分划值,一般为60′、30′或20′,即每隔60′、30′或20′有一条分划,每度注记数字。

度盘上小于度盘分划值的读数利用测微器读出。测微器的全长等于度盘分划值。常见的测微器有分微尺测微器、单平板玻璃测微器和度盘对径分划重合读数三种。下面分别介绍三种读数方法。

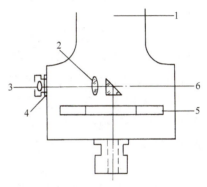

图2-6 光学对中器原理示意图

1—支架 2—物镜 3—目镜
4—分划板 5—水平度盘 6—直角棱镜

1. 分微尺测微器的读数方法

装有分微尺的经纬仪,在读数显微镜内能分别看到水平度盘(注有"Hz")和竖直度盘(注有"V")两个读数窗,如图2-7所示,每个读数窗上的分微尺等分成6大格,每大格又分为10小格。由于度盘分划值为1°,分微尺全长也等于1°,因此,分微尺每一大格代表10′,并从0~6标注数字,每小格代表1′,可以估读到0.1′,即6″。读数前,先调节读数显微镜目镜,使度盘分划线和分微尺的影像清晰,并消除视差。读数时,先

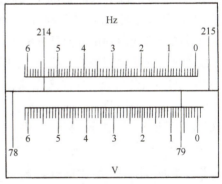

图2-7 装有分微尺的经纬仪读数窗

读取与分微尺重合的度盘分划线读数,此读数即为整度读数,然后在分微尺上由零线到度盘分划线之间读取小于整度数的分、秒读数,两数之和即得度盘读数。图2-7中,水平度盘读数为214°54.0′,竖直度盘读数为79°06.0′。

2. 单平板玻璃测微器的读数方法

装有单平板玻璃测微器的经纬仪,在读数显微镜中能同时看到图2-8所示的三个读数窗,上窗为测微尺分划影像,中间的单丝为读数指标线;中窗为竖盘分划影像;下窗为水平度盘分划影像。中、下窗中都夹有度盘分划线的双丝,为读数指标线。度盘分划值为30′,测微尺上分成30大格,测微轮(图2-3)旋转一周,测微尺由0移到30,度盘分划刚好移动一个格(30′),每5′注记数值,每大格又分成3小格,每小格20″,可以估读到2″。读数

43

时，转动测微轮，使度盘某一分划精确夹在双指标线中间，先读取该分划线的读数，再在测微尺上根据单指标线读取小于30′的分、秒数，两读数相加即得度盘读数。图2-8a中，水平度盘读数为4°30′+11′50″=4°41′50″；图2-8b中，竖直度盘读数为91°+27′26″=91°27′26″。

3. 度盘对径分划重合的读数方法

DJ$_2$光学经纬仪一般采用度盘对径分划重合的读数方法。如图2-9所示，大窗为度盘的影像，它实际上是将度盘180°对径两端分划线的影像同时反映在读数显微镜中，形成被一横线隔开的正字像、倒字像，每隔1°注记数值，度盘分划值为20′。正字注记的为正像，倒字注记的为倒像，正、倒像相差180°，

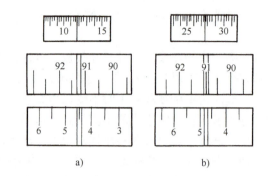

图2-8 装有单平板玻璃测微器的经纬仪读数窗
a）水平度盘读数 b）竖直度盘读数

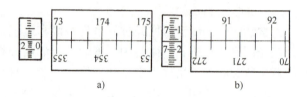

图2-9 DJ$_2$经纬仪读数窗
a）水平度盘影像 b）竖直度盘影像

度盘读数以正像为准。小窗为测微尺的影像，中间的横线为测微尺读数指标线，左边注记数值从0到10以′为单位，右边注记数值从0到5以10″为单位，最小分划为1″，估读到0.1″。转动测微轮时，读数窗中的正、倒像做相对移动，使测微尺由0′移动到10′时，度盘正、倒像的分划线向相反方向各移动半格即10′。

读数时，先转动测微轮，使正、倒像的度盘分划线精确重合，然后找出邻近的正、倒像相差180°的两条分划线，并注意正像在左侧，倒像在右侧，正像分划的数字就是度盘的度数；再数出正、倒像两分划线间的分格数，将其乘以度盘分划值的一半，即得度盘上相应的整10′数；不足整10′的分、秒数，从左边小窗的测微尺上读取，三者之和即为度盘的全部读数。图2-9a中，水平度盘读数为174°，整10′数为0，测微尺上的分、秒数为02′00″.0，以上三者的和即为度盘的整个读数，为174°02′00″.0；同理，图2-9b的竖直度盘读数为91°+1×10′+7′16″.0=91°17′16″.0。

DJ$_2$光学经纬仪的读数显微镜中只能显示水平度盘或竖直度盘中的一种度盘影像，而要显示另一度盘影像，就需要转动换像手轮。当手轮面上刻划线处于水平位置时，读数显微镜内呈现水平度盘的影像；当刻划线处于竖直位置时，读数显微镜内呈现竖直度盘的影像。

此外，为了读数快速、准确、方便，新型的DJ$_2$光学经纬仪在操作步骤与读数原理不变的基础上，采用了数字化读数装置。如图2-10a所示，下部的方框为度盘对径分划线重合后的影像，没有

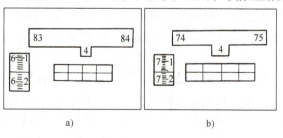

图2-10 DJ$_2$光学经纬仪的数字化读数影像

注记，上部的窗口为度盘读数和整10′的注记（图中为83°40′），左下方的小窗为测微尺影像（图中为6′16″.0），整个度盘的读数为83°46′16″.0；同理，图2-10b的读数为74°47′16″.0。

三、电子经纬仪及其读数

电子经纬仪是角度测量自动化的产物，目前电子经纬仪根据功能不同分为两种，一种是只具测角功能的电子经纬仪，另一种是将电子经纬仪与测距仪设计为一体，测角测距功能皆备的整体式全站型电子速测仪（Electronic theometer total station），简称为全站仪。

下面以南方ET-02/05型电子经纬仪为例，介绍电子经纬仪的构造及其使用方法。如图2-11所示为电子经纬仪的各部分名称及功能。

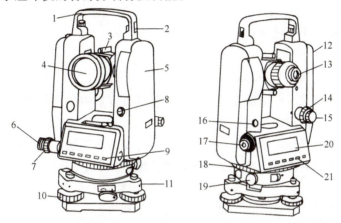

图2-11 电子经纬仪示意图

1—提柄　2—提柄固定螺旋　3—粗瞄准器　4—物镜　5—仪器高中心标记　6—微动螺旋　7—水平微动螺旋
8—测距仪数据接口　9—电源开关　10—脚螺旋　11—基座　12—电池盒　13—目镜　14—竖直制动螺旋
15—竖直微动螺旋　16—电子手簿接口　17—光学对点器　18—粗换盘拨盘　19—换盘锁紧手轮
20—显示屏　21—操作键盘

电子经纬仪与光学经纬仪的主要不同点在于读数系统。光学经纬仪采用棱镜、透镜等光学元件组成读数系统；而电子经纬仪采用机、光、电一体化组成读数系统。

如图2-12所示为电子经纬仪的液晶显示屏，显示屏下半部各按键具有双重功能：MEN-

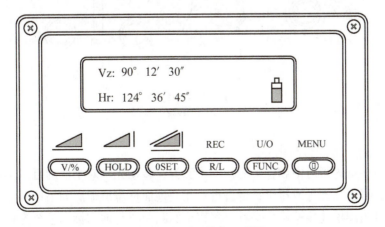

图2-12 电子经纬仪显示屏

U/⌀——主菜单或开关/关机；FUNC/（U/O）——功能转换/输入输出；REC（R/L）——十字丝照明/角度增加值方向转换；V/%——竖直角测量模式转换；HOLD——水平度盘读数设置/锁定；OSET——按此键可将水平度盘置成0°00′00″。

图中显示屏上半部显示的90°12′30″为竖直度盘的读数，124°36′45″为水平度盘的读数。

第三节　水平角观测

进行水平角观测时，首先要将经纬仪安置于测站点上。

一、安置仪器

仪器的安置包括对中和整平两个步骤。

1. 对中

对中的目的是使仪器中心与测站点标志的中心位于同一铅垂线上。可用锤球对中，步骤是在测站点处张开三脚架，调节架腿固紧螺旋，使其高度适中并目估架头水平，同时架头中心大致对准测站点标志，再挂上锤球初步对中。取出仪器，用连接螺旋固定在三脚架上，此时若锤球尖端偏离测站点标志中心，可稍旋松连接螺旋，两手扶住仪器基座，在架头上平移仪器，使锤球尖端准确对准标志中心，再拧紧连接螺旋。

2. 整平

整平的目的是使仪器竖轴竖直，水平度盘处于水平位置。

操作方法如图2-13所示，旋转照准部，使水准管平行于任意一对脚螺旋的连线（图2-13a），相对地转动这两个脚螺旋，使水准管气泡居中，注意气泡移动方向与左手大拇指旋转脚螺旋的方向一致；然后将照准部旋转90°（图2-13b），转动第三个脚螺旋使水准管气泡居中。如此重复进行，直到在这两个位置上气泡都居中为止。

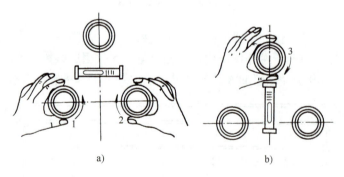

图2-13　整平操作示意图
1、2、3—脚螺旋

3. 利用光学对中器进行对中和整平

利用光学对中器进行对中和整平的操作步骤为：转动光学对中器的目镜调焦螺旋使分划板的圆圈清晰，再适当推进或拉出目镜进行对光使地面标志清晰。如果地面标志偏离圆圈中心距离较小，可稍旋松连接螺旋，平移仪器直至圆圈中心与地面标志重合为止。相反，如果偏离较大，这时将三脚架的一条腿固定不动，两只手分别握住另外两条架腿，在移动这两架腿的同时，从目镜中观察，使圆圈中心对准地面标志。此时，三脚架头不水平，应调节架腿长度，使圆水准器气泡居中，三脚架头大致水平。而后再用脚螺旋将管水准器气泡调至居中，仪器整平。由于转动脚螺旋，对中状态必然有所破坏，这时可稍松开连接螺旋，平行移动仪器，使仪器精确对中。此时应注意，只能平移，不能旋转（由于三脚架头不严格水平，旋转必然破坏仪器的整平状态）。实际工作中，即使平移仪器，仍或多或少地破坏水平状态，因此，上述两项操作必须反复进行，逐渐接近，直至对中和整平都满足要求为止。

二、瞄准目标

（1）**目镜对光**　将望远镜朝向明亮背景，转动目镜对光螺旋，使十字丝清晰。

（2）**粗略瞄准**　松开照准部制动螺旋与望远镜制动螺旋，用望远镜上的准星和照门（或瞄准器）粗略照准目标，使在望远镜内能够看到物像，然后拧紧照准部及望远镜制动螺旋。

（3）**物镜对光**　转动物镜对光螺旋，使目标清晰。注意消除视差（视差现象与水准仪的相同）。

（4）**精确瞄准**　转动照准部和望远镜微动螺旋，使十字丝纵丝准确对准目标，如图2-14所示。

三、水平角观测方法

常用的水平角观测方法有测回法和方向观测法。一般根据观测所使用的仪器等级、目标数量、测角的精度要求而定。

（一）测回法

测回法用于观测不多于三个方向的水平角观测。

如图2-15所示，要观测OA、OB间的水平角$\angle AOB$的角值，先将经纬仪安置在角的顶点O上，对中、整平，并在A、B两点竖立标杆或挂垂球或插测钎，作为照准的目标。

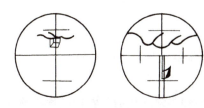

图2-14　十字丝对准目标示意图

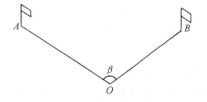

图2-15　测回法示意图

1. 盘左位置（竖盘位于望远镜左侧，又称正镜）

1）顺时针方向转动照准部，先瞄准左侧目标A，读取水平度盘读数a_L，设为$0°12'48''$，记入观测手簿（表2-1）。

2）松开照准部制动螺旋，顺时针转动照准部，再瞄准右侧目标B，读取水平度盘读数b_L，设为$73°48'06''$，记入观测手簿。则盘左位置的水平角值β_L为

$$\beta_L = b_L - a_L = 73°48'06'' - 0°12'48'' = 73°35'18''$$

记入观测手簿"半测回角值"栏内，即完成了上半测回的观测。

表 2-1　测回法观测手簿

测站	竖盘位置	目标	水平度盘读数	半测回角值	一测回角值	各测回平均角值	略　　图
O 第一测回	左	A	0°12′48″	73°35′18″	73°35′27″	73°35′28″	A O ∠73°35′28″ B
		B	73°48′06″				
	右	A	180°13′00″	73°35′36″			
		B	253°48′36″				
O 第二测回	左	A	90°08′18″	73°35′36″	73°35′30″		
		B	163°43′54″				
	右	A	270°08′36″	73°35′24″			
		B	343°44′00″				

2. 盘右位置（竖盘位于望远镜右侧，又称倒镜）

1）松开制动螺旋，倒转望远镜，先瞄准右侧目标 B，读取水平度盘读数 b_R，设为 253°48′36″，记入观测手簿。

2）逆时针方向转动照准部，再瞄准左侧目标 A，读取水平度盘读数 a_R，设为 180°13′00″，记入观测手簿。则盘右位置的水平角值 β_R 为

$$\beta_R = b_R - a_R = 253°48′36″ - 180°13′00″ = 73°35′36″$$

记入观测手簿。完成了下半测回的观测。

上半测回（盘左）、下半测回（盘右）合为一测回。对于 DJ_6 光学经纬仪，规定当上、下两个半测回测得角值之差的绝对值

$$|\Delta\beta| = |\beta_L - \beta_R| \leq 40″$$

（上例中 $\Delta\beta = \beta_R - \beta_L = 73°35′36″ - 73°35′18″ = 18″ < 40″$）

取其平均值作为一测回角值，即

$$\beta = 1/2 (\beta_L + \beta_R) = 1/2 (73°35′18″ + 73°35′36″) = 73°35′27″$$

记入手簿"一测回角值"中。若 $\Delta\beta > 40″$，应重新观测。

为了提高测角精度，可增加测回数，但测回数增加到一定次数后，精度的提高将逐步缓慢而趋收敛，在实际工作中应根据规范的规定进行。

为了减少度盘分划误差的影响，各测回之间应根据测回数 n，按 $180°/n$ 的差值变换度盘起始方向的读数。例如，当测回数 $n=2$ 时，$180°/2 = 90°$，则第一测回与第二测回起始方向的读数应分别等于或略大于 0°、90°。

当观测两个或两个以上测回时，各测回所测得角值之差，对于 DJ_6 光学经纬仪应不大于 40″，取各测回角值的平均值作为最后结果，记入观测手簿"各测回平均角值"栏内。

（二）方向观测法

当观测方向超过两个时，常采用方向观测法测量水平角。

在表 2-2 的略图中，O 为观测点，A、B、C、D 为四个目标点，现在要测出 OA、OB、OC、OD 的方向值，然后计算它们之间的水平角。观测步骤如下：

1. 盘左位置

在 O 点安置经纬仪，按顺时针方向转动照准部依次瞄准起始方向 A 和其他三个方向 B、C、D，分别读数并记入手簿表 2-2 相应栏内，最后再瞄准起始方向 A，读数并记录。目标 A 两次读数之差称为半测回归零差，对于 DJ_6 光学经纬仪其值不应超过 $18''$，见表 2-3。本例中归零差为 $6''$，满足要求。如归零差超限，应重新观测。这样就完成了上半测回的观测。

表 2-2　方向观测法观测手簿

测站	测回数	目标	读数 盘左	读数 盘右	2c	平均读数	归零方向值	各测回归零方向值的平均值	略图及角值
O	1	A	0°02′06″	180°02′00″	+6″	(0°02′06″) 0°02′03″	0°00′00″	0°00′00″	
		B	51°15′42″	231°15′30″	+12″	51°15′36″	51°13′30″	51°13′28″	
		C	131°54′12″	311°54′00″	+12″	131°54′06″	131°52′00″	131°52′02″	
		D	182°02′24″	2°02′24″	0″	182°02′24″	182°00′18″	182°00′22″	
		A	0°02′12″	180°02′06″	+6″	0°02′09″			
	2	A	90°03′30″	270°03′24″	+6″	(90°03′32″) 90°03′27″	0°00′00″		
		B	141°17′00″	321°16′54″	+6″	141°16′57″	51°13′25″		
		C	221°55′42″	41°55′30″	+12″	221°55′36″	131°52′04″		
		D	272°04′00″	92°03′54″	+6″	272°03′57″	182°00′25″		
		A	90°03′36″	270°03′36″	0″	90°03′36″			

表 2-3　水平角观测限差

经纬仪型号	半测回归零差/(″)	一测回内 2c 较差/(″)	同一方向值各测回较差/(″)
DJ_1	6	9	6
DJ_2	8	13	9
DJ_6	18	30	24

2. 盘右位置

倒转望远镜成盘右位置，按逆时针方向依次瞄准 A、D、C、B、A 各方向，分别读数并记入手簿表内。同样，归零差不应超限。这样就完成了下半测回的观测。上、下半测回合为一测回。

3. 观测手簿的计算

（1）计算 2 倍视准轴误差（$2c$）值　同一方向，盘左和盘右读数之差，即为 2 倍视准轴误差（$2c$），即

$$2c = 盘左读数 - （盘右读数 \pm 180°）$$

例如，表 2-2 中，第一测回 OB 方向的 $2c$ 为

$$2c = 51°15'42'' - (231°15'30'' - 180°) = 12''$$

将各方向所计算的 $2c$ 值记入表 2-2 中的相应栏内。同一测回各方向 $2c$ 较差的大小可以在一定程度上反映观测的精度。使用 DJ_6 光学经纬仪时，规定一测回内 $2c$ 的变化范围不应超过 $30''$，见表 2-3。

（2）计算各方向的平均值　如果2c较差在规定范围以内，取同一方向盘左、盘右读数的平均值作为该方向的方向值，即

$$各方向的方向值 = 1/2 \ [\ 盘左读数 + （盘右读数 \pm 180°）\ ]$$

例如，表2-2中，起始方向 OA 的方向值为

$$1/2\ [\ 0°02'06'' + （180°02'00'' - 180°）\ ] = 0°02'03''$$

由于归零，OA 方向另有一个方向值 $0°02'09''$，所以应再取两个方向值的平均值 $1/2$（$0°02'03'' + 0°02'09''$）$= 0°02'06''$ 作为目标 A 的一个方向值，记入"平均读数"栏上方的括号内。

（3）计算归零后的方向值　为便于各测回方向值取平均值计算，将起始目标方向值换算为 $0°00'00''$，也就是从各测回各方向的平均值中减去起始目标方向值 A 的平均值，即得各方向的归零后方向值。记入表2-2中的相应栏内。

（4）计算各测回归零后方向值的平均值　各测回中同一方向归零后的方向值较差限差应符合表2-3的规定，DJ_6 光学经纬仪为 $24''$。当观测结果在规定的限差范围内时，取各测回同一方向归零后的方向值的平均值作为该方向的最后结果。例如，表2-2中，OB 方向各测回归零后方向值的平均值为

$$1/2\ (51°13'30'' + 51°13'25'') = 51°13'28''$$

（5）计算水平角值　根据各测回归零后方向值的平均值，把相邻的两方向值相减，就能得到该两方向所夹的水平角，注于表2-2简图上的相应位置。如

$$\angle BOC = 131°52'02'' - 51°13'28'' = 80°38'34''$$

当观测方向数不多于三个时，用方向观测法观测水平角可以不归零。

第四节　竖直角观测

一、竖直度盘构造

如图2-16所示，光学经纬仪竖直度盘的装置包括竖直度盘、竖直度盘指标水准管和读数指标等。竖盘读数指标与竖盘指标水准管连接在一起，转动竖盘指标水准管微动螺旋，水准管气泡移动，同时指标在竖直面内做微小移动。当竖盘指标水准管气泡居中时，指标处于正确位置，就可以根据指标读取度盘读数。竖直度盘的刻划从 $0° \sim 360°$ 注记，其形式有顺时针和逆时针两种。图2-16所示为逆时针方向注记，图2-17所示为顺时针方向注记。竖盘指标水准管与竖盘指标应满足的条件是当视准轴水平、竖盘指标水准管气泡居中时，盘左时的竖盘读数为 $90°$ 或 $90°$ 的整倍数。图2-16为 $90°$，图2-17a为 $90°$，图2-17b为 $0°$。

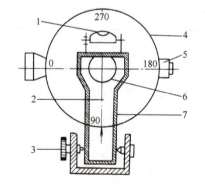

图2-16　竖直度盘构造
1—指标水准管　2—读数指标
3—指标水准管微动螺旋　4—竖直度盘
5—望远镜　6—水平轴　7—支架

二、竖直角计算公式

根据竖直角测量原理，测定竖直角也就是测出目标方向线与水平线分别在竖直度盘上的读数，两读数之差即为竖直角。尽管竖直度盘的注记形式不同，但是当视准轴水平、竖盘指标水准管气泡居中时，无论竖盘位置是盘左还是盘右，竖盘读数都是个定值，即正常状态应该是 $90°$ 的整倍

数,所以,实际上测定竖直角只需测出目标方向线的读数。究竟视线水平时竖盘读数是多少,对于每台仪器是一个常数。在计算竖直角时,哪一个读数是减数,哪一个读数是被减数,要在测量竖直角之前确定。将望远镜放在大致水平的位置,观察一个读数,然后逐渐抬起望远镜,观察读数是增加还是减少(仰角为正,应是大数减去小数)。如果增加,则竖直角的计算公式为

$$\alpha = 瞄准目标读数 - 视线水平读数$$

如果减少,则

$$\alpha = 视线水平读数 - 瞄准目标读数$$

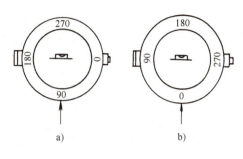

图 2-17 竖直度盘注记形式(顺时针)

图 2-18a 所示为盘左位置,视线水平时的度盘读数为 90°,仰起望远镜时读数减少,则竖直角为

$$\alpha_L = 90° - L \tag{2-3}$$

同理,图 2-18b 所示为盘右位置,其竖直角为

$$\alpha_R = R - 270° \tag{2-4}$$

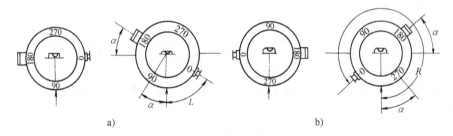

图 2-18 竖直角计算公式示意图(顺时针)
a) 盘左 b) 盘右

则平均竖直角为

$$\alpha = 1/2(\alpha_L + \alpha_R) = 1/2(R - L - 180°) \tag{2-5}$$

对于逆时针分划注记的竖盘,如图 2-19 所示,用同样的方法也可确定竖直角的计算公式为

$$\alpha_L = L - 90° \tag{2-6}$$

$$\alpha_R = 270° - R \tag{2-7}$$

当视准轴水平、竖盘指标水准管气泡居中时,竖盘读数应是 90° 的整倍数。但如果竖盘指标不指在 90° 或 270° 上,而与 90° 或 270° 有一个差值,这个差值 x 称为竖盘指标差。图 2-20 为盘左、盘右观测同一目标的竖盘指标位置,图 2-20a 为盘左位置,由于指标差的存在,这时正确的竖直角为

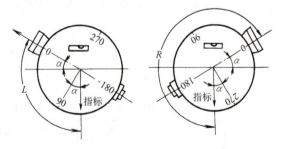

图 2-19 竖直角计算公式示意图(逆时针)

$$\alpha = 90° - (L - x) = \alpha_L + x \quad (2\text{-}8)$$

同样,图 2-20b 所示盘右位置的正确竖直角为

$$\alpha = (R - x) - 270° = \alpha_R - x \quad (2\text{-}9)$$

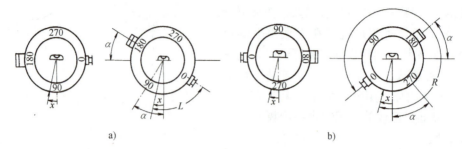

图 2-20 竖盘指标差示意图

a) 盘左 b) 盘右

将上面两式相加或相减后再除以 2,分别得

$$\alpha = 1/2\ (R - L - 180°) = 1/2\ (\alpha_L + \alpha_R) \quad (2\text{-}10)$$

$$x = 1/2\ [(L + R) - 360°] = 1/2\ (\alpha_R - \alpha_L) \quad (2\text{-}11)$$

其中式(2-10)说明盘左、盘右观测竖直角取平均值可以消除竖盘指标差的影响;式(2-11)为竖盘指标差的计算式。

三、竖直角观测方法

竖直角观测是用十字丝横丝切于目标顶端,调节竖盘指标水准管气泡居中后,读取竖盘读数,按公式计算出竖直角。具体步骤如下:

1)如图 2-2a 所示,安置经纬仪于测站点 O 上。对中、整平,然后确定该仪器竖直角计算公式为

$$\alpha_L = 90° - L$$
$$\alpha_R = R - 270°$$

2)盘左位置瞄准目标 A,用十字丝横丝切准目标的顶端。

3)转动竖盘指标水准管微动螺旋,使竖盘指标水准管气泡居中,读取盘左时目标 A 的竖盘读数为

$$L = 83°48'18''$$

记入竖直角观测手簿(表 2-4)中的相应位置,即完成了上半测回的观测。

表 2-4 竖直角观测手簿

测站	目标	竖盘位置	竖盘读数	指标差	竖直角	平均竖直角	备注
O	A	左	83°48′18″	+51″	+6°11′42″	+6°12′33″	
		右	276°13′24″		+6°13′24″		
	B	左	95°20′06″	+45″	-5°20′06″	-5°19′21″	
		右	264°41′24″		-5°18′36″		

4)盘右位置再瞄准目标 A 的同一位置,同样,竖盘指标水准管气泡居中时的竖盘读数为

$$R = 276°13'24''$$

记入表2-4中，即完成了下半测回的观测。

上、下半测回合为一测回。

5）计算竖直角。根据竖直角计算公式，得

$$\alpha_L = 90° - 83°48'18'' = 6°11'42''$$
$$\alpha_R = 276°13'24'' - 270° = 6°13'24''$$

则平均竖直角为

$$\alpha = 1/2(\alpha_L + \alpha_R) = 1/2(6°11'42'' + 6°13'24'') = 6°12'33''$$

若观测低处目标 B，则观测方法和计算公式与观测高处目标点 A 完全一样，只是竖直角的正、负号与实际的仰、俯角一致，即目标 B 的竖直角值为负。

在上述竖直角观测中，每次读数前都必须转动竖盘指标水准管微动螺旋，使水准管气泡居中，才能读得正确读数，不仅工作效率较低而且容易出错。近年来，有些经过改进的经纬仪，竖盘指标采用自动补偿装置代替水准管，即使仪器稍有倾斜，竖盘指标也自动居于正确位置，可以随时读数，提高了观测的精度和速度。这种自动补偿装置的原理与自动安平水准仪补偿器基本相同。

第五节　经纬仪的检验和校正

一、经纬仪应满足的几何条件

根据测角原理，经纬仪要能准确地测量出水平角，各个轴线之间必须满足下列几何条件（图2-21）：

1）照准部水准管轴垂直于竖轴（$LL \perp VV$）。
2）望远镜视准轴垂直于横轴（$CC \perp HH$）。
3）横轴垂直于竖轴（$HH \perp VV$）。

此外，为了便于瞄准目标，要求经纬仪整平后，十字丝的纵丝应竖直、横丝应水平。所以，经纬仪还应满足十字丝竖丝垂直于横轴。

一般情况下，刚出厂的仪器这些条件都能满足。但是，仪器经过长时间的使用或搬运过程中受到碰撞、振动以及气温变化等的影响，均能导致轴线位置的变化。所以，经纬仪在使用前或使用一段时间后，应进行检验与校正。其中横轴垂直于竖轴的条件一般都能满足，而且在测量过程中，盘左、盘右观测取平均值可消除其误差，仪器本身又无校正装置，所以横轴垂直于竖轴的检验与校正这里不再单列。

二、照准部水准管轴垂直于竖轴的检验与校正

1. 检验

先将仪器大致整平，转动照准部，使水准管平行于任意一对脚螺旋的连线，相对转动这两只脚螺旋使水准管气泡居中，如图2-22a所示，然后将照准部转动180°，如果水准管气泡仍居中，说明水准管轴垂直于竖轴；如果不居中，如图2-22b所示，则说明水准管轴与竖轴不垂直，需要校正。

2. 校正

如果水准管轴不垂直于竖轴，那么当水准管轴水平时竖轴倾斜。设竖轴与铅垂线的倾斜角为 α，如图2-22a所示，将仪器绕竖轴旋转180°，竖轴位置不变，水准管轴与水平线夹角

为 2α，气泡不再居中，如图 2-22b 所示。2α 的大小由气泡偏离零点的格数来度量。校正时，先转动脚螺旋使水准管气泡退回偏离值的一半，这时竖轴处于竖直位置，如图 2-22c 所示。然后，用校正针拨动水准管一端的校正螺钉使气泡居中，这时水准管轴水平，竖轴竖直，如图 2-22d 所示。此项检校应重复进行。

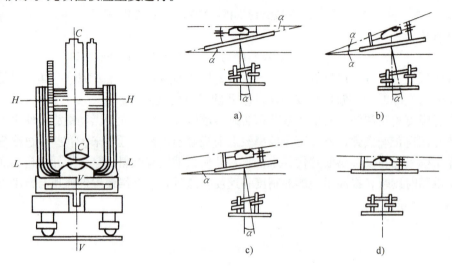

图 2-21　经纬仪的轴线　　　　　图 2-22　照准部水准管的检验与校正

三、十字丝竖丝垂直于横轴的检验与校正

1. 检验

整平仪器，用十字丝交点瞄准约与仪器同高的明显目标点 A，固定制动螺旋，旋转望远镜微动螺旋，如果 A 点始终在竖丝上移动，如图 2-23a 所示，说明条件满足；如偏离竖丝，如图 2-23b 所示，则需要校正。

2. 校正

旋下目镜处的十字丝环护盖（图 2-24），松开四个固定螺旋，转动整个目镜座，使目标点 P 始终在十字丝纵丝上移动为止。此项检校应重复进行。

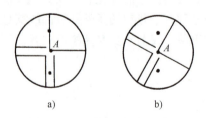 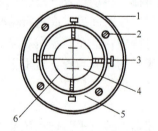

图 2-23　十字丝竖丝检验示意图　　　图 2-24　十字丝环构造示意图
1—望远镜筒　2—压环螺钉　3—十字丝校正螺钉
4—十字丝分划板　5—压环　6—分划板座

四、望远镜视准轴垂直于横轴的检验与校正

1. 检验

如图 2-25 所示，在一平坦的场地上，选择相距约 100m 的 A、B 两点。将经纬仪安置在

A、B 的中点 O 处，在 A 点竖立一标志，在 B 点横放一根有毫米分划的直尺，使其垂直于 OB，并尽量与仪器同高。盘左位置，使望远镜大致放平，瞄准 A 点，固定照准部，然后倒转望远镜成盘右位置，在 B 点尺上读数，得 B_1 点；再以盘右位置瞄准 A 点，固定照准部，倒转望远镜盘左位置，在 B 点尺上读数，得 B_2 点。如果 B_1 与 B_2 重合，说明望远镜视准轴垂直于横轴；否则，需要校正。

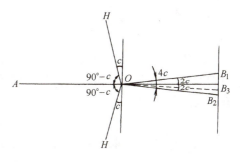

图 2-25 准轴垂直于横轴的检验

2. 校正

视准轴不垂直于横轴所偏离的角度 c 称为视准轴误差。如图 2-25 所示，盘左位置时，视准轴 OA 与横轴 OH 的夹角为 $\angle AOH = 90° - c$，倒转望远镜后，视准轴与横轴的夹角不变，即 $\angle HOB_1 = 90° - c$，这样 OB_1 与 AO 的延长线之间夹角为 $2c$。同理，OB_2 与 AO 延长线的夹角也是 $2c$，所以，$\angle B_1OB_2 = 4c$，也就是说，B_1 与 B_2 两读数之差至仪器中心所夹的角度是视准轴误差的 4 倍。在尺上定出 B_3 点，使 $B_2B_3 = 1/(4B_1B_2)$，此时，$\angle B_3OB_2 = c$，OB_3 垂直于横轴 OH。用校正针拨动十字丝环的左、右两个校正螺钉，平移十字丝分划板，使十字丝交点对准 B_3 点为止。此项检校需反复进行。

五、竖盘指标差的检验与校正

1. 检验目的

减小或消除竖盘指标差，使望远镜视准轴水平、竖盘指标水准管气泡居中时，指标所指的读数为 90° 的整数倍。

2. 检验

安置仪器，用盘左和盘右两个位置观测同一个目标，计算竖直角 α_L 和 α_R，如果 $\alpha_L = \alpha_R$，那么根据式（2-11）说明指标差为零，即无指标差存在。使用 DJ_6 光学经纬仪时，若指标差超过 20″，需进行校正。

3. 校正

先根据计算出的指标差计算盘左（或盘右）时的正确读数 $R_0 = R - x$（或 $L_0 = L - x$），仪器仍保持竖盘位置不变，然后转动竖盘指标水准管微动螺旋，使指标在正确读数上，此时竖盘水准管气泡偏离，用校正针拨动水准管一端的校正螺钉，使气泡居中。校正后应重复检验，直到满足规范要求为止。

根据国家计量的有关规定，测角仪器属于周期强制鉴定仪器，应送政府计量管理部门授权检验单位进行检验、鉴定，取得鉴定证书后方可使用。

第六节　角度测量误差

为了提高测角的精度，必须了解产生角度测量误差的原因和规律，以便采取相应的措施来消除或减弱其对角度测量的影响。

水平角测量过程中的人为误差主要有安置仪器误差和目标偏心误差等。

一、安置仪器误差

1. 对中误差

如图 2-26 所示，O 为测站点，O' 为仪器的中心，仪器对中误差对水平角的影响，与测站点的偏心距 e、边长 D 以及观测方向与偏心方向的夹角 θ 有关。观测的角值 β' 与正确的角值 β 之间的关系为

$$\beta = \beta' + (\delta_1 + \delta_2)$$

因 δ_1、δ_2 很小，取 $\delta_1 \approx \sin\delta_1$、$\delta_2 \approx \sin\delta_2$，则

$$\delta_1 = e\rho\sin\theta/D_1$$
$$\delta_2 = e\rho\sin(\beta'-\theta)/D_2$$

其中，ρ 为弧度与角度转换参数，等于 $206265''$。

因此，仪器对中误差引起的水平角误差为

$$\Delta\beta = \beta - \beta' = (\delta_1+\delta_2) = e\rho[\sin\theta/D_1 + \sin(\beta'-\theta)/D_2]$$

当 $\beta' = 180°$、$\theta = 90°$ 时，$\Delta\beta$ 最大。

由此可见，仪器对中误差对水平角的影响 $\Delta\beta$ 与偏心距 e 成正比，与测站点到目标的距离 D 成反比，即 e 越大，D 越短，$\Delta\beta$ 越大。因此，当边长较短时，尤其要注意仪器的对中，提高水平角的测量精度。

2. 整平误差

整平误差不能用观测方法来消除，因此，应特别注意认真整平仪器。整平误差对水平角的影响与观测目标的视线倾角有关，倾角越小，影响越小。

二、目标偏心误差

如图 2-27 所示，O 为测站点，B 为目标点，当目标倾斜与 B' 点在同一铅垂线上而产生偏心差，偏心距 $BB' = e$，则目标偏心对水平角产生的误差为

$$\delta = e\rho\sin\theta/D$$

由上式可知，目标偏心误差对水平角的影响 δ 与目标偏心距 e 成正比，与仪器到目标点的距离 D 成反比。例如，当 $e = 3\text{mm}$，$D = 100\text{m}$，$\theta = 90°$ 时

$$\delta = \frac{3\text{mm} \times \sin90° \times 206265''}{100 \times 10^3 \text{mm}} = 6.2''$$

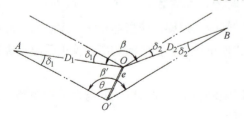

图 2-26 对中误差示意图

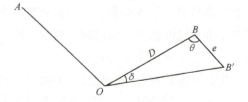

图 2-27 目标偏心误差

因此，为了减小目标偏心对水平角的影响，观测中，应尽量保持照准标志竖直，并应尽量照准目标的底部。边长较短时更应如此。

水平角测量应根据规范规定的操作步骤、方法和要求进行，要尽量选择有利的观测条件，避开不利的因素，把影响水平角观测精度的因素降低到最小程度。

小 结

1. 水平角是一点到两目标的两方向线垂直投影在水平面上所成的夹角。竖直角是指在同一竖直面内，一点到目标的方向线与水平线之间的夹角。

2. 光学经纬仪主要由照准部、水平度盘和基座组成。经纬仪的操作步骤包括安置仪器（对中和整平）、瞄准目标、读数。

3. 常用的水平角观测方法有测回法和方向观测法。竖直角一般用测回法观测。

4. 经纬仪应满足的几何条件：照准部水准管轴垂直于竖轴（$LL \perp VV$）；望远镜视准轴垂直于横轴（$CC \perp HH$）；横轴垂直于竖轴（$HH \perp VV$）；十字丝竖丝垂直于横轴。

5. 角度测量误差包括安置仪器误差和目标偏心误差，对于光学经纬仪还包括读数误差。

思考题与习题

1. 什么叫水平角、竖直角？说明用经纬仪测量水平角、竖直角的原理。
2. 经纬仪主要由哪几部分组成？说明各部件的用途。
3. 试述装置有变换手轮的经纬仪整置起始方向读数为零（或稍大一些）的操作步骤。
4. 试述光学经纬仪对中、整平的目的及操作方法。
5. 完成下表测回法观测水平角的手簿（表 2-5）。

表 2-5　测回法观测水平角手簿

测站	竖盘位置	目标	水平度盘读数	半测回角值	一测回角值	各测回平均角值	备注
O 第一测回	左	A	0°02′30″				
		B	95°20′48″				
	右	A	180°02′42″				
		B	275°21′12″				
O 第二测回	左	A	90°03′06″				
		B	185°21′38″				
	右	A	270°02′54″				
		B	5°20′54″				

6. 用测回法观测水平角 β，将图 2-28 观测数据填入手簿表 2-6 中，并计算出水平角。

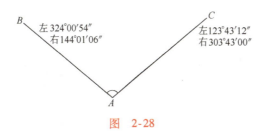

图 2-28

表 2-6 测回法观测水平角手簿

测　站	竖盘位置	目　标	水平度盘读数	半测回角值	一测回角值

7. 为什么测水平角时要在两个方向上读数，而测竖直角时只要在一个方向上读数？
8. 完成用方向观测法观测水平角手簿（表 2-7）的计算。

表 2-7 方向观测法观测水平角手簿

测站	测回数	目标	读数 盘左	读数 盘右	2c	平均读数	归零方向值	各测回归零方向值的平均值	略图及角值
O	1	A	0°01′12″	180°01′00″	( )				
		B	41°18′18″	221°18′00″					
		C	124°27′36″	304°27′30″					
		D	160°25′18″	340°25′00″					
		A	0°01′06″	180°00′54″					
	2	A	90°03′18″	270°03′12″					
		B	131°20′12″	311°20′00″					
		C	214°29′54″	34°29′42″					
		D	250°27′24″	70°27′06″					
		A	90°03′06″	270°03′00″					

9. 观测水平角时产生误差的主要原因有哪些？为提高测角精度，观测时应注意哪些问题？
10. 什么是竖盘指标差？如何计算？竖盘指标水准管的作用是什么？
11. 经纬仪有哪些主要轴线？各轴线间应满足什么条件？
12. 整理竖直角观测记录（表 2-8），并分析有无指标差存在？

表 2-8 竖直角观测记录

测站	目标	度盘位置	竖盘读数	标差	竖直角	平均竖直角	备　注
			94°33′24″				
			265°26′00″				
			81°34′00″				
			278°25′48″				

第三章

距离测量与直线定向

学习目标

通过本章学习，掌握钢尺量距方法；熟悉光电测距、视距测量的原理方法；掌握方位角的概念、直线方向的表示方法；掌握方位角的推算。

距离测量是基本测量工作之一。测量工作中所测定的距离是指地面上两点之间的水平距离。如果测量的是斜距，需将其换算成水平距离。按照所使用的测量仪器、工具和测量方法的不同，距离测量可分为钢尺量距、视距测量和光电测距等方法。直线定向就是确定直线的方向。

第一节 钢尺量距

一、量距方法

（一）量距工具

钢尺量距的主要工具包括钢尺、测钎、标杆和锤球。

1. 钢尺

钢尺又称钢卷尺，是由合金钢制成的带尺，尺宽1~1.5cm，厚约0.4cm，长度有20m、30m、50m，有盒装和架装等几种，如图3-1所示。钢尺的基本分划为毫米，每1cm处有数字注记；有的钢尺基本分划为厘米，每10cm处有数字注记。根

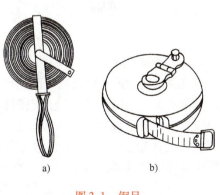

图3-1 钢尺

据钢尺零点的位置不同，有端点尺和刻线尺之分。端点尺是以尺的最外端作为尺的零点，如图 3-2a 所示。刻线尺是以钢尺的起始刻划线为尺子零点，如图 3-2b 所示。

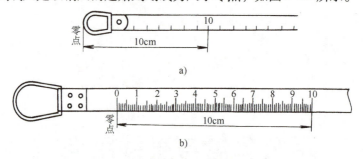

图 3-2　钢尺尺端刻划

2. 测钎

如图 3-3 所示，测钎用粗铁丝制成，长约 30cm，一般 6～10 根一组，主要用来标定测量尺端的起、终的位置，计算丈量的尺端数。

3. 标杆

标杆也称为花杆，直径 3～4cm，长度有 2m、2.5m、3m 等几种，杆上涂以 20cm 间隔的红、白油漆，标杆下有铁脚，以便插在地上，如图 3-4a 所示。标杆用来标定测线的方向和地面点位置。

4. 锤球

如图 3-4b 所示，锤球是金属制成的，主要用来对点、标点和投点。

图 3-3　测钎

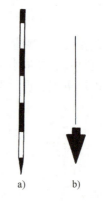

图 3-4　标杆与锤球

（二）直线定线

当待测直线的距离较长或地面起伏较大时，必须分段丈量，此时需要在两端点间标定出若干中间点，作为分段丈量的依据。这种在直线的方向线上标定中间点的方法称为直线定线。直线定线可以用仪器来完成，当精度要求不高时也可以用目估法定线，即人眼用三点一线的原理将分段点标定于同一直线（图 3-5）。

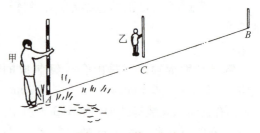

图 3-5　目估法定线

（三）丈量方法

1. 在平坦地面上丈量距离

在平坦地面上丈量距离，可由两个人按以下方法进行。丈量前，首先清除待测直线上的障碍物，然后，在 A、B 两点各打一木桩，木桩上钉一铁钉作为标记进行直线定线。丈量时，后尺手拿钢尺的零端，站在 A 点，前尺手拿钢尺的末端并携一束测钎沿 AB 方向前进，到一整尺处停下来，由后尺手指挥，将尺子拉直并位于 AB 方向线上，待钢尺拉直稳定后，后尺手将钢尺的零端对准 A 点，前尺手在尺子的末端刻划处竖直插下一根测钎，这样就完成了一尺段的丈量工作，如图 3-6 所示。接着后尺手和前尺手同时抬起尺子，拿上测钎一起前进，用同样的方法依次丈量出第 2、第 3、⋯、第 n 个整尺段。量完每一尺段，后尺手应将插在地面上的测钎拔出收好，用来计算已丈量过的尺段数。最后不足一整尺段时，后尺手将尺子的零点对准测钎，前尺手将尺子对准 B 点并读数。A、B 两点间的水平距离按下式计算

$$D = nl + m \tag{3-1}$$

式中　　l——整尺段长度；

　　　　n——整尺段数；

　　　　m——不足一整尺的长度。

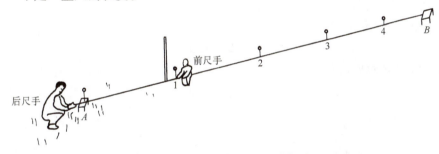

图 3-6　平坦地面钢尺量距示意图

为了检核和提高量距的精度，应进行往返丈量。由 A 至 B 称为往测，由 B 至 A 称为返测，返测时要重新定线，并计算往返丈量的相对误差，以衡量丈量的精度。相对误差通常化成分子为 1 的分数形式，用 K 表示，即

$$K = \frac{\Delta D}{D_{av}} = \frac{1}{\dfrac{D_{av}}{\Delta D}} = \frac{1}{N} \tag{3-2}$$

式中　$\Delta D = |D_f - D_b|$（D_f 为往测距离，D_b 为返测距离）；

　　　$D_{av} = (D_f + D_b)/2$（往、返测平均距离）。

N 越大，说明丈量结果的精度越高。不同的测量工作对量距有不同的精度要求。如果丈量精度达到要求，则取往返丈量的平均值作为最后结果；如果达不到要求，则应查明原因，重新丈量。

【例 3-1】　直线 AB 用 50m 钢尺往返丈量各一次，往测 5 尺段余 36.145m，返测 5 尺段余 36.226m，求 AB 的水平距离及相对误差。

【解】　由式（3-1）得

$$D_f = 5 \times 50m + 36.145m = 286.145m$$

$$D_b = 5 \times 50m + 36.226m = 286.226m$$

$$\Delta D = |286.145\text{m} - 286.226\text{m}| = 0.081\text{m}$$
$$D_{av} = (286.145\text{m} + 286.226\text{m})/2 = 286.186\text{m}$$

由式（3-2）得

$$K = \frac{1}{\dfrac{268.186\text{m}}{0.081\text{m}}} \approx \frac{1}{3500}$$

2. 在倾斜地面上丈量距离

在倾斜地面上量距，视地面坡度变化情况可将尺子拉平丈量，也可沿倾斜地面丈量。

（1）平量法　当地面坡度变化较大时，可将尺子拉平直接丈量水平距离。如图3-7所示，后尺手立于 A 点，指挥前尺手将尺子拉在 AB 的方向线上，后尺手将尺子零端对准 A 点，前尺手将尺子抬高拉成水平，在尺子的末端悬挂锤球投影到地面上得到1点，插上测钎。用同样的继续丈量至 B 点。如果地面起伏较大，整尺拉平有困难时，可将一整尺段分成若干尺段来平量。

（2）斜量法　当地面坡度变化较小，可以沿倾斜地面直接丈量倾斜距离。如图3-8所示，要丈量 AB 的水平距离，首先沿地面丈量 AB 的倾斜距离 L，测出地面的倾斜角度或 A、B 两点的高差，然后计算 A、B 两点的水平距离 D。

若测得地面的倾角 α，则

$$D = L \times \cos\alpha \tag{3-3}$$

若测得 A、B 两点的高差 h，则

$$D = \sqrt{L^2 - h^2} \tag{3-4}$$

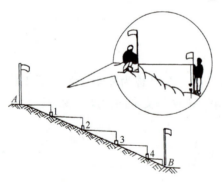

图3-7　平量法示意图

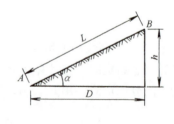

图3-8　斜量法示意图

二、钢尺量距的误差来源及注意事项

1. 钢尺误差

（1）尺长误差　钢尺名义长度与实际长度不符，产生的误差即尺长误差。用未鉴定过的钢尺丈量，其结果必然包含尺长误差。尺长误差具有累计性，误差累计的大小与所丈量的距离成正比。往返丈量不能消除尺长误差，只有加入尺长改正才能消除。鉴定过的钢尺经过一段时间的使用，尺长改正也会发生变化，如果采用原鉴定的尺长改正，仍得不出实际长度。因此，钢尺使用一段时间后，就应重新鉴定，以减少尺长误差的影响。

（2）检定误差　钢尺经过检定仍会带有 ±0.2 ~ ±0.5mm 的检定误差。对于一般距离丈量检定误差可以忽略不计，对于精密量距，如检定误差不超过 ±0.3mm 可不予考虑，因此，

规范要求检定误差不超过 ±0.3mm。

2. 观测误差

(1) 定线误差 如果定线时中间点产生偏差而不在一条直线上，就会使量距产生误差，这种误差称为定线误差。定线误差使钢尺不能准确地放在量距的直线方向上，量得的距离不是直线，而是折线，总使所量的距离偏大。定线误差与钢尺倾斜对量距的影响相似。对于一般量距，当标杆的定线误差不大于0.3m，精密量距经纬仪定线误差不大于5~7cm时，可忽略定线误差对量距的影响。

(2) 拉力误差 钢尺量距时施加的拉力不同就会产生拉力误差。拉力的大小会影响尺长，小于标准拉力时，量出的距离偏大，反之偏小。对于一般量距，拉力误差不超过100N，可以忽略拉力误差对量距的影响。

(3) 倾斜误差 对于一般量距而言，如钢尺不水平，会使量距产生倾斜误差，使所量的距离偏大，但如钢尺倾斜不大于40cm时，误差可忽略不计。对于精密量距，需通过尺段高差进行倾斜改正。

(4) 投点误差 量距时，因尺子端点刻划对不准点的标志或吊锤球、插测钎投点不准而引起的误差称为投点误差。此项误差对量距的影响可大可小，在丈量结果中部分自行抵消，但无法完全消除。规范规定精密量距投点、对点误差不得超过 ±0.3mm，量距应十分注意。

3. 外界条件影响引起的误差

(1) 温度误差 钢尺的线膨胀系数为 $1.2 \times 10^{-5} ℃^{-1}$，温度每变化1℃对量距引起的相对误差仅为1/80000。对于一般钢尺量距，为了不引起较大的尺长变化，丈量时的温度与标准温度之差不应超过 ±10℃，在这个范围内可以不考虑温度改正。对于精密量距，应考虑温度改正。需要注意的是丈量时记录的温度应是钢尺尺身的温度，但在丈量时通常以空气温度代替钢尺温度，有时两者相差可能很大。因此，检定和量距前应在定线时将钢尺拉开铺平使其本身的温度与空气的温度充分一致，或者利用点温计直接测定钢尺的温度。

(2) 风力影响 北方地区冬春两季经常刮风，风力会使钢尺产生抖动，导致尺长发生变化。如果风向与直线方向垂直，还会使钢尺产生偏向弯曲，在同样的拉力下致使丈量结果偏大。

4. 钢尺量距的注意事项

1）使用前要认清钢尺的零点位置，熟悉尺面注记；前、后尺手要密切配合，拉紧尺子，用力均匀，保持尺子水平、稳定。读数要做到同时、果断、准确。

2）测钎应竖直地插在尺子的同一侧，做到位置准确。

3）记录要用正规表格，记录清楚，边记边复读。切忌随便用一张纸潦草记录，事后转抄；切忌连续涂改。

4）读数要细心，分清6与9、3与8，读数前要看清标志附近的注记。

5）注意保护钢尺，切勿扭折，严防车碾。一尺段丈量完前进时前、后尺手要同时举起尺子，勿在地上拖行。尺子用完后，要及时擦拭干净，若暂时不用，还应涂上润滑脂，以防生锈。

第二节 视距测量

视距测量是利用经纬仪、水准仪的望远镜内十字丝分划板上的视距丝在视距尺（或水准尺）上读数，根据光学和几何学原理，同时测定仪器到地面点的水平距离和高差的一种方法。这种方法具有操作简便、速度快、不受地面起伏变化影响的优点，被广泛用于碎部测量中。但其测距精度低，约为 1/300～1/200。

一、视距测量原理

1. 视线水平时计算水平距离和高差的公式

如图 3-9 所示，欲测定 A、B 两点之间的水平距离 D 和高差 h，应先在 A 点安置仪器，B 点立视距尺，在仪器视线水平的状态下，瞄准 B 点的视距尺，此时视线与视距尺相互垂直，视距丝 m、g 在视距尺上的读数为 M、G，M、G 两点的读数之差称为视距间隔，用 l 表示。

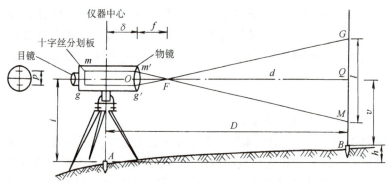

图 3-9 视线水平条件下视距测量原理图

设 p 为视距丝间隔，f 为望远镜物镜焦距，δ 为物镜至仪器中心的距离，图 3-9 中三角形 $Fm'g'$ 和三角形 FMG 相似，于是有

$$\frac{f}{d} = \frac{p}{l} \qquad d = \frac{f}{p}l$$

水平距离

$$D = d + f + \delta = \frac{f}{p}l + f + \delta$$

令

$$K = \frac{f}{p} \qquad c = f + \delta$$

则水平距离

$$D = Kl + c$$

式中 K——视距乘常数，$K=100$；

c——视距加常数，对绝大多数仪器而言望远镜为内对光望远镜，$c=0$。

故水平距离

$$D = Kl = 100 \times l \tag{3-5}$$

从图 3-9 可以看出，AB 两点间的高差

$$h = i - v \tag{3-6}$$

式中 i——仪器高，指地面点到仪器横轴中心的高度；

v——仪器十字丝中丝在视距尺上的读数。

2. 视线倾斜时计算水平距离和高差的公式

在实际工作中，当地面起伏较大时，仪器视线水平测量碎部点的范围很小，有时甚至不能在视距尺上读数，必须使仪器的视线倾斜才能在视距尺上读数。因此，在丘陵、山区应用经纬仪在视线倾斜的状态下，进行视距测量，如图3-10所示。这时视线不再垂直于视距尺。由视线水平时水平距离的计算公式求得与视线垂直的视距间隔 l，就可推算出倾斜距离 D'，从而能得到水平距离 D，进而可以得出高差 h。

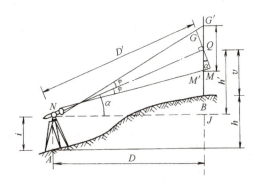

图3-10 视线倾斜条件下视距测量原理图

由图 3-10 可以看出，将视距尺以 Q 点为中心旋转 α 角，视距尺即与视线垂直，由于望远镜上下丝与中丝的视线夹角 φ 很小，约为 $17'19''$，故可将 $\angle G'GQ$、$\angle M'MQ$ 作为直角处理，于是

$$GQ = G'Q\cos\alpha$$
$$MQ = M'Q\cos\alpha$$
$$\begin{aligned}GM &= GQ + QM \\ &= G'Q\cos\alpha + M'Q\cos\alpha \\ &= G'M'\cos\alpha = l\cos\alpha\end{aligned}$$

所以

$$D' = Kl\cos\alpha \tag{3-7}$$

从图 3-10 可以看出

$$D = D'\cos\alpha \tag{3-8}$$

将式（3-7）代入式（3-8），可得出水平距离

$$D = Kl\cos^2\alpha \tag{3-9}$$

初算高差

$$h' = D\tan\alpha$$

则高差

$$h = D\tan\alpha + i - v \tag{3-10}$$

在碎部测量工作中，往往将十字丝读数等于仪器高，这样式（3-10）可简化为

$$h = D\tan\alpha$$

视距测量按下述步骤进行：

1) 在 A 点安置经纬仪，对中、整平，丈量仪器高，在待定点 N 立视距尺。

2) 瞄准视距尺，分别读取上、中、下三丝读数，视距间隔即上、下丝读数之差。

3) 旋转竖盘指标水准器调节螺旋使水准管气泡居中，或打开竖盘自动补偿开关，使竖盘指标线位于正确位置，读取竖盘读数，计算竖直角 α。

4) 根据已测得的 l、α、i、v，按式（3-9）、式（3-10）计算水平距离和高差。视距测量记录及计算见表3-1。

表 3-1　视距测量记录及计算

测站：A　　　　　　测站高程：1069.12m　　　　　　仪器高：1.37m

特征点号	上丝读数 下丝读数 视距间隔	中丝读数 l/m	竖盘读数 L	竖直角 α	水平距离 D/m	高差 h/m	高程 H/m	备注
1	1.635 0.897 0.738	1.25	92°43′	2°43′	73.8	3.62	1072.74	
2	1.892 1.243 0.649	1.56	87°34′	−2°26′	64.9	−2.95	1066.17	
3	1.354 0.885 0.469	1.03	93°07′	3°07′	46.9	2.89	1072.01	

注：竖直角计算公式为 $\alpha = L - 90°$。

二、视距测量注意事项

1. 视距测量误差

（1）读数误差　用视距丝在视距尺（水准尺）上读数的误差与视距尺的最小分划宽度、经纬仪或水准仪望远镜的放大倍率、仪器至视距尺的距离等因素有关，因而读数误差的大小由所使用的仪器及作业条件来决定。

（2）大气折光引起的误差　距地面高度不同的区域空气的密度不同，对光线的折射也不同，视线离地面越近，折光影响就越大。因此，在视距测量中应提高视线或者选择有利的气象作业条件。

（3）视距尺倾斜引起的误差　刮风或立尺不稳都将导致视距尺倾斜引起测量竖直角和读数误差。设视距尺倾斜引起的竖直角偏差为 $\Delta\alpha$，则距离误差为

$$\Delta D = -2Kl\cos\alpha\sin\alpha\frac{\Delta\alpha}{\rho}$$

用相对误差表示

$$\frac{\Delta D}{D} = -2\tan\alpha \times \frac{\Delta\alpha}{\rho} \tag{3-11}$$

由式（3-11）可知，视距尺倾斜对视距测量的影响与竖直角 α 有关，当 α 增大时，视距尺倾斜对视距测量影响就增大。水准尺倾斜对读数的影响总是引起读数增大。因此，在山区进行视距测量时，应特别注意视距尺的倾斜问题。在大风天气最好停止视距测量。

（4）竖直角观测误差引起的误差　由式（3-9）可知，竖直角观测误差对水平距离的影响随着竖直角的增大而减小，主要影响高差测量，对式（3-10）两端微分可得

$$\Delta h = D\sec^2\alpha\frac{\Delta\alpha}{\rho} \tag{3-12}$$

当 $\alpha = 5°$，$D = 100$m，$\Delta\alpha = 1′$ 时，$\Delta h = 3$cm；
当 $\alpha = 10°$，$D = 100$m，$\Delta\alpha = 1′$ 时，$\Delta h = 8$mm。

此外，视距乘常数、水准尺的分划误差、视距丝的估读误差，刮风使视距尺抖动，空气

的能见度，对视距测量的精度都有影响。

2. 注意事项

1）作业前应测定仪器视距乘常数 K，测定仪器的竖盘指标差，对仪器进行检验校正，确保仪器的可靠性。

2）作业时观测视线应保持在地面 1m 以上，以减少大气折光影响。

3）为了减少视距尺倾斜误差的影响，应尽量将视距尺立直，最好使用带有水准器的视距尺。

4）视距尺一般应选用整尺，如用塔尺，应检查各节的接头处是否正确。

5）观测竖直角时，一定要注意将竖盘水准器气泡居中或将竖盘自动补偿开关打开，以确保竖盘读数的正确性。

6）应选择风力较小、成像清晰的天气作业。

第三节　光电测距

钢尺量距工作量大，效率低；视距法测距，虽然可以克服地形起伏的限制，但精度低。电磁波测距与钢尺量距及视距法测距相比具有测程大、速度快、精度高、不受地形限制等优点，因而，从 20 世纪 60 年代以来，在测量工作中得到广泛应用。

电磁波测距仪按载波源通常分为光波测距仪（光电测距仪）和电波测距仪（微波测距仪）两类。光波测距仪又可分为可见光测距仪和红外光测距仪两种。红外光测距仪具有功耗低、体积小、重量轻、自动化程度高的特点，在房地产测绘、工程测量中应用最广泛。本节将介绍光电测距的原理及光电测距仪的使用。

一、光电测距原理

目前在工程测量、房地产测绘中普遍使用的光电测距仪按测程可分为短程测距仪，测程小于 5km；中程测距仪，测程在 5～20km 之间；远程测距仪，测程大于 20km。采用砷化镓（GaAs）发光二极管发射红外光作为光源。

光电测距原理如图 3-11 所示，欲测量 A、B 两点之间的距离，在 A 点安置测距仪，在 B 点安置反光棱镜，测距仪发出一束红外光由 A 至 B，再由 B 点的反光棱镜反射至 A 点的测距仪，则 A、B 两点的距离

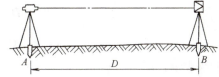

图 3-11　光电测距原理图

$$D = \frac{1}{2}ct \tag{3-13}$$

式中　D——AB 之间的距离；

c——光线在大气中的传播速度；

t——光线在 AB 之间往返传播的时间。

由式（3-13）可知，测定距离的精度主要取决于测定时间 t 的精度。如果直接测定时间，要达到 ±0.1m 的测距精度，则时间测定的精度必须达到 6.7×10^{-11}s。然而，由于受电子元件性能的限制，很难达到这样高的时间测定精度，测定精度只能达到米级。在高精度的测距仪上，均采用相位法测距，即将距离和时间的关系转换成距离和相位的关系，通过测定

发射和接收时的相位差来测定距离。

为了测定相位差，通常是在测距仪的光源发光二极管上注入频率为 f 的交变电流，这样发光二极管发出的发光强度就随注入的交变电流的大小发生正弦变化，这种光称为调制光。调制光的频率为 f，周期 $T=1/f$，相位为 2π，一个周期的波长为

$$\lambda = \frac{c}{f}$$

则

$$c = \lambda f$$

为方便说明，如图 3-12 所示，将 B 点的棱镜反射回的光波沿 AB 的延长线方向展至 A'，这样 AA' 的距离就为 $2D$。

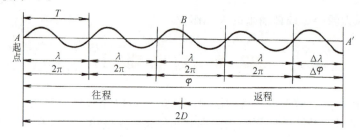

图 3-12 相位法原理图

设光波在两倍距离上的传播时间为 t，则从测距仪发射调制光到接收到返回的光信号时光波所经过的相位为

$$\varphi = 2\pi f t$$

$$t = \frac{\varphi}{2\pi f} \tag{3-14}$$

将式（3-14）代入式（3-13）可得

$$D = \frac{1}{2} \times \frac{c}{f} \times \frac{\varphi}{2\pi} \tag{3-15}$$

图 3-12 中，φ 可用 N 个整周期相位（$2\pi N$）和一个不足一个整周期的相位尾数（$\Delta\varphi$）之和来表示，即

$$\varphi = 2\pi N + \Delta\varphi$$
$$= 2\pi(N + \frac{\Delta\varphi}{2\pi})$$
$$= 2\pi(N + \Delta N) \tag{3-16}$$

式中　ΔN——不足一个整周期的比例数。

将式（3-16）代入式（3-15），则

$$D = \frac{\lambda}{2}(N + \Delta N)$$

$$= \frac{c}{2f}(N + \frac{\Delta\varphi}{2\pi}) \tag{3-17}$$

式（3-17）为相位法测距的基本公式，式中 c、f 已知，计算距离时只要已知整周期 N

和不足一个整周期的相位尾数 $\Delta\varphi$ 即可。

令式（3-17）中 $\lambda/2 = l_\mathrm{m}$，l_m 称为测尺长度，则有

$$D = l_\mathrm{m}(N + \Delta N) = Nl_\mathrm{m} + \Delta Nl_\mathrm{m} \tag{3-18}$$

式（3-18）与钢尺量距的计算公式类似，距离 D 可看成 N 个整尺段与不足一个整尺段的余长之和。l_m 的长度还可表示为

$$l_\mathrm{m} = \frac{\lambda}{2} = \frac{c}{2f} = \frac{c_0}{2nf} \tag{3-19}$$

式中　c_0——光在真空中的传播速度，$c_0 = 299792458 \mathrm{m/s}$；

　　　n——大气折射率。

二、光电测距的测距方法及注意事项

（一）测距方法

由于各种型号的光电测距仪结构不同，其操作部件也有差异，使用时应按照操作手册进行操作。测距仪进行距离测量的方法如下：

1）在测站上安置经纬仪，对中、整平，然后将测距仪安装在望远镜的上方并连接电源。

2）将棱镜安置在另一测点上，对中、整平后，用棱镜上的瞄准器将棱镜对准测距仪。棱镜的块数根据不同的测程进行选择。

3）用经纬仪望远镜瞄准棱镜中心，使竖盘指标水准管气泡居中，读取竖盘读数，并测定气压和温度。瞄准时将经纬仪望远镜十字丝的中心对准单块棱镜觇标的几何中心，如图3-13所示的位置；如使用三棱镜经纬仪望远镜的十字丝应对准中间一个棱镜的中心，如图3-14所示的位置。

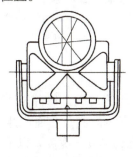

图3-13　单棱镜

图3-14　三棱镜

4）打开测距仪，照准棱镜中心，检查电池电压、气象数据和棱镜常数，若显示的气象数据和棱镜常数与实际数据不符，应输入正确数据。按测距键，几秒钟后即可获得相应的斜距。

（二）测距注意事项

测距仪属于贵重精密仪器，使用时应注意如下事项：

1）在运输和携带过程中，要防震防潮；在装卸和操作过程中，要连接牢固，电源插接正确，严格按照操作程序使用仪器；迁站时必须将仪器装箱。

2）如果仪器与环境温差较大时，应使仪器与环境温度相适应后再进行测距。

3）剧烈地加热会导致发光二极管的功率降低，影响测程。因此，在酷暑高温天气和强

太阳光下作业时应采取遮阳措施。

4）直射的太阳光会损伤发光二极管，绝对不能将测距仪对准太阳。

5）远距离大功率测距时，应防止强太阳光直射和大雨淋湿棱镜。

6）望远镜的视场只能有一个单棱镜，如果红外光束遇到另外一个棱镜，就会影响正确的测量结果，引起测距误差。

7）有些对讲机可能影响测距，如果在测距仪附近使用对讲机，测站测距时不应开机。

8）不宜在变压器、高压线附近设站，使仪器免受电磁场干扰。

三、手持式测距仪简介

手持式测距仪是一种轻便的可以拿在手上进行距离测量的测距仪。目前，市场上手持式测距仪品牌较多，主流产品有瑞士 Leica DISTO A6、A8，德国喜得力 PD32，日本索佳 MM30、30R 等型号。随着光电技术的发展，手持式测距仪已从基本型发展为存储型、智能型、防水型等。测程一般为 0.05~200m（在没有反射牌的条件下测程为 100m），测距中误差可达 ±（1.5~15）mm，是替代钢尺进行短距离量距的理想工具，尤其适用于房屋测量。下面以德国喜得力 PD32 手持式测距仪为例，介绍手持式测距仪的结构、功能和使用方法。

德国喜得力 PD32 手持式测距仪如图 3-15 所示。量程达到 200m，测距精度可达到小于 ±1.5mm，测量速度快，达到 4 次/s。机身采用高强度工程塑料，坚固耐用，防水防尘。该型号测距仪测量黑色或深色物体同样出色。

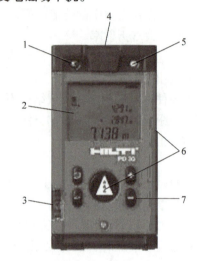

图 3-15　德国喜得力 PD32 手持式测距仪

1—圆水准器　2—显示屏　3—长水准器
4—物镜　5—工作指示器　6—测量键
7—操作键

PD32 手持式测距仪采用 635nm 激光作为光源，安全等级为二级，每台仪器均经过国家法定部门检测，并附有检测合格证书，更加安全有效。具有距离测量、面积测量、体积测量、连续测量、存储测量数据等功能。可用勾股法测量房屋的高度、宽度，以及任何方向的斜线长度。自动测量最大最小距离值。可选用水平、垂直双向水准器，使测量结果更准确。

该型号测距仪体积小巧，重量仅 220g，携带方便。独特的内置光学望远镜，便于在室外测量时找准被测量点，侧面按键可以更方便地进行房屋测量。具有测量起始点选择项，符合房屋测量实际使用要求，设计更加人性化。使用内置镍氢充电电池，充足电后可测距约 1000 次。在距离较远且能见度较差时，可连接专用望远镜进行瞄准。为了提高仪器的稳定性，必要时，也可将测距仪安置在专用或摄影机（照相机）的三脚架上进行测量。

第四节　直线定向

确定地面点之间的相对位置，不仅要测量两点之间的水平距离，而且还须确定该直线与标准方向之间的水平夹角，以表示直线的方位。确定直线与标准方向之间的角度关系称为直线定向。

一、标准方向

测量工作中通常采用真子午线方向、磁子午线方向和坐标纵轴方向作为标准方向。

1. 真子午线方向

由地面上任意一点通向地球南北两极的方向称为该点的真子午线方向。我国处于北半球，真子午线方向是指地面点指向地球北极的方向。真子午线方向可以通过天文测量的方法确定，也可以用陀螺经纬仪通过陀螺定向的方法来确定。

2. 磁子午线方向

地面上任一点通向地球南北磁极的方向称为该点的磁子午线方向。由于地球的磁极与南北两极不重合（磁北极位于西经约101°、北纬约74°，磁南极位于东经约114°、南纬约68°），因此，地面上同一点的真子午线方向与磁子午线方向也不重合，其夹角称为磁偏角，以 δ_n 表示。磁子午线方向在真子午线方向东侧，称为东偏，δ_n 为正；磁子午线方向在真子午线方向西侧，称为西偏，δ_n 为负，如图3-16所示。磁针指向地球磁北极的方向就是磁子午线北方向，磁子午线北方向可以在没有外来磁场干扰的条件下，用罗盘仪测定。

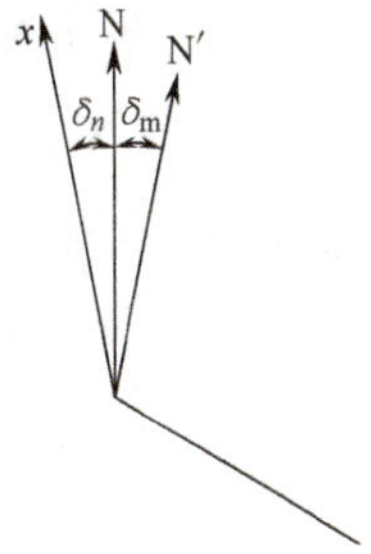

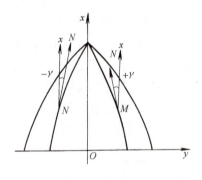

图 3-16　磁子午线方向和坐标纵轴方向

3. 坐标纵轴方向

直角坐标系统纵轴常用来作为标准方向。坐标纵轴（x 轴）正向所指的方向，称为坐标北方向。在高斯直投影带中，高斯平面直角坐标系的坐标纵轴处处与中央子午线平行。在中央子午线上真子午线方向与坐标纵轴方向是一致的，在其他地区两者则不平行，过地面上一点的真子午线方向与坐标纵轴之间的夹角，称为坐标纵轴收敛角，以 γ 表示。地面点离中央子午线越远，γ 越大。如图3-17所示，在中央子午线以东的地区，γ 取正号，在中央子午线以西的地区，γ 取负号。

图 3-17　坐标纵轴方向

坐标纵轴北方向与磁子午线北方向之间的夹角，称为磁坐标偏角，以 δ_m 来表示，如图3-16所示。磁子午线方向在坐标纵轴东侧，称为东偏，δ_m 取正号；在坐标纵轴西侧，称为西偏，δ_m 取负号。

由上述可以看出，收敛角、磁偏角、磁坐标偏角是真子午线方向、磁子午线方向及坐标纵轴方向之间的固有关系。利用这种关系，已知其中一个方向，就可换算另外两个方向。

二、直线方向的表示方法

在测量工作中，直线的方向常用方位角和象限角来表示。

1. 方位角

从标准方向线的北端起顺时针旋转至某直线的水平夹角，称为该直线的方位角。方位角的大小为 0°~360°。由于标准方向线有三种，即真子午线方向、磁子午线方向和坐标纵轴方向，所以所对应的方位角也有三种，分别为真方位角、磁方位角和坐标方位角。

（1）真方位角　从真子午线方向北端开始顺时针方向量至某直线的水平夹角称为该直线的真方位角，以 A 表示。

(2) 磁方位角　从磁子午线方向北端开始顺时针方向量至某直线的水平夹角称为该直线的磁方位角，以 A_m 表示。

(3) 坐标方位角　从坐标纵轴正北方向开始顺时针方向量至某直线的水平夹角称为该直线的坐标方位角，以 α 表示。

三种方位角之间的关系如图 3-18 所示。

真方位角与磁方位角之间的关系

$$A = A_m + \delta \qquad (3\text{-}20)$$

δ 东偏为正，西偏为负。

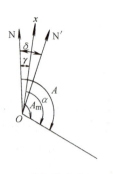

图 3-18　三种方位角之间的关系

真方位角与坐标方位角之间的关系

$$A = \alpha + \gamma \qquad (3\text{-}21)$$

γ 以东为正，以西为负。

由式（3-20）和式（3-21）可推出

$$\alpha = A - \gamma = A_m + \delta - \gamma \qquad (3\text{-}22)$$

2. 象限角

从标准方向线的北端或南端开始，顺时针或逆时针量至某直线的水平夹角称为该直线的象限角，以 R 表示。象限角为锐角，大小在 0°～90°之间。象限角不但要表示角度的大小，而且要注记该直线所在的象限。象限划分为Ⅰ、Ⅱ、Ⅲ、Ⅳ象限，分别用北东（NE）、南东（SE）、北西（NW）、南西（SW）来表示。如图 3-19 所示，直线 $O1$、$O2$、$O3$、$O4$ 的象限角分别为 R_1、R_2、R_3、R_4，直线 $O1$ 在第一象限角值为 40°，则该直线的象限角表示为北东 40°；直线 $O4$ 在第四象限角值为 30°，则直线 $O4$ 的象限角表示为北西 30°。

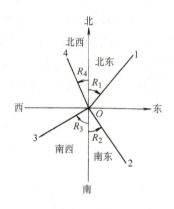

图 3-19　象限角

象限角一般是在计算坐标时使用，这时所说的象限角是指坐标象限角。坐标象限角与坐标方位角之间的关系见表 3-2。

表 3-2　坐标方位角与坐标象限角关系

象限	$R \rightarrow \alpha$	$\alpha \rightarrow R$
Ⅰ	$\alpha = R$	$R = \alpha$
Ⅱ	$\alpha = 180° - R$	$R = 180° - \alpha$
Ⅲ	$\alpha = 180° + R$	$R = \alpha - 180°$
Ⅳ	$\alpha = 360° - R$	$R = 360° - \alpha$

三、坐标方位角的特性

如图 3-20 所示，设直线 AB 的方位角 α_{AB} 为由 $A \rightarrow B$ 的正方位角，则相反方向由 $B \rightarrow A$ 的方位角为 α_{AB} 的反方位角。由于坐标纵轴处处平行，则同一条直线的正、反坐标方位角相差 180°，即

$$\alpha_{BA} = \alpha_{AB} \pm 180° \qquad (3\text{-}23)$$

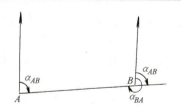

图 3-20　正反方位角关系示意图

式中　α_{AB}——直线正坐标方位角；
　　　α_{BA}——直线反坐标方位角。

在式（3-23）中，当 α_{AB} < 180°时，用 +180°；反之，用 -180°。如图 3-20 所示，若直

线 AB 的正方位角 α_{AB} 的值为 66°，则直线 AB 反方位角
$$\alpha_{BA} = 66° + 180° = 246°$$

由于真子午线之间和磁子午线之间相互并不平行，所以真方位角和磁方位角不存在上述特性。

四、坐标方位角的推算

在实际测量工作中，不直接测定待定边的方位角，而是通过测量各相邻边之间的水平夹角以及与已知边的连接角，根据已知边的坐标方位角和观测所得的水平角，推算出各边的坐标方位角。如图 3-21 所示，从 A 到 D 为一条折线，假定 AB 边的方位角 α_{AB} 已知，在 B、C 两点上观测了水平角 β_B、β_C，下面就根据 α_{AB}、β_B、β_C，来推算 BC、CD 两边的方位角 α_{BC}、α_{CD}。

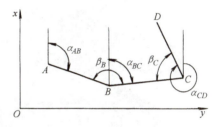

图 3-21 方位角推算

推算路线的方向为 $AB \to BC \to CD$，这样所观测的水平角就位于推算路线的左侧，β_B、β_C 称为推算路线的左角。由图 3-21 可以看出

$$\alpha_{BC} = \alpha_{AB} + 180° + \beta_B - 360° = \alpha_{AB} + \beta_B - 180°$$
$$\alpha_{CD} = \alpha_{BC} + 180° + \beta_C = \alpha_{BC} + \beta_C + 180°$$

同理，可以得出推算路线左角的一般公式

$$\alpha_{前} = \alpha_{后} + \beta_L \pm 180° \tag{3-24}$$

即前一条边的方位角 α 等于后一条边的方位角 α' 加上观测路线的左角 $\pm 180°$，若后一条边的方位角 α' 与左角之和大于 180°，则 180°前取"+"号，反之，取"-"号。

若观测了推算路线的右角，根据式 (3-24) 可推算出路线右角的一般公式。
因 $\quad\quad\quad\quad\quad\quad\beta_L + \beta_R = 360°$
则 $\quad\quad\quad\quad\quad\quad\beta_L = 360° - \beta_R$
将上式代入式 (3-24)，有
$$\alpha_{前} = \alpha_{后} + 360° - \beta_R \pm 180°$$
$$\alpha_{前} = \alpha_{后} - \beta_R \pm 180° \tag{3-25}$$

即前一条边的方位角 α 等于后一条边的方位角 α' 减去观测路线的右角 $\pm 180°$，若后一条边的方位角 α' 与右角之差小于 180°，则 180°前取"+"号，反之，取"-"号。

在式 (3-24) 和式 (3-25) 中，如果算得的方位角大于 360°，则应减去 360°。如果测得的方位角小于零，则应加上 360°。

五、用罗盘仪测定磁方位角

罗盘仪是用来测定直线磁方位角的一种测量仪器，主要由磁针、刻度盘和望远镜三部分组成，如图 3-22 所示。

磁针由人工磁铁制成，支在刻度盘中心的顶针上，可以自由转动，当磁针静止时，即指出南北方向。

刻度盘为铝或铜制的圆环，一般刻成 1°或 30′的分划，每 10°有一注记。其注记方式是按逆时针方向从 0°到 360°。

测量时，将罗盘仪安置在直线的起点，进行对中、整平，在直线的另一端竖立标杆作为

瞄准标志；转动望远镜瞄准直线另一端的目标；松开磁针，待磁针自由静止时，读取磁针北端所指示的刻度盘读数，即为该直线方向的磁方位角。如图3-23所示，磁针北端所指的刻度盘读数为150°，于是该直线的磁方位角为150°。

使用罗盘仪前应先检查磁针的灵敏度，测量时应避开高压线和铁器；测量工作结束后，应将磁针顶紧，避免顶针磨损，以保护磁针的灵敏性。

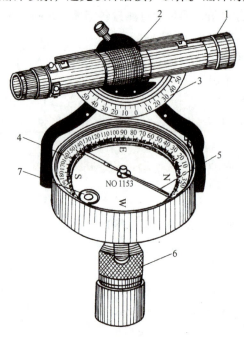

图3-22 罗盘仪示意图

1—望远镜 2—对光螺旋 3—竖直度盘
4—水平刻度盘 5—磁针 6—球形支柱 7—圆水准器

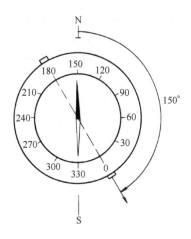

图3-23 罗盘仪的注记

小 结

1. 距离测量方法包括钢尺量距、视距测量和光电测距。

2. 直线的方向即确定直线与标准方向线之间的夹角，可以用方位角或象限角表示。标准方向包括真子午线方向、磁子午线方向和坐标纵轴方向。方位角是从标准方向的北端起顺时针旋转至某直线的水平夹角。象限角是从标准方向线的北端或南端开始，顺时针或逆时针量至某直线的水平夹角。

3. 坐标方位角的特性为正反方位角相差180°。方位角的推算方法为

$$\alpha_{前} = \alpha_{后} + \beta_L（或 -\beta_R）\pm 180°$$

思考题与习题

1. 钢尺一般量距的方法有哪些？
2. 什么是方位角？方位角有哪几种？与象限角关系如何？
3. 视距测量中，在 A 点安置仪器，量取仪器高 $i = 1.453\text{m}$，观测 B 点视距尺上、中、下读数分别为 1.126m、1.389m、1.578m，观测得竖直度盘盘左读数 $\alpha = 89°46'28''$，试计算 A、B 两点间的高差。
4. 如图 3-24 所示，已知 $\alpha_{12} = 120°36'48''$，观测内角 $\beta_1 = 90°09'20''$，$\beta_2 = 120°20'30''$，$\beta_3 = 75°19'50''$，$\beta_4 = 74°10'20''$，计算其他各边的坐标方位角。

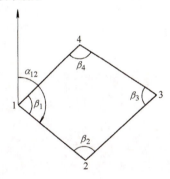

图 3-24

第四章

全站仪及其应用

学习目标

通过本章学习,了解全站仪的基本构造、分类、功能;初步掌握全站仪的操作方法;熟悉全站仪在房地产测绘中的应用。

第一节 全站仪简介

一、全站仪的概述

全站仪是全站型电子速测仪的简称,主要由数据采集设备和微处理器等部分组成,是精密机械、光学、电子、机电、计算机等技术的集成产物。它可以在测站上测量并自动记录斜距、竖直角、水平角,计算并显示平距、高差和点的坐标等相关数据。由于仪器安置一次便可以完成一个测站上的所有测量工作,故被称为全站仪。世界上第一台全站型电子速测仪 Elta14 于 1968 年由联邦德国奥普托(Opton)厂研制成功,当时光电测距仪、电子度盘以及测量数据自动记录装置等都已在这台仪器上实现了。近几十年来,随着微电子技术、精密机械技术的发展,新一代的全站型电子速测仪在外形、结构、体积、重量和功能等方面都有了很大的进步。全站仪的共同特点是除了对中整平、瞄准(有些型号的全站仪具有自动跟踪目标功能)还需人工操作外,其记录、计算、存储均能由仪器自动完成,因此可以减少人为的差错,提高了测量精度和速度,在测绘行业中得到了越来越广泛的应用。全站仪的基本结构如图 4-1 所示。数据采集设备主要由电子测角系统、光电测距系统和双轴补偿系统组成;微处理器主要由中央处理器、随机存储器和只读存储器等构成;微处理器根据键盘或程序的指令控制各分系统的测量工作,进行必要的逻辑和数值运算以及数字存储、处理、管理、传输、显示等。

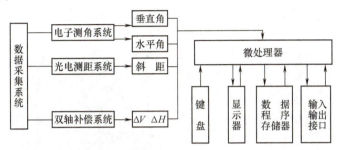

图 4-1　全站仪基本结构框图

图 4-2 ~ 图 4-5 为部分有代表性的全站仪及其操作面板介绍。

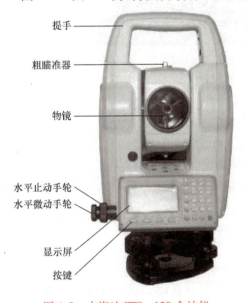

图 4-2　中海达 ZTS – 120 全站仪

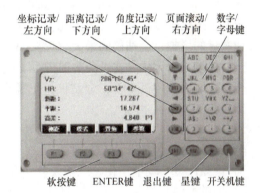

图 4-3　中海达 ZTS – 120 全站仪操作面板

二、全站仪的分类

全站仪按结构形式可分为"分体式"（组合式和积木式）和"整体式"两类。"分体式"全站仪是将电子经纬仪、红外测距仪和数据记录装置通过连接器构成一个组合体。它的优点是能由系统现有的构件组成，还可以通过不同的构件进行灵活多样的组合，既可以组合在一起使用，又可以分开使用，具有很强的灵活性。"整体式"全站仪是在一个仪器外壳内包含电子经纬仪、红外测距仪和电子记录器（有的电子记录器直接附在仪器上，也有的通过电缆线在外部连接）。电子经纬仪和红外测距仪使用共同的光学望远镜，方向和距离测量只需一次瞄准，使用十分方便。

全站仪按程序和数据存储方式可分为内存型和电脑型两种。内存型全站仪的所有程序都固化在仪器的存储器中，不能添加

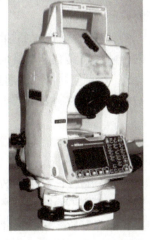

图 4-4　尼康 DTM – 532 全站仪

或改写，也就是说，只能使用仪器提供的功能，无法扩充。而电脑型全站仪内置操作系统，所有程序运行于其上，可根据需要添加相应的程序来扩充其功能，使用者可进一步成为全站仪功能开发的设计者，使其更好地为测绘工作服务。

图4-5　尼康DTM-532全站仪操作面板

全站仪按测量精度可分为高精度和中精度全站仪。测距精度从±5mm+5ppm到±1mm+1ppm或更高，测角精度从5″到0.5″或更高。

全站仪按电子测角方式可分为光栅度盘（增量）式、编码度盘（绝对）式和电感式等。随棱镜数量的增加，全站仪的最大测程从1km到几千米或几十千米。

全站仪按数据记录方式可分为磁带型、固体存储块型、电子手簿型等。

徕卡公司生产的将GPS、全站仪、陀螺经纬仪集成于一体的超站仪，可以实现自动定位、定向。

三、全站仪的功能

全站仪的功能包括以下五方面：

1）读盘读数实现电子化、三轴误差的自动补偿与改正功能。

2）可进行斜距测量、竖直角测量、水平角测量，具有自动记录、计算并显示水平距离、高差（垂直距离）、高程以及点位坐标等基本功能。

3）具有三维坐标测量、放样、对边测量、悬高测量、面积测量、后方交会、偏心测量等特殊测量功能。

4）有的全站仪比如轴型全站仪可以实现无合作目标测距，形成所谓的单人测量系统。有的全站仪还具有电动机伺服自动跟踪照准功能，被喻为测量机器人。

5）有的全站仪可以通过计算机在线控制、机载软件控制或镜站等方式，在测站以外对全站仪的自动控制实现数据的存储管理、输入和输出。

第二节　全站仪的操作与使用

目前全站仪已在大多数测绘及施工单位中普及应用，不同厂家生产的不同等级全站仪，甚至同一厂家不同时期生产的同一等级的仪器，其外观、结构、功能、键盘设计、操作方法和步骤等都有所区别。因此，在使用操作某一台全站仪之前，必须认真仔细地阅读仪器的使用说明书，严格按照使用说明书进行操作，并注意下述事项：

1）仪器应由专人使用、专人保管，运输过程应注意防震，存放时要注意防潮。

2）仪器迁站、装箱时不能握住镜筒，只能握住仪器的把手，以免损坏仪器，影响仪器的精度。

3）镜头没有滤光片时不能将仪器正对太阳，否则会损坏内部电子元件。

4）应匀速旋转照准部，切忌急速转动。

5）不要让仪器暴晒和雨淋，在阳光下应撑伞遮阳。

6）仪器不用时应将电池取出保管，每月应对电池进行一次充放电并操作仪器一次。

7）要经常保持仪器清洁和干燥。

下面以南方 NTS-372 电子全站仪为例，介绍全站仪的操作与使用方法。

一、NTS-372 电子全站仪的外部构件及名称

图 4-6 所示为南方 NTS-372 电子全站仪（以下简称"NTS-372 全站仪"）的外型、各部构件及其名称。

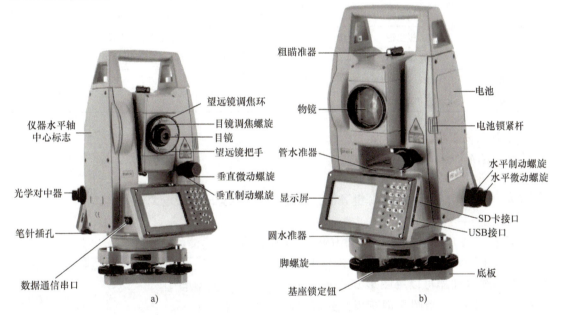

图 4-6　NTS-372 电子全站仪构造

NTS-372 全站仪的操作面板功能与信息（图 4-7）显示见表 4-1。

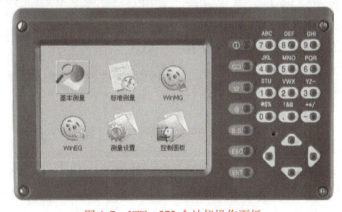

图 4-7　NTS-372 全站仪操作面板

表 4-1 按键功能

按键	名称	功能
⏻	电源键	控制电源的开/关
0~9	数字键	输入数字
A~/	字母键	输入字母
▫	输入面板键	显示输入面板
☆	星键	用于仪器若干常用功能的操作
α	字母切换键	切换到字母输入模式
B.S	后退键	输入数字或字母时,光标向左删除一位
ESC	退出键	退回到前一个显示界面或前一个模式
ENT	确认键	数据输入结束并认可时按此键
◄►▲▼	方向键	上下左右移动光标

二、NTS-372 全站仪的使用

（一）基本操作

1. 开机和关机

当处于关机状态时长按电源键开机,当处于开机状态时长按电源键关机。

2. 星（☆）键模式

按下星（☆）键可看到仪器常用的若干操作选项。

1）电子圆水准器图形显示。单击【补偿】,电子圆水准器可以用图形方式显示在屏幕上（图 4-8）。当圆气泡难以直接看到时,利用这项功能整平仪器更方便。

2）设置温度、气压、大气改正值（PPM）、棱镜常数值（PSM）。单击【气象】,即可查看温度、气压、PPM 和 PSM 值（图 4-9）。若要修改参数,用笔针将光标移到待修改的参数处,输入新的数据即可。

3）设置目标类型、十字丝照明和检测信号强度。

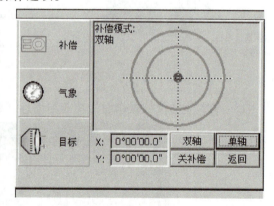

图 4-8 电子圆水准器图形显示

单击【目标】,可设置目标类型、十字丝照明等功能（图 4-10）。

3. 测量设置

在主菜单界面（图 4-11）中单击"测量设置"图标,进入"全站仪系统设置"界面,进行单位设置（图 4-12）、测量设置（图 4-13）和气象参数设置（图 4-14）等操作。

第四章 全站仪及其应用

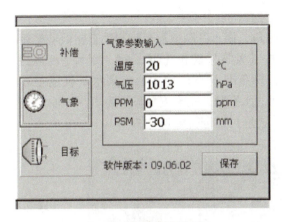

图4-9 气象参数设置

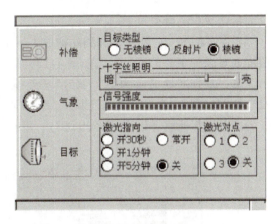

图4-10 目标参数设置

图4-11 NTS-372全站仪功能主菜单界面

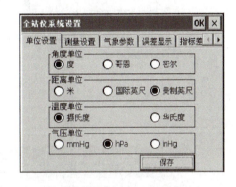

图4-12 单位设置

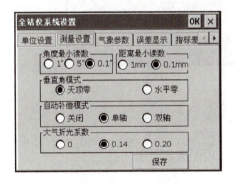

图4-13 测量设置

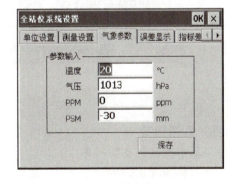

图4-14 气象参数设置

（二）观测前的准备工作

将电池装入仪器，在测站上安置三脚架，连接仪器，并依据圆水准器将仪器进行初步的对中和整平，根据水准管气泡进行精确的对中和整平。如果仪器置平精度要求高时，可利用电子圆水准器置平仪器。

（三）角度测量

角度测量包括一般的垂直角和水平角观测、水平度盘方位的设置、右角/左角显示。角

81

度测量在基本测量模式下进行。

设左目标 A、右目标 B 和测站构成了一个水平角,用水平制微动螺旋和垂直制微动螺旋照准 A 点觇牌中心,显示界面如图 4-15a 所示,按【置零】键和【OK】键,则水平度盘显示为零,垂直度盘显示为 90°11′01″(天顶距);再照准 B 点觇牌中心,则水平度盘显示 22°14′34″如图 4-15b 所示,即测站与 A、B 两点间的水平角,垂直度盘显示为 82°40′26″。如起始度数为其他值(设为 120°20′00″),可利用【置角】键进行设置(图 4-16)。

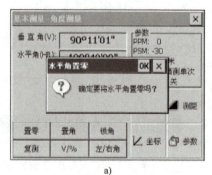
a)
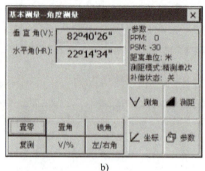
b)

图 4-15 角度测量

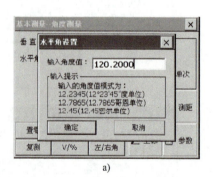
a)
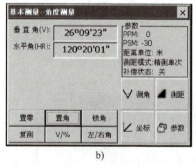
b)

图 4-16 水平度盘读数设置

(四)距离测量

在"基本测量"初始屏幕中,单击【测距】键进入距离测量模式。

1. 距离测量参数设置

进行电子测距之前,应完成以下 4 项参数的设置:距离最小读数、反射器类型、气象参数、测距模式。"距离最小读数""反射器类型""气象参数"的设置在"基本操作"中已述。"测距模式"的设置需在距离测量模式界面完成,单击【模式】键进入"测距模式设置"功能(图 4-17),任选其中一项,图中选用"精测连续"。

2. 距离和角度测量

照准目标中心,进行距离测量时,竖盘的天顶距读数和水平度盘读数也同时显示,因此,距离测量和角度测量是同时进行的。若测距参数已按观测条件设置好,即可开始距离测量。结果如图 4-18 所示。

第四章 全站仪及其应用

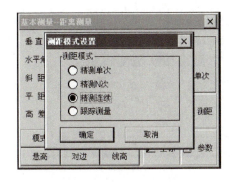

图4-17 测距模式设置

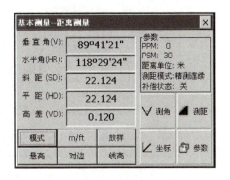

图4-18 距离和角度测量结果

（五）坐标测量

全站仪的三维坐标测量功能主要用于地形测量的数据采集（细部点坐标测定）。根据测站点和后视点（定向点）的三维坐标或至后视点的方位角，完成测站的定位和定向；按极坐标法测定测站至待定点的方位角和距离，按三角高程测量法测定至待定点的高差，据此计算待定点的三维坐标，并可将其存储于内存文件。

NTS-372全站仪进行坐标测量的步骤如下：

在"基本测量"初始屏幕中，单击【坐标】键进入"坐标测量"模式（图4-19）。

1. 设置模式

单击【模式】键，弹出"基本测量"对话框，选择坐标测量模式。

2. 设置测站点坐标

单击【设站】键，弹出"测站设置"对话框（图4-20），输入测站点坐标，输入完一项，单击【确定】或按【ENT】键将光标移到下一输入项。所有输入完毕，单击【确定】或按【ENT】键返回"坐标测量"屏幕。

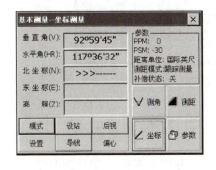

图4-19 "坐标测量"对话框

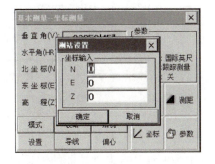

图4-20 "测站设置"对话框

3. 设置后视点

单击【后视】键，进入后视点设置功能（图4-21a）。输入后视点坐标，输入完一项，单击【确定】或按【ENT】键将光标移到下一输入项。输入完毕，单击【确定】，弹出如图4-21b所示的提示框。照准后视点，单击【是】。系统设置好后视方位角，并返回"坐标测量"屏幕。屏幕中显示刚才设置的后视方位角。

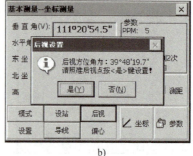

图 4-21 后视设置界面

4. 设置仪器高/棱镜高

坐标测量须输入仪器高与棱镜高，以便直接测定未知点坐标。

单击【设置】键，弹出如图 4-22 所示的"设置仪高、镜高"对话框。输入仪器高和目标高。所有输入完毕，单击【确定】或按【ENT】键返回坐标测量屏幕。

5. 坐标测量

照准目标棱镜，单击【坐标】键，测量结束，显示结果。

图 4-22 仪器高与棱镜高设置界面

第三节 全站仪的应用

全站仪作为一种具有多种功能的测量仪器，在各种测量工作（如控制测量、地形测绘、地籍测量、房地产测绘、工程变形监测、施工放样测量等）中已得到广泛应用，给测绘工作者带来了极大的方便。下面举例说明全站仪在房地产测绘中的应用。

一、利用全站仪三维坐标测量功能进行房地产界址点坐标测量

如图 4-23 所示，将全站仪安置于测站点 A 上，选定三维坐标测量模式，首先输入测站点 A 的坐标 (x_A, y_A, H_A)，仪器高 i，输入 B 点的坐标 (x_B, y_B, H_B) 和棱镜高 v；照准后视点 B 定向，然后在欲测坐标的界址点 P 立棱镜，按下坐标测量键，仪器就会按式 (4-1) 利用内存的计算程序自动计算并显示出目标点 P 的三维坐标值 (x_P, y_P, H_P)。若不需要测定界址点的高程，则不必输入仪器高和棱镜高，也不必记录其高程。

$$x_P = x_A + L\cos\alpha\cos\theta$$
$$y_P = y_A + L\cos\alpha\sin\theta$$
$$H_P = H_A + L\sin\alpha + i - v \qquad (4-1)$$

式中 L——仪器到棱镜之间的斜距（m）；
α——仪器到棱镜竖直角（°）；
θ——仪器至目标的方位角（°）。

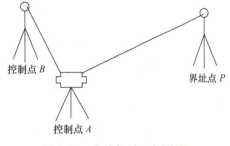

图 4-23　全站仪界址点测量

二、利用全站仪的面积测量功能测算房地产面积

图 4-24 所示为一任意多边形房屋或房屋用地，欲测定其面积，可在适当的位置设置测站点，安置仪器，选定面积测量模式，首先输入测站点 A 的坐标 (x_A, y_A) 定向，输入 B 点的坐标 (x_B, y_B)，照准后视点 B 定向，然后按顺时针方向依次将棱镜立于多边形的各个顶点进行观测。观测完毕仪器就会在瞬时显示该多边形的面积。其原理是：通过观测多边形各个顶点的水平角、

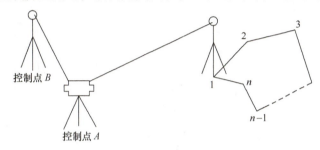

图 4-24　全站仪房地产面积测量

竖直角和斜距，先根据式（4-2）计算出各个顶点的坐标，即

$$x_i = x_A + L_i\cos\alpha_i\cos\theta_i$$
$$y_i = y_A + L_i\cos\alpha_i\sin\theta_i \qquad (4-2)$$

然后，再利用式（4-3）自动计算并显示被测 n 边形的面积，即

$$S = \frac{1}{2}\sum_{i=1}^{n} x_i(y_{i+1} - y_{i-1})$$

或

$$S = \frac{1}{2}\sum_{i=1}^{n} y_i(x_{i-1} - x_{i+1}) \qquad (4-3)$$

式中 S——多边形面积（m^2）；
n——多边形的顶点个数；
i——多边形顶点的点号，当 $i=1$ 时，$y_{i-1} = y_n$，$x_{i-1} = x_n$；当 $i=n$ 时，$y_{i+1} = y_1$，$x_{i+1} = x_1$。

三、利用全站仪偏心测量功能进行房屋角点测量

如图 4-25 所示，欲测得房屋角点 P 点坐标，测站点与房屋角点 P 点通视，但 P 点立棱镜不方便或不能安置棱镜。此时可在测站点 A 安置仪器，首先输入测站点 A 的坐标（x_A，y_A），照准后视点 B，输入 B 点的坐标（x_B，y_B）定向，选择偏心测量模式。然后，将棱镜安置在偏心点 C（C 点可设置在 P 点的左侧或右侧）上，并使其到测站点 A 的距离与待测点 P 到测站点 A 的距离相等。先对偏心点 C 进行观测，再照准待测点 P 方向，这时仪器就会自动计算并显示出待测点的坐标。计算公式为

$$x_P = x_A + L\cos\alpha\cos(T_{AB} + \beta)$$
$$y_P = y_A + L\cos\alpha\sin(T_{AB} + \beta)$$
(4-4)

式中　L——仪器到偏心点C（棱镜）的斜距（m）；

　　　α——仪器到偏心点C（棱镜）的竖直角（°）；

　　　T_{AB}——已知边的坐标方位角（°）；

　　　β——未知边AP与已知边AB的水平夹角（°）；当未知边AP在已知边AB的左侧时，上式取"$-\beta$"；当未知边AP在已知边AB的右侧时，上式取"$+\beta$"。

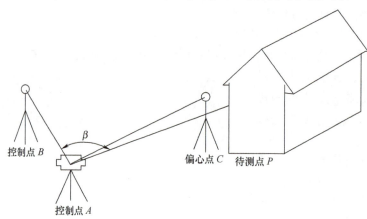

图4-25　全站仪房屋角点测量

小　结

1. 全站仪主要由数据采集设备和微处理器等部分组成。数据采集设备包括电子测角系统、光电测距系统和双轴补偿系统；微处理器主要由中央处理器、随机存储器和只读存储器等构成。

2. 全站仪可以按结构形式、程序和数据存储方式、测量精度、测程等方法进行分类。

3. 一般全站仪具有角度测量（水平角、竖直角）、距离测量（倾斜距离、水平距离、垂直距离）、三轴误差自动补偿等基本功能，以及特殊测量功能（三维坐标测量、三维坐标放样、偏心测量、面积测量、对边测量、悬高测量）；有些全站仪具有无合作目标测距功能、自动跟踪目标功能等。

4. 全站仪的操作步骤包括：①准备工作；②安置仪器（包括建站和后视）；③选择测量模式；④观测。

5. 利用全站仪的功能可以在房地产测绘中进行界址点坐标测量、房屋及用地面积测量和房屋角点测量。

思考题与习题

1. 简述全站仪的基本结构和组成。
2. 简述全站仪的功能。
3. 简述 NTS–372 全站仪进行坐标测量的方法步骤。
4. 简述利用全站仪进行房地产面积测量的原理和步骤。
5. 简述利用全站仪进行房屋角点测量的原理。

第五章

测量误差的基本知识

学习目标

通过本章学习，熟悉测量误差的来源与分类、偶然误差的特性、衡量精度的标准；了解误差传播定律及其应用。

从角度测量、水准测量和距离测量的实际操作中可以发现，尽管在操作过程中观测得十分仔细认真，但只要重复观测几次，就会发现观测值之间总是存在着差异。例如对一水平角进行多次观测，观测结果的秒值是不一样的；用钢尺或测距仪进行距离测量，多次测量（丈量）结果不同，往返测量（丈量）的距离值不相等，各测回之间的结果也互不相等；又如对若干个量进行观测，从理论上讲这些量所构成的某个函数应等于某一理论值，但用这些量的观测值代入上述函数后与理论值不一致，如水准测量中闭合路线上各段高差之和的理论值应等于零，但实际观测的各段高差值的总和往往不等于零。这些现象之所以产生，究其原因是观测结果中存在着测量误差。本章将简要介绍测量误差的分类、衡量测量精度的标准、误差传播定律。

第一节 测量误差的来源与分类

一、测量误差的来源

引起测量误差的因素很多，归纳起来有以下四个方面的来源。

1. 仪器误差

测量工作是用仪器进行数据采集的，尽管仪器出厂前进行了调试达到了标称精度，使用前按规范进行了检验校正，但由于仪器的设计不完善、零件加工有误差、装备调试和检验校正存在残差等因素，会使观测结果受到相应的影响。如使用 DJ$_6$ 光学经纬仪观测水平角，其读数窗最小读数分划为 1 分，估读分以下的秒值，就难以保证其准确性；又如用只有厘米分划的普通钢尺丈量距离，厘米以下的尾数就难以保证其读数的准确性；若水准仪的视准轴与水准管轴不平行、水准尺的分划不均匀，必然也会给水准测量的结果带来误差。

2. 观测误差

由于人的感觉器官鉴别能力的局限性，观测者通过感觉器官观测，进行仪器安置、瞄准、读数等工作时，都会产生一定的误差。例如，用同一台水准仪在同一根水准尺上读数，两个观测者的读数结果就可能不同。另外，观测者的技术水平、自身生理状态、工作态度也会对观测结果产生不同的影响。

3. 外界条件引起的误差

测量工作的数据采集观测是在野外进行的，自然环境因素，如地形、空气的温度、湿度、气压、日照、风力、大气折光等都会对观测结果产生种种影响，而且这些因素随时都在变化，因而环境因素对观测结果的影响也随之变化，这就必然使得观测结果产生误差。

4. 参考基准的误差

各种测量结果都是基于一定的参考基准的，基准的误差也会导致观测值的误差。如高程测量、平面测量的起始数据误差是高程测量、平面测量结果的误差源之一。

综上所述，**测量仪器误差、观测误差、外界条件变化和参考基准的误差是测量误差的主要来源。测量仪器、观测者、外界环境和参考基准这四大因素，总称为观测条件**。不论观测条件如何，观测结果总是不可避免地带有误差。为了使观测结果达到一定精度，除了不断地改进仪器，选择可靠的测量基准、有利的观测时间，尽量避免外界环境的影响外，还应了解误差性质、产生和累积的规律，从而对观测数据进行合理的处理，使之对观测结果不会产生有害的影响。

另外，误差与粗差是不相同的，粗差是由于操作错误和粗枝大叶的工作态度所造成的，例如测错、听错、记错、算错等。为了发现和消除粗差，除了采取必要的检核外，测量工作者应具有高度的责任心、相应的技术水平和严肃认真的工作态度。

二、测量误差的分类

测量误差按性质可分为系统误差和偶然误差和粗差三大类。

1. 系统误差

在相同的观测条件下进行一系列观测，如果观测误差的大小和符号表现出一致的倾向，即保持常数或按一定的规律变化，这类误差称为系统误差。例如用一把名义长度为 50m，而实际长度为 50.01m 的钢尺丈量距离，则丈量一尺子的距离，就要比实际距离少 1cm，丈量两尺子就要比实际距离少 2cm，这 1cm 的误差在大小和符号上都是不变的，用该钢尺丈量的距离越长，产生的误差就越大。又如，当水准仪的视准轴与水准管轴不平行，进行水准测量时就会使在水准尺上读数时产生误差，这种误差的大小与水准仪到水准尺之间的距离成正比。由此可以看出，系统误差具有累积性，对观测结果的危害性极大。但由于系统误差具有同一性、单向性、累积性的特性，因而，可以采取措施将其消除。如加改正数，利用尺长方程式，对量距结果进行尺长改正；也可以在测量前对仪器进行检验校正，如对水准仪的视准轴不平行水准管轴进行检校，使其偏差减少到最小程度；还可以采取合理的观测方法，使误差自行抵消或减少到最小，如在水平角观测时采用正、倒镜观测，消除视准轴与水平轴误差；又如在水准测量中采用前后视距相等的方法消除或将视准轴不平行水准管轴误差对测量结果的影响减少到最小程度。

2. 偶然误差

在相同观测条件下，进行一系列观测，如果观测误差的大小和符号从表面上看都没有表现出一致的倾向，即表面上没有任何规律性，这类误差称为偶然误差。如安置经纬仪时，对中不可能绝对准确；在水准尺上估读毫米读数的误差；钢尺量距时估读 0.1mm 的读数误差等，这些误差都属于偶然误差。

一般来说，在观测过程中，系统误差与偶然误差是同时产生的，当观测结果中含有显著的系统误差时，偶然误差就处于次要地位，测量误差就呈现系统误差的性质；反之，如果偶然误差处于主要地位，测量误差就呈现偶然误差的性质。虽然系统误差具有累积性，对观测结果的影响尤为显著，但有规律可循，所以在测量工作中可以根据系统误差的规律性采取各种措施消除或减弱其影响，使其在测量结果中处于次要地位。这样观测结果中偶然误差的影响就占主导地位。虽然偶然误差不像系统误差那样具有直观的函数规律性，但为了评价观测结果的质量，研究在观测数据中占主导的偶然误差的科学处理办法，根据观测数据求出待定量的最可靠值，必须进一步研究偶然误差的性质。

虽然，偶然误差从表面上看其大小和符号没有规律可言，但根据大量的测量实践数据，发现在相同的观测条件下对某一量进行多次观测，大量的偶然误差也会呈现一定的规律，且观测次数越多，这种规律就越明显。例如，在相同的观测条件下，即测量仪器、观测者不变，环境条件相同，观测了 257 个三角形的内角。由于观测结果中含有偶然误差，各三角形的三个内角观测值之和不等于三角形内角和理论值（也称真值）180°，而是等于 L_i。设三角形内角和的真值为 X，各三角形内角和的观测值为 L_i，则 Δ_i 为三角形内角和的真误差（一般称三角形闭合差），即

$$\Delta_i = L_i - X \quad (i = 1、2、\cdots、n) \tag{5-1}$$

现将 257 个真误差按每隔 3″为一区间，以误差的大小及其符号分别统计在各误差区间的个数 ω 及相对个数 $\mu/257$，并将结果列入表 5-1 中。

从表 5-1 可以得出：绝对值相等的正负误差出现的相对个数基本相同，绝对值小的误差比绝对值大的误差出现的相对个数多，误差的大小不会超过一个定值。以上结论绝非巧合，在其他测量结果中也呈现出同样的规律。大量的统计结果表明，偶然误差具有如下统计特性：

1) 在一定的观测条件下，偶然误差的绝对值不会超过一定的限度，即有界性。
2) 绝对值小的误差比绝对值大的误差出现的可能性大，即单峰性。
3) 绝对值相等、符号相反的正负误差出现的可能性相等，即对称性。
4) 当观测次数无限增多时，偶然误差的算术平均值趋近于零，即补偿性。

上述第四个特性是由第三个特性推导出来的。由偶然误差的第三特性可知，在大量的观测值中正、负偶然误差出现的可能性相等，因而求全部误差的总和时，正、负误差就有可能相互抵消。当误差无限增多时，真误差的算术平均值必然趋于零。

表 5-1　多次观测偶然误差统计表

误差区间 (3″)	正误差 个数	正误差 相对个数 $\frac{\mu}{n}$	负误差 个数	负误差 相对个数 $\frac{\mu}{n}$	合计 个数	合计 相对个数 $\frac{\mu}{n}$
0~3	40	0.157	41	0.159	81	0.316
3~6	26	0.101	25	0.097	51	0.198
6~9	19	0.074	20	0.078	39	0.152
9~12	15	0.058	16	0.062	31	0.120
12~15	12	0.047	11	0.043	23	0.090
15~18	8	0.031	8	0.031	16	0.062
18~21	6	0.023	5	0.019	11	0.042
21~24	2	0.008	2	0.008	4	0.016
24~27	0	0	1	0.004	1	0.004
>27	0	0	0	0	0	0
Σ	128	0.499	129	0.501	257	1.000

长期测量实践表明，对于在相同观测条件下独立测量的一组观测值而言，不论其观测条件如何，也不论是对一个量还是对多个量进行观测，其观测误差必然具有上述四个特性，且观测次数越多，这种特性表现越明显。偶然误差的这种特性，又称为偶然误差的统计规律。从统计学原理的角度来看，偶然误差是一个随机变量，根据上述四个统计规律可知，偶然误差服从数学期望（即算术平均值）为零的正态分布规律。

偶然误差对观测值的精度有直接影响，其不能像系统误差那样通过采取技术手段消除，而是采用一些办法提高观测值的精度，消减偶然误差的影响。例如，在必要时或在仪器设备条件允许的情况下，可适当提高仪器的等级；另一种办法是增加多余观测，如测定一个平面三角形，只要测得其中两个角即可决定其形状，但实际上往往要测出第三个角，使观测值的个数大于未知量的个数，这样就可以检核所观测的三角形的内角和是否等于180°，根据不符值（即闭合差）评定测量精度及分配闭合差；再者就是根据多余观测，求出观测值的最可靠值（算术平均值就是最可靠值）。

3. 粗差

粗差即粗大误差，是指比在正常观测条件下所可能出现的最大偶然误差还要大的误差。通常，粗差要比偶然误差大好几倍。例如观测时大数读错、计算机数据输入错误、测量起算数据错误等，这些错误在一定程度上是可以避免的。但在测量实践中还存在不可避免的粗差，特别是目前采用的现代测量技术的自动化数据采集中，由于误差来源的复杂性，粗差的出现难以避免。因此，研究粗差的识别和剔除也是当前数据处理中的一个重要课题。

第二节　观测值的算术平均值

一、原理

研究误差的目的之一，就是对带有误差的观测值进行科学的处理，以求得其最可靠值，最简单的方法是取算术平均值。

设某量的真值为 X，在相同的观测条件下对其进行了 n 次观测，观测值为 $L_1, L_2, \cdots, L_n$，相应的真误差为 $\Delta_1, \Delta_2, \cdots, \Delta_n$，由式（5-1），可得出

$$\Delta_1 = L_1 - X$$
$$\Delta_2 = L_2 - X$$
$$\vdots$$
$$\Delta_n = L_n - X$$

将上式中的真误差的各项相加可得

$$\Delta_1 + \Delta_2 + \cdots + \Delta_n = (L_1 + L_2 + \cdots + L_n) - nX$$
$$[\Delta] = [L] - nX$$

故有
$$X = \frac{[L]}{n} - \frac{[\Delta]}{n} \tag{5-2}$$

设观测值的算术平均值为 x，即
$$x = \frac{[L]}{n} \tag{5-3}$$

算术平均值的真误差为 Δ_x，则
$$\Delta_x = \frac{[\Delta]}{n} \tag{5-4}$$

将式（5-3）和式（5-4）代入式（5-2），则可得
$$X = x - \Delta_x \tag{5-5}$$

根据偶然误差的第四特性，当观测次数无限增多时，Δ_x 趋近于零，即
$$\lim_{n \to \infty} \frac{[\Delta]}{n} = 0$$

由此可得
$$\lim_{n \to \infty} x = X \tag{5-6}$$

由式（5-6）可以看出，**当观测次数无限增加时，观测值的算术平均值就趋近于该量的真值**。但在实际工作中观测次数总是有限的，算术平均值并不是真值，只是接近于真值，它与各观测值相比，是最接近真值的值，所以认为算术平均值是最可靠值，也称最或然值。

二、观测值的改正数

算术平均值与观测值之差，称为观测值的改正数，以 v 表示，即有

$$\begin{aligned} v_1 &= x - L_1 \\ v_2 &= x - L_2 \\ &\vdots \\ v_n &= x - L_n \end{aligned} \tag{5-7}$$

将式（5-7）两端相加可得
$$[v] = nx - [L]$$

考虑到式（5-3），则有
$$[v] = 0 \tag{5-8}$$

从式（5-8）中可以得出，观测值改正数的和为零。式（5-8）也可作为计算工作的检核。

第三节 评定精度的标准

研究误差的另一个目的，是对观测值的精度做出科学的评定。所谓精度，是指误差分布的密集或离散的程度，也就是指离散度的大小。如果两组观测值的误差分布相同，则说明两组观测结果的精度相同；反之，若其误差分布不同，则其精度也不同。前面已经讲过，偶然误差是一个随机变量，并且服从数学期望为零的正态分布。对于一组观测值而言，如果误差分布比较密集，也就是说偶然误差大都集中在零附近，即离散度较小，则说明该组观测值的观测质量较好，观测值的观测精度较高；反过来讲，如果误差分布比较离散，即离散度较大，则表示该组观测值的观测质量较差，观测值精度较低。在相同条件下所进行的一组观测值，由于对应着同一种误差分布，所以对于这一组中的每一个观测值而言，均称之为等精度观测值。如果两个大小相同的误差是在不同的观测条件下测定的，尽管它们的大小相等，但它们的精度是不同的。

为了科学地评定观测结果的精度，必须有一套评定精度的标准。我国通常采用中误差（标准差）、允许误差（也称极限误差）和相对误差作为评定精度的标准。

一、中误差（标准差）

设在相同的观测条件下，对某量进行了 n 次观测，得到一组独立的真误差 Δ_1、Δ_2、$\cdots$、Δ_n，则这些真误差平方的平均值的极限称为中误差 M 的平方（方差），即

$$M^2 = \sigma^2 = \lim_{n \to \infty} \frac{[\Delta\Delta]}{n} \tag{5-9}$$

式中 σ^2——方差，$\sigma = \sqrt{\sigma^2}$ 为均方差，即标准差；

$[\Delta\Delta] = \Delta_1^2 + \Delta_2^2 + \cdots + \Delta_n^2$；

n——真误差的个数。

式（5-9）中的 M 是当观测次数 $n \to \infty$ 时，$\dfrac{[\Delta\Delta]}{n}$ 的极限值，是理论上的数值。在实际工作中，观测次数不可能无限增多，只能用有限观测值求中误差的估值 m，即

$$m = \pm\sqrt{\frac{[\Delta\Delta]}{n}} \tag{5-10}$$

对于普通测量而言，一般将"中误差估值"简称为"中误差"。式（5-10）表明，中误差并不等于每个观测值的真误差，而是一组真误差的代表。由数理统计原理可以证明，按式（5-10）计算的中误差 m，有 68.3% 的置信度代表着一组误差的取值范围和误差的离散度。因此，用中误差作为评定精度的标准是科学的，中误差越大，表示观测值的精度越低；反之，精度越高。

【例 5-1】 某测量小组对 7 个三角形进行内角观测，其三角形的闭合差 W_i（$i=1$、2、$\cdots$7）为 $-3''$、$-2''$、$+8''$、$-5''$、$-2''$、$+5''$、$-9''$。试计算这组闭合差的中误差。

【解】 三角形的闭合差是通过三角形三个内角观测值的和与其理论值（真值）180°之差求得的，所以三角形的闭合差是真误差。根据式（5-10），三角形闭合差的中误差可用 W_i 求得，即

$$m_W = \pm \sqrt{\frac{[WW]}{n}}$$

$$= \left(\pm \sqrt{\frac{(-3)^2 + (-2)^2 + 8^2 + (-5)^2 + (-2)^2 + 5^2 + (-9)^2}{7}} \right)'' = \pm 5.5''$$

【例 5-2】 对同一水平角分两组进行了 10 次观测,其真误差为

第一组:$+3''$、$-2''$、$-1''$、$-3''$、$-4''$、$+2''$、$+4''$、$+3''$、$+2''$、$0''$。

第二组:$+1''$、$0''$、$+1''$、$+2''$、$-1''$、$0''$、$-7''$、$+1''$、$-8''$、$+3''$。

试计算两组观测值的中误差。

【解】 由式 (5-10) 可分别计算出两组观测值的中误差为

$$m_1 = \pm \sqrt{\frac{[\Delta_1 \Delta_1]}{10}} = \pm 2.7''$$

$$m_2 = \pm \sqrt{\frac{[\Delta_2 \Delta_2]}{10}} = \pm 3.6''$$

$m_1 < m_2$,表示第一组观测值的精度高于第二组。

在实际工作中,待定量的真值往往是未知的,因而,不能直接用式(5-10)求观测值的中误差。但待定量的算术平均值 x 与观测值 L_i 之差即观测值的改正数 v 是可以求得的,所以在实际工作中,常利用观测值的改正数来计算中误差。

观测值的改正数可由式 (5-7) 得

$$v_i = x - L_i \quad (i = 1, 2, \cdots, n)$$
$$L_i = x - v_i$$

将上式代入式 (5-1),可得

$$\Delta_i = -v_i + (x - X) \quad (i = 1, 2, \cdots, n)$$

将上式两端分别自乘并求和,有

$$[\Delta\Delta] = [vv] - 2[v](x - X) + n(x - X)^2$$

将上式两端除以 n 并考虑式 (5-5),则

$$\frac{[\Delta\Delta]}{n} = \frac{[vv]}{n} - 2[v]\frac{\Delta x}{n} + \Delta_x^2$$

根据式 (5-8),上式可得

$$\frac{[\Delta\Delta]}{n} = \frac{[vv]}{n} + \Delta_x^2 \tag{5-11}$$

由式 (5-4) 可知

$$\Delta_x = \frac{[\Delta]}{n}$$

则

$$\Delta_x^2 = \frac{[\Delta_1 + \Delta_2 + \cdots + \Delta_n]^2}{n^2}$$

$$= \frac{1}{n^2}[(\Delta_1^2 + \Delta_2^2 + \cdots + \Delta_n^2) + 2(\Delta_1\Delta_2 + \Delta_1\Delta_3 + \cdots + \Delta_{n-1}\Delta_n)]$$

$$= \frac{[\Delta\Delta]}{n^2} + 2\frac{(\Delta_1\Delta_2 + \Delta_1\Delta_3 + \cdots + \Delta_{n-1}\Delta_n)}{n^2}$$

根据偶然误差的第四特性，当 $n\to\infty$ 时，上式右端第二项趋近于零，故有

$$\Delta_x^2 = \frac{[\Delta\Delta]}{n^2}$$

将上式代入式（5-11）得

$$\frac{[\Delta\Delta]}{n} = \frac{[vv]}{n} + \frac{[\Delta\Delta]}{n^2}$$

由式（5-10）

$$m^2 = \frac{[\Delta\Delta]}{n}$$

于是有

$$m^2 = \frac{[vv]}{n} + \frac{m^2}{n}$$

上式移项后得

$$m = \pm\sqrt{\frac{[vv]}{n-1}} \qquad (5\text{-}12)$$

式（5-12）即为用改正数计算中误差的公式，称为白塞尔公式。

算术平均值的中误差 m_x，可用式（5-13）计算，即

$$m_x = \frac{m}{\sqrt{n}} = \pm\sqrt{\frac{[vv]}{n(n-1)}} \qquad (5\text{-}13)$$

【例 5-3】 用 DJ_2 经纬仪对某角度观测了 6 个测回，观测值列于表 5-2，试求观测值的中误差及观测值算术平均值的中误差。

表 5-2　角度观测值中误差和算术平均值中误差计算

观测次数	观测值	v	vv
1	46°28′30″	−4	16
2	46°28′26″	0	0
3	46°28′28″	−2	4
4	46°28′24″	+2	4
5	46°28′25″	+1	1
6	46°28′23″	+3	9
	$x = 46°28′26″$	$[v]=0$	$[vv]=34$

【解】 根据式（5-12）可以求得观测值的中误差

$$m = \pm\sqrt{\frac{[vv]}{n-1}} = \pm\sqrt{\frac{34}{6-1}} = \pm 2.6''$$

按式（5-13）可求得算术平均值的中误差

$$m_x = \pm\sqrt{\frac{[vv]}{n(n-1)}} = \pm\sqrt{\frac{34}{6(6-1)}} = \pm 1.1''$$

二、允许误差

偶然误差的第一特性表明，在一定的观测条件下，偶然误差的绝对值不会超过一定的限度，如果超过了一定的限度就认为不符合要求，应舍去重测，这个限度就是允许误差（也称极限误差）。由中误差的定义可知，观测值的中误差是衡量精度的一种标准，它并不代表每个观测值的大小，但它们之间却存在着必然的联系。根据误差理论和大量的测量实践证

明，绝对值小于等于中误差的误差，即真误差落在区间 $[-\sigma、\sigma]$ 的概率约为 68.3%；绝对值不大于 2 倍中误差的误差出现的概率约为 95.5%；绝对值不大于 3 倍中误差的误差出现的概率约为 99.7%。从数理统计的角度来讲，由于大于 2 倍中误差的误差出现的可能性（概率）仅为 4.5%，大于 3 倍中误差的误差出现的可能性仅为 0.3%，属于小概率事件，这种小概率事件为实际上的不可能事件。

在我国现行的测量规范中，以 2 倍的中误差作为允许误差 Δ_p，即

$$\Delta_p = 2m \tag{5-14}$$

三、相对误差

对于评定精度而言，在很多情况下，仅仅知道中误差还不能完全反映观测精度的优劣。例如测量了两段距离，一段为 1000m，另一段为 200m，它们的测量中误差均为 ±20mm。显然不能认为两段距离的精度相同，因为距离的测量精度与距离本身长度的大小有关。为了客观地反映观测精度，必须引入另一个评定精度的标准，即相对误差。

相对误差就是观测值的中误差与观测值本身之比，通常以分子为 1 的分数表示。上述测量的两段距离中

$$\frac{m_1}{L_1} = \frac{1}{50000}, \quad \frac{m_2}{L_2} = \frac{1}{10000}$$

$\frac{m_1}{L_1} < \frac{m_2}{L_2}$，即第一段的精度高于第二段。

相对误差不能用来评定角度测量的精度，因为测角误差的大小与角度的大小无关。

第四节　误差传播定律

前一节叙述了观测值精度的评定标准。在实际工作中，有些量不是直接观测求得，而是由观测值间接求得的，即这些量是观测值的函数。例如，在水准测量中欲求待定点的高程，是用水准仪先直接测量已知点与待定点之间的高差，进而根据关系式 $H = H' + h$（H 为待定点高程，H' 为已知点高程）计算待定点的高程。很显然观测值 h 所含的误差，肯定影响其函数 H，函数的中误差与观测值的中误差之间必定存在着必然的关系。阐述观测值中误差与其函数中误差之间关系的定律，称为误差传播定律。

一、和差函数中误差

设有函数

$$z = x_1 \pm x_2 \pm \cdots \pm x_t$$

式中　$x_1、x_2、\cdots、x_t$——观测值；
　　　　z——观测值的函数。

已知观测值 x 的中误差分别为 $m_1、m_2、\cdots、m_t$，现欲求 z 的中误差 m_z。

设 $z、x$ 的真误差分别为 $\Delta_z、\Delta_i$，由上式可得

$$\Delta_z = \Delta_1 + \Delta_2 + \cdots + \Delta_t$$

若对 x 进行了 n 次等精度观测，则有

$$\Delta_{zi} = \Delta_{1i} + \Delta_{2i} + \cdots + \Delta_{ti} \quad (i = 1、2、\cdots、n)$$

将上式平方，得

$$\Delta_{zi}^2 = \Delta_{1i}^2 + \Delta_{2i}^2 + \cdots + \Delta_{ti}^2 \pm 2(\Delta_{1i}\Delta_{2i} + \Delta_{1i}\Delta_{3i} + \cdots + \Delta_{(t-1)i}\Delta_{ti})$$

按上式两端求和,并除以 n,可得

$$\frac{[\Delta_z^2]}{n} = \frac{[\Delta_1^2]}{n} + \frac{[\Delta_2^2]}{n} + \cdots + \frac{[\Delta_t^2]}{n} \pm 2\frac{[\Delta_i\Delta_{(i+1)}]}{n}$$

由于 Δ 都是偶然误差,其乘积同样具有偶然误差的特性,根据偶然误差的第四特性,当观测次数 n 无限增多时,上式中的最后一项趋近于零。

根据中误差的定义

$$\frac{[\Delta_z^2]}{n} = m_z^2, \frac{[\Delta_1^2]}{n} = m_1^2, \frac{[\Delta_2^2]}{n} = m_2^2, \cdots, \frac{[\Delta_t^2]}{n} = m_t^2$$

于是,前式可写为

$$m_z^2 = m_1^2 + m_2^2 + \cdots + m_t^2 \tag{5-15}$$

式(5-15)可表述为:**t 个观测值和差函数的中误差的平方,等于 t 个观测值中误差的平方和。**

当各观测值为同精度观测时,即 $m_1 = m_2 = \cdots = m_t = m$,则式(5-15)可变为

$$m_z = m\sqrt{t} \tag{5-16}$$

即在等精度观测时,观测值代数和的中误差与观测值的个数 t 的平方根成正比。

【例 5-4】 在水准测量中,为了求得 A、B 两点的高差,在 A、B 之间观测了 5 段高差,分别为 h_1、h_2、h_3、h_4、h_5,各段高差的中误差分别为:$m_1 = \pm 3\text{mm}$,$m_2 = \pm 4\text{mm}$,$m_3 = \pm 3\text{mm}$,$m_4 = \pm 5\text{mm}$,$m_5 = \pm 4\text{mm}$,试求 A、B 两点高差中误差。如各段高差中误差相等,为 $m = \pm 4\text{mm}$,试求 A、B 两点高差中误差。

【解】 A、B 两点的高差为

$$h_{AB} = h_1 + h_2 + h_3 + h_4 + h_5$$

由式(5-15)可得 A、B 两点间的高差中误差

$$m_{AB} = \pm\sqrt{m_1^2 + m_2^2 + m_3^2 + m_4^2 + m_5^2}$$
$$= (\pm\sqrt{3^2 + 4^2 + 3^2 + 5^2 + 4^2})\text{mm} = \pm 8.7\text{mm}$$

由式(5-16)可得各段高差中误差相等时,A、B 两点间的高差中误差

$$m_{AB} = \pm m\sqrt{t} = \pm 4\sqrt{5}\text{mm} = \pm 8.9\text{mm}$$

二、倍数函数中误差

设有函数

$$z = kx$$

式中 x——直接观测值,其中误差为 m_x;
k——常数,无误差。

设 x、z 的真误差分别为 Δ_x、Δ_z,则由上式可得

$$\Delta_z = k\Delta_x$$

当对 x 进行了 n 次观测时,则

$$\Delta_{zi} = k\Delta_{xi} \quad (i = 1,2,\cdots,n)$$

将上式平方得

$$\Delta_{zi}^2 = k^2\Delta_{xi}^2 \quad (i = 1,2,\cdots,n)$$

将上式求和，并除以 n 可得

$$\frac{[\Delta_z^2]}{n} = k^2 \frac{[\Delta_x^2]}{n}$$

由中误差定义

$$\frac{[\Delta_z^2]}{n} = m_z^2 \qquad \frac{[\Delta_x^2]}{n} = m_x^2$$

于是有

$$m_z^2 = k^2 m_x^2$$

或

$$m_z = k m_x \tag{5-17}$$

【例 5-5】 在 1:2000 房地产图上，量得 A、B 两点间的距离 $s_{ab} = 34.8 \text{mm}$，其中误差为 $m_{s_{ab}} = \pm 0.2 \text{mm}$，求 A、B 间的实地距离 s_{AB} 及其中误差 $m_{s_{AB}}$。

【解】 由题意可知，A、B 两点间的实地距离应为

$$s_{AB} = 2000 \times s_{ab} = 2000 \times 34.8 \text{mm} = 67600 \text{mm} = 67.6 \text{m}$$

对应上式按式（5-17）可得

$$m_{s_{AB}} = k m_{s_{ab}} = 2000 \times m_{s_{ab}} = \pm 2000 \times 0.2 \text{mm} = \pm 400 \text{mm} = \pm 0.4 \text{m}$$

于是 A、B 两点间的实际距离为 $s_{AB} = 67.6 \text{m} \pm 0.4 \text{m}$。

三、线性函数中误差

设有函数

$$z = k_1 x_1 \pm k_2 x_2 \pm \cdots \pm k_n x_n$$

式中　x_i——独立观测值，$i = 1$、2、$\cdots$、n，其中误差分别为 m_1、m_2、$\cdots$、m_n；

　　　k_i——常数。

设 x_i 的真误差分别为 Δ_i（$i = 1$、2、$\cdots$、n），z 的真误差为 Δ_z，则由上式

$$\Delta_z = k_1 \Delta_1 \pm k_2 \Delta_2 \pm \cdots \pm k_n \Delta_n$$

根据推导式（5-16）及式（5-17）的方法可得

$$m_z^2 = k_1^2 m_1^2 + k_2^2 m_2^2 + \cdots + k_n^2 m_n^2 \tag{5-18}$$

上式可表述为：线性函数的中误差的平方等于各常数与其相应的观测值中误差的乘积的平方和。

【例 5-6】 用 DJ_2 经纬仪在相同的观测条件下，对某一水平角测了 6 个测回，观测值分别为 x_i（$i = 1$、2、3、4、5、6），各观测值的中误差均为 $m = \pm 3.6''$，求该角算术平均值的中误差。

【解】 该水平角的算术平均值为

$$x = \frac{x_1 + x_2 + x_3 + x_4 + x_5 + x_6}{6} = \frac{1}{6} x_1 + \frac{1}{6} x_2 + \cdots + \frac{1}{6} x_6$$

根据式（5-17），该水平角算术平均值的中误差

$$m_x^2 = \left(\frac{1}{6}\right)^2 m_1^2 + \left(\frac{1}{6}\right)^2 m_2^2 + \cdots + \left(\frac{1}{6}\right)^2 m_6^2$$

$$= \left(\frac{1}{6}\right)^2 m^2 = \left(\frac{1}{6}\right)^2 \times (3.6'')^2$$

$$m_x = \pm \sqrt{\left(\frac{1}{6}\right)^2 \times (3.6'')^2} = \pm 0.6''$$

四、一般函数中误差

设有函数

$$z = f(x_1, x_2, \cdots, x_n)$$

式中 x_1, x_2, $\cdots$, x_n——独立观测值，其中误差分别为 m_1、m_2、$\cdots$、m_n。

当观测值含有真误差 Δ_x 时，函数 z 相应产生真误差 Δ_z，由高等数学知识可知，变量误差与函数误差之间的关系可以近似地用函数的全微分来表示。于是对上式进行全微分，并且以真误差的符号"Δ"代替微分的符号"d"，可得

$$\Delta_z = \frac{\partial f}{\partial x_1}\Delta_{x_1} + \frac{\partial f}{\partial x_2}\Delta_{x_2} + \cdots + \frac{\partial f}{\partial x_n}\Delta_{x_n}$$

式中 $\frac{\partial f}{\partial x_1}$、$\frac{\partial f}{\partial x_2}$、$\cdots$、$\frac{\partial f}{\partial x_n}$——函数对各个变量所求得的偏导数，以观测值代入函数所算出的是常数。

用推导式（5-18）的方法，可得

$$m_z^2 = \left(\frac{\partial f}{\partial x_1}\right)^2 m_1^2 + \left(\frac{\partial f}{\partial x_2}\right)^2 m_2^2 + \cdots + \left(\frac{\partial f}{\partial x_n}\right)^2 m_n^2 \tag{5-19}$$

上式即为计算函数中误差的一般形式，使用时须注意各观测值是否相互独立，若各观测值之间相互独立，方能使用；否则，不能直接使用。

【**例 5-7**】用光电测距仪对某段距离进行了观测，测得倾斜距离为 $s = 163.256\text{m}$，测距中误差 $m_s = \pm 0.008\text{m}$，倾斜方向的倾角 $\alpha = 11°33'42''$，测角中误差 $m_\alpha = \pm 6''$，试求水平距离及其中误差。

【**解**】 水平距离

$$D = s\cos\alpha = 163.256\text{m} \times \cos 11°33'42'' = 159.943\text{m}$$

水平距离的中误差

$$\frac{\partial D}{\partial s} = \cos\alpha \qquad \frac{\partial D}{\partial \alpha} = -s\sin\alpha$$

$$m_D^2 = \left(\frac{\partial D}{\partial s}\right)^2 m_s^2 + \left(\frac{\partial D}{\partial \alpha}\right)^2 \frac{m_\alpha^2}{\rho^2}$$

$$= 0.979^2 \times 0.008^2 \text{m} + 32.720^2 \times (6'')^2 \frac{1}{\rho^2}$$

$$m_D = \pm\sqrt{\left(\frac{\partial D}{\partial s}\right)^2 m_s^2 + \left(\frac{\partial D}{\partial \alpha}\right)^2 \frac{m_\alpha^2}{\rho^2}}$$

$$= \pm 0.001\text{m}$$

由上例，可以总结出**应用误差传播定律求独立观测值函数的中误差时，可分为以下四步：**

1）根据题意写出函数关系式。
2）对函数关系式全微分写出真误差关系式。
3）写出中误差关系式。
4）将数值代入得到观测值函数的中误差。代入数值时，应注意各项单位的统一。

小 结

1. 测量误差的来源可归纳四个方面：仪器误差、观测误差、外界条件引起的误差和参考基准的误差。
2. 测量误差按性质可分为系统误差、偶然误差和粗差。偶然误差具有有界性、单锋性、对称性及补偿性等统计规律。算术平均值是最可靠值，也称最或然值。
3. 衡量精度的标准包括中误差、允许误差和相对误差。
4. 误差传播定律是阐述观测值中误差与其函数中误差之间关系的定律，包括观测值的和差函数中误差、倍数函数中误差、线性函数中误差和一般函数中误差。

思考题与习题

1. 测量误差的主要来源有哪些？测量误差分哪几类？它们的区别是什么？
2. 偶然误差有哪些特性？试根据偶然误差的第四特性，说明等精度观测值的算术平均值是最可靠值。
3. 用钢尺量得一圆的半径 $R=18.56\text{m}$，其中误差为 $\pm 0.04\text{m}$，求该圆面积的中误差。
4. 已知用某型号的经纬仪观测水平角时，一测回角值的中误差为 $\pm 20''$，若角值的精度要达到 $\pm 10''$，则至少应观测几测回取平均值精度才能满足要求？
5. 用钢尺对某直线丈量了6次，丈量结果为 246.535m、246.548m、246.520m、246.529m、246.530m、246.533m，试求其算术平均值、算术平均值的中误差及相对中误差。
6. 对某水平角等精度观测了5测回，观测值分别为 48°28′37″、48°28′39″、48°28′42″、48°28′30″、48°28′34″，试求观测值一测回的中误差、算术平均值及其中误差。

第六章

地形图的基本知识

学习目标

通过本章学习，掌握地形图比例尺的概念、比例尺的表示方法、比例尺的精度；熟悉地形图的分幅编号方法；掌握地形图上地物与地貌的表示方法及相应的概念；掌握地形图的识读与应用。

地形图是一种全面和科学地反映地面上建筑物、构筑物分布及地形高低起伏的图样。地形图有多种用途，利用地形图作底图可以绘制房地产图、建筑平面图、城市规划图等。地形图的基本知识是房地产测绘的基础。本章先介绍地形图的基本知识、识读和应用。房地产图的有关知识将在第九章中重点介绍。

第一节 地形图的比例尺

地形图总是按一定的比例缩小绘成的，其缩小的程度是以比例尺来表示的。图上某一线段的长度与地面相应线段的水平投影长度之比，称为地形图的比例尺。

一、比例尺的表示方法

1. 数字比例尺

用数字或分数比例形式表示的比例尺，称为数字比例尺。在实际工作中图的比例尺通常用分子为1、分母为10的整倍数的分数形式来表示。设图上某线段的长度为 l，实地上相应的水平投影长度为 L，则图的比例尺为

$$\frac{1}{M} = \frac{l}{L} = \frac{1}{L/l} \tag{6-1}$$

式中 M 为比例尺的分母，它反映了实地上线段的水平投影长度为图上相应线段的倍数，分母越小，比例尺越大；反之，分母越大，比例尺越小。

数字比例尺通常表示为 1:500、1:1000、1:2000 等形式。

在测绘工作中，把 1:500、1:1000、1:2000、1:5000 称为大比例尺；把 1:1 万、1:2.5 万、1:5 万、1:10 万称为中比例尺；小于 1:10 万的称为小比例尺。如果已知一幅图的比例尺，根据图上长度就可以求出相应的地面长度的水平投影长度；也可以将地面的水平长度换算成图上的长度。

【例 6-1】 在 1:1000 的图上，某一直线 l 的长度为 5.76cm，则地面上相应的水平投影长度 L 为

$$L = Ml = 1000 \times 5.76\text{cm} = 57.6\text{m}$$

为了绘图和用图的方便，人们根据比例尺的原理制成三棱尺，将尺子做成三棱柱体，刻上六种不同比例尺的刻度。使用时，根据图的比例尺在三棱尺上找出相应的一面刻划，直接从尺上读出图上的距离或实地距离，使用很方便。三棱尺的形式如图 6-1 所示。

图 6-1 三棱尺

2. 图示比例尺

绘图用的图样由于其干湿程度不同，在使用的过程中将会产生伸缩变形。用尺子或圆规在图上量距离时必然含有图样的变形误差。如果在绘图时不仅写上数字比例尺，同时绘出用线段表示的图示比例尺，如图 6-2 所示，量距时以图上的图示比例尺为准，就可以克服上述缺点。这种图示比例尺又称为直线比例尺，一般绘在图样的下方。直线比例尺的绘制方法是：在一线段上截取若干相等的基本单位，一般长 1cm 或 2cm，将最左边的一段基本单位再分成 10 或 20 等份，然后在右边分点上注零；自零起向左向右分别注记各段线段代表的实地距离长度。使用时用圆规量出图上距离，移到直线比例尺上，使圆规的一个脚尖对准零右边的一个分划上，另一脚尖置于左边的小分划上，分别读出整段数并估读零数。

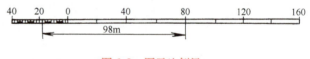

图 6-2 图示比例尺

图 6-2 所示的图示比例尺，读数为 98m。

二、比例尺精度

确定测图比例尺的主要因素是明确在图上需要表示的最小地物的大小；点的平面位置或两点间的距离的精确程度，因此需要知道比例尺精度。通常人眼能分辨的两点间的最小距离为 0.1mm，因此把地形图上 0.1mm 所能代表的实地水平距离称为比例尺精度。根据比例尺精度，不但可以按照比例尺确定地面上量距的精确程度，而且可以按照量距的规定精度来确定测图比例尺。例如测绘 1:1000 比例尺的地形图时，地面上量距的精度为 0.1mm×1000 = 0.1m；又如要求在图上能表示出 0.5m 的精度，则所用的测图比例尺应为 0.1mm/0.5m = 1:5000。

地形图的比例尺与精度有关，比例尺越大，图上反映的地物、地貌越详细、准确；相反，比例尺越小，图上表示的地物、地貌越简略。但是比例尺大，测图工作量和费用将增加。因此，用图单位应根据工程的需要和比例尺精度，参照表 6-1 合理选择测图比例尺，以免测图比例尺选用不当而造成浪费。

必须指出，在有的工程设计中，为了将尺寸较小的设计物体在图上清晰地表示出来，需要较大的图面，而不是需要地形图相应的比例尺精度。此时可考虑施测较小比例尺的地形图，然后放大使用，或直接施测较大比例尺的地形图，但要适当降低测图的精度要求。各种比例尺地形图除直接施测外，还可利用较大比例尺的地形图缩绘而成。

表6-1   各种比例尺精度及用途

比例尺	比例尺精度/m	用途
1:10 000	1.00	城市规划设计（城市总体规划、厂址选择、区域位置、方案比较等）
1:5 000	0.50	
1:2 000	0.20	城市详细规划和工程项目的初步设计等
1:1 000	0.10	城市详细规划、管理、地下人防工程的竣工图、工程项目的施工图设计等
1:500	0.05	

第二节　地形图的分幅与编号

我国地域广阔，各种比例尺地形图的数量很大，不同比例尺所表示的地表面积也不一样，为了便于测绘、使用和管理地形图，就必须按一定的面积进行图幅的划分，并给予每幅图一个固定的编号。地形图的分幅方法分为两大类：梯形分幅和矩形分幅。梯形分幅法也称国际分幅法，就是按图廓的经差和纬差确定图幅范围，并以经纬线作为图幅边界线。矩形分幅和正方形分幅是以直角坐标格网线作为图幅边界来进行划分的，矩形分幅通常是为了满足工程设计和施工的要求，只适用于小范围的大比例尺地形图。

一、梯形分幅与编号

梯形分幅是按经线和纬线来划分图幅，左右以经线为界，上下以纬线为界，图幅形状近似梯形，故称为梯形分幅。

我国的8种基本比例尺地形图都是在1:100万地形图编号的基础上进行的，前后有很大变化。1992年以前，1:100万比例尺地形图用行列式编号（列在前，行在后），其他比例尺地形图都是在1:100万比例尺地形图的基础上加上自然序数；1992年以后，我国颁布国家标准《国家基本比例尺地形图分幅与编号》（GB/T 13989—1992）（2012年修订），1:100万用行列式编号，其他比例尺地形图均在其后再叠加行列号。

（一）旧的分幅编号方法

1. 1:100万比例尺地形图的分幅与编号

1:100万比例尺地形图的分幅与编号是国际统一的，故称国际分幅编号。

如图6-3所示，国际分幅编号规定由经度180°起，自西向东、逆时针按经差6°成60个纵

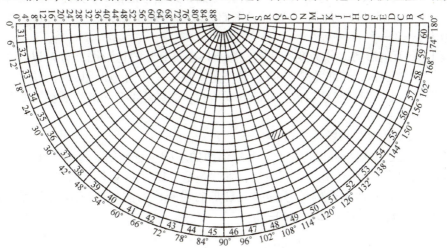

图6-3　东半球北纬1:100万地形图的分幅与编号

列，并用阿拉伯数字 1~60 编号；由赤道起向北向南分别按纬差 4°各分成 22 个横行，由低纬度到高纬度各以英文字母 A、B、C、…、V 表示。这样，每幅 1∶100 万地形图就是以经差 6°和纬差 4°组成的梯形分幅。每幅图的编号是以该图幅所在的横行字母与纵列号数组成的。在图幅编号字母前加以 N、S 字母来区分南北半球，但根据我国实际地理位置所处北半球，所以 N 字母省去不写。如首都北京所在的 1∶100 万地形图的图幅编号为 J—50（图 6-3 中阴影线部分）。

2. 1∶10 万比例尺地形图的分幅与编号

1∶10 万比例尺地形图的分幅与编号是在 1∶100 万比例尺地形图的基础上来分幅和编号的。一幅 1∶100 万的地形图划分为 144 幅 1∶10 万的地形图，分别以 1、2、3、…、144 来表示。因此，每幅 1∶10 万的地形图的纬差为 20′，经差为 30′。图 6-4 中，有斜线的小梯形为北京所在的图幅，它的编号为 J—50—5。

3. 1∶5 万、1∶2.5 万、1∶1 万地形图的分幅与编号

这三种比例尺地形图的分幅与编号是在 1∶10 万地形图的分幅与编号的基础上进行的。将一幅 1∶10 万的地形图按纬差 10′、经差 15′的大小，划分为四幅 1∶5 万的地形图，其编号是在 1∶10 万地形图的编号后，加上自身代号 A、B、C、D，如图 6-5 所示，图中阴影线部分为北京所在的 1∶5 万地形图的图号 J—50—5—B。

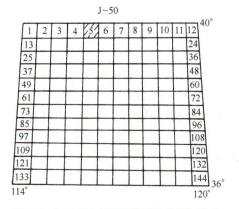

图 6-4　1∶10 万比例尺地形图的分幅与编号

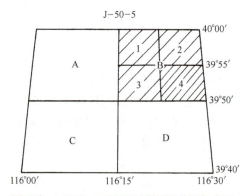

图 6-5　1∶5 万、1∶2.5 万地形图的分幅与编号

每幅 1∶5 万地形图又分为四幅 1∶2.5 万地形图，其编号是在 1∶5 万地形图编号后面，加上自身代号 1、2、3、4，如图 6-5 所示，阴影线较密的那幅图为北京所在的 1∶2.5 万地形图，图号为 J—50—5—B—4。

每幅 1∶10 万地形图，分为 8 行 8 列，共 64 幅 1∶1 万的地形图，分别以（1）、（2）、（3）、…、（64）表示，其纬差是 2′30″，经差是 3′45″。1∶1 万地形图的编号是在 1∶10 万地形图幅号后，加上自身代号所组成，如图 6-6 所示，阴影线部分为北京所在的 1∶1 万地形图的图号 J—50—5—（24）。

4. 1∶5000 比例尺地形图的分幅与编号

1∶5000 地形图分幅与编号是在 1∶1 万地形图的基础上进行的。每幅 1∶1 万地形图分成四幅 1∶5000 地形图，用 a、b、c、d 表示，其纬差是 1′15″，经差是 1′52.5″。1∶5000 地形图的编号，是在 1∶1 万地形图的编号后加上自身的代号，如图 6-7 所示，北京某点所在的 1∶5000 地形图的编号 J—50—5—（24）—b。

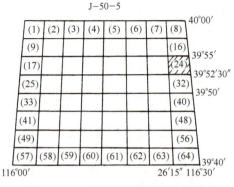

图6-6　1∶1万地形图的分幅与编号

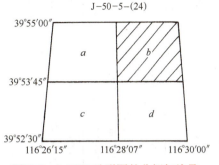

图6-7　1∶5000地形图的分幅与编号

表6-2列出了上述各种比例尺地形图的图幅大小、图幅间的数量关系和以北京某点为例的所在图幅的编号。

表6-2　各种比例尺地形图的图幅大小、图幅间的数量关系及示例

比例尺		1∶100万	1∶10万	1∶5万	1∶2.5万	1∶1万	1∶5000
图幅大小	纬差	4°	20′	10′	5′	2′30″	1′15″
	经差	6°	30′	15′	7.5′	3′45″	1′52.5″
图幅数量关系		1	144 1	576 4 1	2304 16 4 1	9216 64 16 4 1	36864 256 64 16 4
代号字母或数字			1、2、3、…、144	A、B、C、D	1、2、3、4	(1)、(2)、…、(64)	a、b、c、d
图幅编号举例		J—50	J—50—5	J—50—5—B	J—50—5—B—4	J—50—5—(24)	J—50—5—(24)—b

（二）新的分幅编号方法

《国家基本比例尺地形图分幅与编号》（GB/T 13989—2012）从2012年10月1日实施，代替了《国家基本比例尺地形图分幅与编号》（GB/T 13989—1992），适用于1∶1000000～1∶500国家基本比例尺地形图的分幅和编号。其主要特点是便于图幅编号的计算机处理，分幅仍然以1∶1000000地图为基础，经纬差不变，但划分全部由1∶1000000地形图逐次加密划分；编号也以1∶1000000地图编号为基础，由下接相应比例尺的行、列代码所组成，并增加了比例尺代码（表6-3），所有地形图的图号均由5个元素10位编码组成，如图6-8所示。1∶1000000～1∶500地形图的图幅范围、行列数量和图幅的数量关系见表6-4。

表6-3　地形图比例尺代码

比例尺	1∶500000	1∶250000	1∶100000	1∶50000	1∶25000	1∶10000	1∶5000	1∶2000	1∶1000	1∶500
代码	B	C	D	E	F	G	H	I	J	K

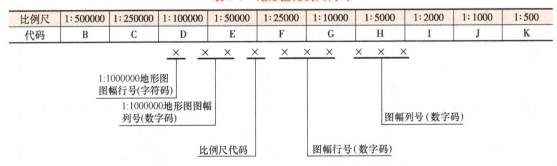

图6-8　1∶500000～1∶5000地形图图幅编号的组成

表 6-4　1:1000000～1:500 地形图的图幅范围、行列数量和图幅数量关系

比例尺		1:1000000	1:500000	1:250000	1:100000	1:50000	1:25000	1:10000	1:5000	1:2000	1:1000	1:500
图幅范围	经差	6°	3°	1°30′	30′	15′	7′30″	3′45″	1′52.5″	37.5″	18.75″	9.375″
	纬差	4°	2°	1°	20′	10′	5′	2′30″	1′15″	25″	12.5″	6.25″
	行数	1	2	4	12	24	48	96	192	576	1152	2304
	列数	1	2	4	12	24	48	96	192	576	1152	2304
行列数量关系		1	4 (2×2)	16 (4×4)	144 (12×12)	576 (24×24)	2304 (48×48)	9216 (96×96)	36864 (192×192)	331776 (576×576)	1327104 (1152×1152)	5308416 (2304×2304)
			1	4 (2×2)	16 (4×4)	144 (12×12)	576 (24×24)	2304 (48×48)	9216 (96×96)	36864 (192×192)	331776 (576×576)	1327104 (1152×1152)
				1	4 (2×2)	16 (4×4)	144 (12×12)	576 (24×24)	2304 (48×48)	9216 (96×96)	36864 (192×192)	331776 (576×576)
					1	4 (2×2)	16 (4×4)	144 (12×12)	576 (24×24)	2304 (48×48)	9216 (96×96)	36864 (192×192)
						1	4 (2×2)	16 (4×4)	144 (12×12)	576 (24×24)	2304 (48×48)	9216 (96×96)
							1	4 (2×2)	16 (4×4)	144 (12×12)	576 (24×24)	2304 (48×48)
								1	4 (2×2)	16 (4×4)	144 (12×12)	576 (24×24)
									1	4 (2×2)	16 (4×4)	144 (12×12)
										1	4 (2×2)	16 (4×4)
											1	4 (2×2)

图幅数量关系=（图幅数量）=行数×列数）

二、正方形分幅和矩形分幅与编号

正方形分幅和矩形分幅的1:2000、1:1000、1:500地形图，其图幅编号一般是按平面直角坐标的纵、横坐标线为界线来分幅的。

如图6-9所示，一幅1:5000的地形图包括四幅1:2000的地形图；一幅1:2000的地形图包括四幅1:1000的地形图；一幅1:1000的地形图包括四幅1:500的地形图。

正方形图廓的规格如表6-5所示。

表6-5 正方形图廓的规格

测图比例尺	图廓大小／ （cm×cm）	实地面积／ （km×km）	一幅1:5000地形图中包含的图幅数	图廓西南角坐标/m
1:5000	40×40	4	1	1000的整倍数
1:2000	50×50	1	4	1000的整倍数
1:1000	50×50	0.25	16	500的整倍数
1:500	50×50	0.0625	64	50的整倍数

正方形图幅的编号有三种方法。

1. 坐标编号法

坐标编号由下列两项组成：
1) 图廓所在投影带的中央子午线经度。
2) 图廓西南角的纵横坐标值，以km为单位。

图6-9所示为1:5000地形图图幅编号。如"117°–3810.0–43.0"表示该图幅所在的中央子午线经度为117°，图幅西南角坐标为$x=3810$km，$y=43$km。

2. 流水编号法

对于带状测区或小面积测区，可按测区统一顺序编号。如图6-10所示，虚线表示某测区范围；数字表示图号，其数字排列一般从左到右，从上到下。

大比例尺地形图主要是供工程设计和施工使用，所以在分幅问题上要从实际出发，根据用图的方便灵活掌握。采用的图廓尺寸可以是40cm×50cm或40cm×60cm等。另外，为了减少图幅的数量和便于用图，还可以按任意坐标线分幅。

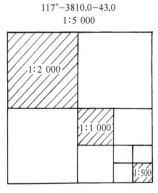

图6-9 正方形分幅与编号

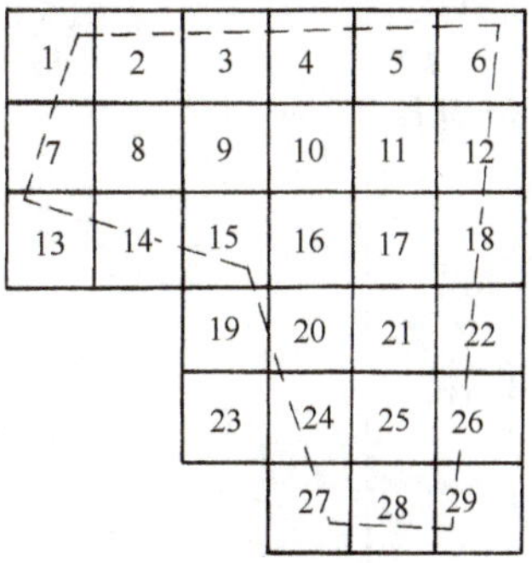

图6-10 流水编号

3. 行列编号法

行列编号法，一般采用以字母（如 A、B、C、D、……）为代号的横行从上到下排列，以阿拉伯数字为代号从左到右排列来编定。如图 6-11 所示，图中灰色区域所示图幅编号为 A–4。

A-1	A-2	A-3	A-4	A-5	A-6	A-7
B-1	B-2	B-3	B-4	B-5		
	C-2	C-3	C-4	C-5	C-6	

图 6-11　行列编号法

第三节　地物及地貌的表示方法

地表面的高低起伏形态称为地貌，如高山、丘陵、盆地等。地面上的固体性物体，统称地物。地物分为两类，一类为自然地物，如河流、森林、湖泊等；另一类为人工地物，如房屋、道路、水库、桥涵、通信和输电线路等。在地形图上，地物是用相似的几何图形或特定的符号表示的。测绘地形图时，将地面上的各种形状的地物按一定的比例，用垂直投影的方法缩绘于地形图上，对难以缩绘的地物，则按特定的符号和要求表示于地面上。由于地物种类繁多，形状各异，要求表示地物的图形、符号要简明，形象要清晰，便于记忆和容易描绘，并能区分地物的种类、性质和数量。对于各种比例尺地形图的地物和地貌的表示方法，我国由国家测绘地理信息局统一制定格式，称为地形图图式。

地形图图式是测绘和出版地形图的基本依据之一，是识读和使用地形图的重要工具。它的内容概括了地物、地貌符号，制定了在地形图上表示的符号和方法，科学地反映其形态和特征。表 6-6 所示为《国家基本比例尺地图图式　第 1 部分：1∶500　1∶1000　1∶2000 地形图图式》（GB/T 20257.1—2007）中所规定的部分测量标志及地物符号。

一、地物的表示方法

地形图上表示各种地物的形状、大小及其位置的符号，称为地物符号，如测量控制点、居民地、独立地物、管线、道路、水系及植被等。根据地物的形状大小和描绘方法的不同，地物符号可分为比例符号、非比例符号、线状符号和充填符号（面积符号）。

表 6-6　地物符号

编号	符号名称	1∶500	1∶1000	1∶2000	编号	符号名称	1∶500	1∶1000	1∶2000
1	三角点 凤凰山——点名 396.486——高程	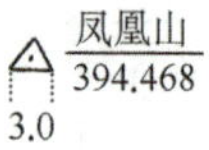	△ 凤凰山 394.468 3.0		3	导线点 I 16——等级点号 84.46——高程	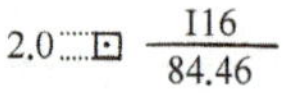	2.0 ▫ I16/84.46	
2	小三角点 横山——点名 95.93 高程	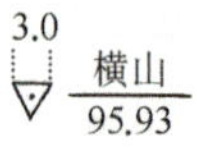	3.0 ▽ 横山/95.93		4	图根点 a）埋石的 N16——等级点号 84.46——高程 b）不埋石的 25——点号 62.74——高程	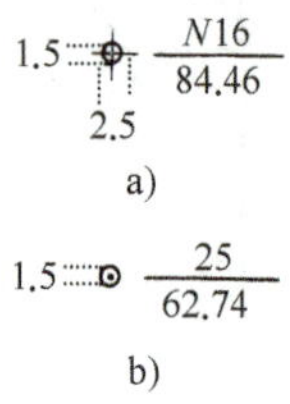	1.5 ⊕ N16/84.46 2.5 a） 1.5 ⊙ 25/62.74 b）	

第六章 地形图的基本知识

(续)

编号	符号名称	1:500	1:1000	1:2000	编号	符号名称	1:500	1:1000	1:2000
5	水准点 Ⅱ京石5——等级点号 32.804——高程	2.0 ⊗	Ⅱ京石5 / 32.804		16	烟囱		3.5 ⌾ 1.0	
6	一般房屋 砖——建筑材料 3——房屋层数	砖3	1.5 ▨	2	17	变电室（所） a) 依比例尺的 b) 不依比例尺的		a) 2.5 ╱60° 0.5 b) 1.0 ⚡ 3.5 1.5	
7	简单房屋		▱		18	路灯		2.0 / 1.5 ⚲ 4.0 / 1.0	
8	地面上的窑洞 a) 住人的 b) 不住人的	a) ⊓ 2.5 2.0 b) ⌒			19	纪念碑	🏛	1.5 ▯ 4.0 3.0	
9	地面下的窑洞 a) 依比例尺的 b) 不依比例尺的	a) ▭ b) ⌒			20	碑、柱、墩	□	▯ 3.0 2.0	
10	廊房	砖3 ⎍ 1.0	▨ 1.0		21	旗杆		1.5 4.0 ⊥ 1.0	
11	台阶	0.5 ⎕ 0.5			22	宣传橱窗 广告牌	1.0 ▭ 2.0		
12	钻孔	3.0 ⊙ 1.0			23	亭	⬡	3.0 1.5 ⌂ 3.0 1.5	
13	燃料库	2.0 ● 煤气			24	岗亭、岗楼、岗墩		90° ⚐ 3.0 1.5	
14	加油站	2.0 ⌶ 3.5			25	庙宇	▣	▲ 2.5 1.2	
15	气象站	3.0 ⌶ 3.5 1.0			26	独立坟	⌘	⌶ 2.0 2.5	

109

（续）

编号	符号名称	1:500	1:1000	1:2000	编号	符号名称	1:500	1:1000	1:2000
27	坟地 a) 坟群 b) 散坟 5——坟个数	a)		b) 2.0	37	消火栓		1.5 2.0 3.5	
					38	阀门		1.5 3.0	
28	水塔		1.0 3.5 1.0		39	水龙头		2.0 3.5	
29	挡土墙 a) 斜面的 b) 垂直的	a) 0.3 5.0 b) 0.3 5.0			40	砖石及混凝土围墙	10.0 10.0	0.3 10.0 0.5	
					41	土围墙	10.0 10.0	0.5	
30	公路	0.15 0.3 沥 砾			42	栅栏、栏杆	10.0 1.0		
31	简易公路	0.15 碎石 0.15			43	篱笆	10.0 1.0		
32	小路	0.3 4.0 1.0			44	活树篱笆	5.0 0.5 1.0		
33	高压线	4.0			45	沟渠 a) 一般的 b) 有堤岸的 c) 有沟堑的	a) b) c)		
34	低压线	4.0							
35	电杆	1.0							
36	电线架								

第六章　地形图的基本知识

（续）

编号	符号名称	1:500	1:1000	1:2000	编号	符号名称	1:500	1:1000	1:2000
46	土堤 a）堤 b）坝	a) 1.5 1.5 3.0 b)	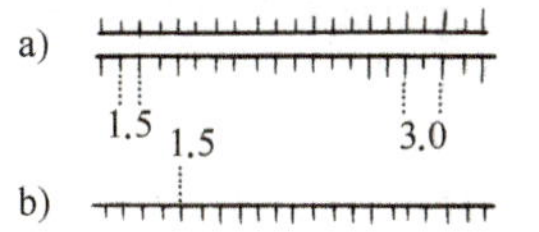		54	陡崖 a）土质的 b）石质的	a)	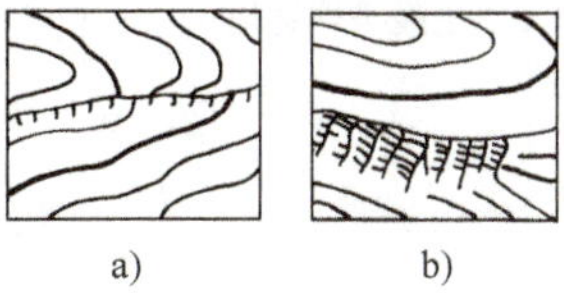 b)	
47	等高线及其注记 a）首曲线 b）计曲线 c）间曲线	a) 0.15 b) 25 0.3 1.0 6.0 c) 0.15	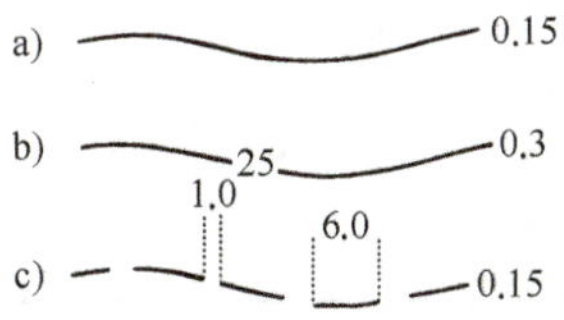		55	冲沟 3.5——深度注记	3.5		
48	示坡线	0.8	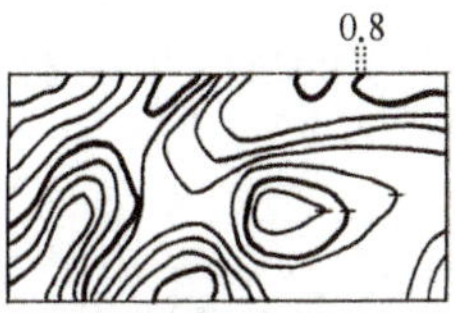		56	散树	○⋯1.5		
49	高程点及其注记	0.5⋯163.2　🌲75.4	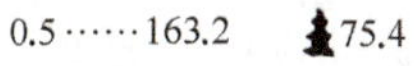		57	独立树 a）阔叶树 b）针叶树 c）果树	a) 3.0 b) 3.0 c) 3.0	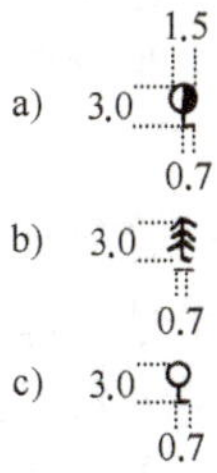 1.5 0.7 0.7 0.7	
50	斜坡 a）未加固的 b）加固的	a) 3.0 b)	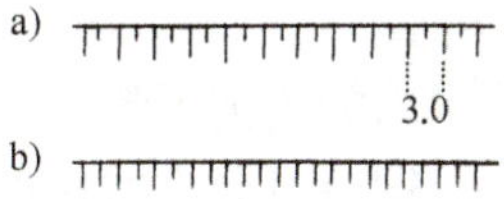		58	行树	10.0 1.0		
51	陡坎 a）未加固的 b）加固的	a) 1.5 b) 3.0	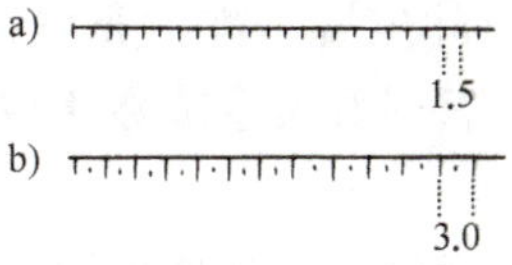		59	花圃	1.5 1.5 10.0 10.0	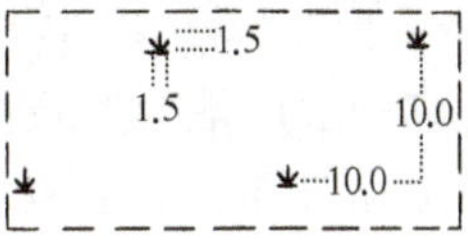	
52	梯田坎	56.4 1.2	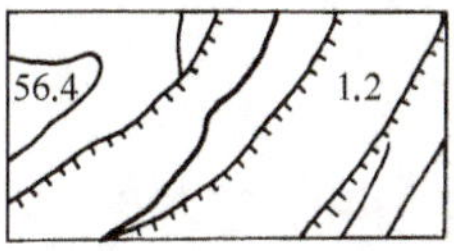		60	草地	1.5 0.8 10.0 10.0	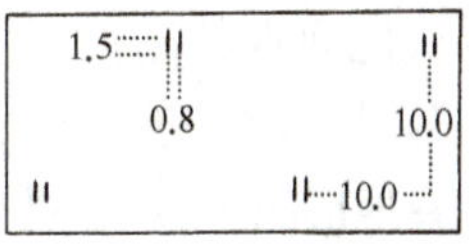	
53	滑坡		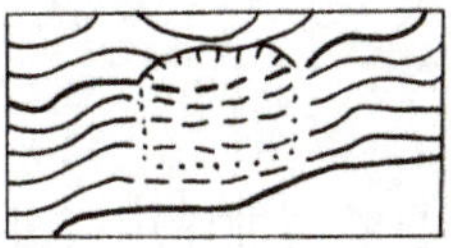		61	经济作物地	0.8 3.0 10.0 蔗 10.0	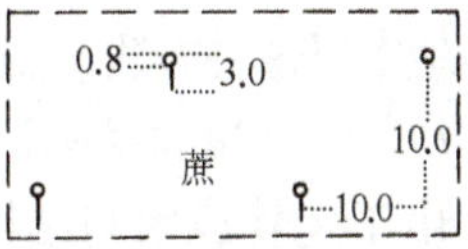	

(续)

编号	符号名称	1:500	1:1000	1:2000	编号	符号名称	1:500	1:1000	1:2000
62	水生经济作物地		0.5 3.0		64	旱地		1.0 2.0 10.0 10.0	
63	水稻田		0.2 2.0 10.0 10.0		65	菜地		2.0 2.0 10.0 10.0	

1. 比例符号

地物的平面轮廓依地形图比例尺缩绘到图上的符号，称为依比例尺绘制的符号，简称比例符号，如房屋、湖泊、农田、森林等。比例符号不仅能反映出地物的平面位置，而且能反映出地物的形状和大小。

2. 非比例符号

有些重要的地物其轮廓较小，按测图比例尺缩小在图上无法表示出来，所以用规定的符号来表示，这种符号不依比例尺绘制，如三角点、水准点、独立树、电杆、水塔等，称为非比例符号。非比例符号只表示物体的中心或中线的平面位置，不表示物体的形状和大小。

3. 线状符号

对于一些狭长地物，如管线、围墙、通信线路等，其长度依比例尺，但其宽度不依比例尺表示的符号，即为半比例尺符号。

上述三种符号的使用界线不是固定不变的，同一种地物，在大比例尺图上采用比例符号，而在中小比例尺上可能采用非比例符号或线状符号。

4. 充填符号

用以表示农业种植土地、牧业草地、森林等范围内的植被类型的符号，并且按照一定的间隔和规定的大小均匀地填绘于相应的区域内，其地域轮廓大小按比例尺测绘的，而充填的单个符号既不表示物体的大小，也不表示物体的实际位置，称为充填符号，又称面积符号。其轮廓一般用地类界表示，而充填符号则用规定的符号和文字或数字说明，进一步表示物体的高度和属性，如草地、花圃、蔗、松4.0等。

在用以上几种符号注记时，为了更好地表达地面情况，还应配以文字、数字的注记或说明以及地面点的高程。

二、地貌的表示方法

在地形图上表示地貌的方法很多。在大比例尺地形图中，通常用等高线来表示地貌。用等高线表示地貌不仅能表示出地面的起伏形态，而且还能科学地表示地面的坡度和地面的高程。为了正确地掌握这种方法，需要对地貌的形态有所了解。

（一）地貌的基本形态

由于地貌成因与结构的不同（内力作用）以及自然侵蚀作用（外力作用），形成了现在比较复杂的地表自然形态。地貌的基本形态可归纳为以下三类：

1. 平地
地面平坦，起伏无明显变化，坡度一般为 0°~6°。

2. 丘陵地
地面起伏不大，但变化复杂，坡度一般为 6°~15°。

3. 山地
地面起伏较大，坡度一般在 15°以上。如图 6-12a 表示山地的综合透视图，图 6-12b 为其相应的等高线图。山地地貌中，山顶、山脊、山坡、山谷、鞍部、盆地（洼地）等为其基本形态。

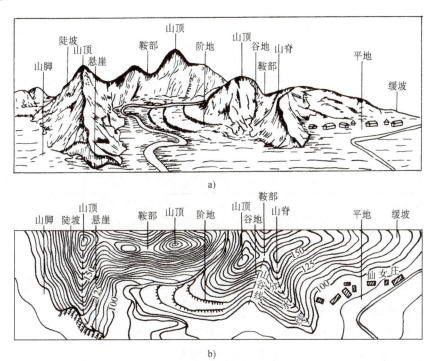

图 6-12 山地地貌的基本形态及其表示

（1）山顶和山峰　山的最高部分称为山顶，尖峭的山顶称为山峰。

（2）山脊和山坡　由山顶延伸至山脚的山的凸棱称为山脊。山脊最高点连成的棱线是分水线或称山脊线。山脊的两侧以谷底为界称为山坡。山坡依其倾斜程度有陡坡与缓坡之分。山坡成竖直状态的称为绝壁，下部凹入的绝壁称为悬崖。

（3）山谷　两山脊间的凹入部分称为山谷，两侧称为谷坡，两谷坡相交部分称为谷地。谷地最低点连线称为合水线或山谷线。谷地出口的最低点称为谷口。因流水的搬运作用堆积在谷口附近的沉积物所形成的一种半圆锥形的高地，称为冲积扇。

（4）鞍部　两个山顶之间形似马鞍的低洼处称为鞍部。

（5）盆地　低于四周的盆形洼地称为盆地。

（二）等高线表示地貌的方法

地面上高程相等的各相邻点所连成的闭合曲线称为等高线，也即相当于以一定高度的水平面横截地面所形成的地面截痕线。

如图 6-13 所示，设想有一座小山，它被 P_1、P_2、P_3 几个高差均为 h 的静止水面相截，则在每个水准面上各得到一条闭合曲线，每一条闭合曲线上的所有点的高程必定相等。显然，曲线的形状就是小山与水面的交线的形状。若将这些曲线竖直地投影到水平面 P 上，便得到能表示该小山形状的几条闭合曲线，即为等高线。若将这些曲线按测图比例尺缩绘到图样上，便是地形图上的等高线。地形图上的等高线比较客观地反映了地表高低起伏的空间形态，而且还具有量度性。

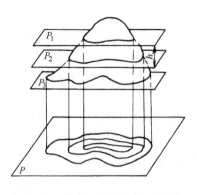

图 6-13　等高线表示地貌的原理

（三）等高距

相邻等高线间的高差，称为等高距；相邻两等高线间的水平距离，称为等高线平距。随着地面坡度的变化，等高线平距也在不断变化。测绘地形图时，等高距选得太小，会使图上等高线数量过多且密集，这不仅增加了野外测图的工作量，而且影响图面的清晰，不便使用。但若等高距选得太大，所表现的地貌会太粗略。在实际工作中，应根据地形的类别和测图比例尺合理选择等高距。表 6-7 为不同地形类别和比例尺的测图等高距。

表 6-7　不同地形类别和比例尺的测图等高距

地形类别 比例尺	平地/m	丘陵地/m	山地及高山地/m
1:1 000	0.5	1	1
1:2 000	0.5	1	2
1:5 000	1	2	5

一个测区应采用同一种等高距，但在大面积测区且地面起伏相差较大时，可允许以图幅为单位采用不同的等高距。等高线的高程必须是所用等高距的整倍数，而不能是任意高程的等高线。如若使用的等高距为 2m，则等高线的高程必须是 2m 的整倍数，如 60m、62m、64m，而不能为 61m、63m 或 60.5m、62.5m 等。

（四）等高线的分类

为更好地表示地貌，地形图上采用下列四种等高线（图 6-14）。

（1）**基本等高线**　按表 6-7 选定的等高距称为基本等高距。按基本等高距测绘的等高线称为基本等高线，又称首曲线，它用细实线描绘。

（2）**加粗等高线**　在用图时，为了计算高程方便，每隔四条基本等高线，加粗描绘的一根称为加粗等高线，又称计曲线。

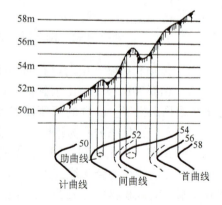

图 6-14　等高线的分类

（3）**半距等高线**　为了显示首曲线不便显示的地貌，按 1/2 基本等高距测绘的等高线称为半距等高线，又称间曲线，一般用长虚线描绘。

（4）辅助等高线　若用半距等高线仍无法显示地貌变化时，可按 1/4 基本等高距测绘等高线，称为辅助等高线，又叫助曲线，一般用短虚线描绘。

表示山头和盆地的等高线均为一系列闭合曲线，为了便于区分，在等高线上沿斜坡下降方向绘一短线垂直于等高线，此短线称为示坡线。

（五）等高线的特性

1）在同一条等高线上的各点高程相等，但高程相等的点，未必都在同一条等高线上。

2）等高线是闭合的曲线。因为一个无限伸展的水平面与地表的交线必为一闭合曲线，而闭合全圈的大小决定于实地的情况，有的可在同一幅图内闭合，有的可能要穿越若干幅图才闭合。因此，若等高线不能在一幅图内自行闭合，则应将等高线测绘至图廓为止，而不能在图内中断。为了使图样清晰，当等高线遇到建筑物、数字注记时，可暂时中断。另外，为表示局部地貌而加绘的间曲线、助曲线等，按规定可以只绘出一部分。

3）等高线不能相交。这是因为不同高程的水平面是不可能相交的。但一些特殊地貌，如陡坎、陡壁的等高线就会重叠在一起，如图 6-15 所示；而悬崖的等高线是可能相交的，如图 6-16 所示。

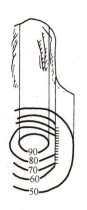

图 6-15　陡壁处的等高线

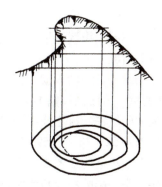

图 6-16　悬崖处的等高线

4）等高线平距的大小与地面坡度的大小成反比。在同一等高距的条件下，若地面坡度越小，则等高线的平距就越大；反之，若地面坡度越大，则等高线的平距就越小。即地面坡度缓和的地方，等高线就稀；而地面坡度陡的地方，等高线就密。

5）等高线与山脊线（分水线）、山谷线（合水线）成正交。因为实地的流水方向都是垂直于等高线的，故等高线应垂直于山脊线和山谷线。如图 6-17 所示，CD 为山谷线，表示山谷的等高线应凸向高处，AB 为山脊线，表示山脊的等高线应凸向低处。

6）通过河流的等高线不会直接横穿河谷，而应沿河谷一侧逐渐转向上游交河岸线而中断，并保证与河岸成正交，然后从彼岸起折向下游，如图 6-18 所示。

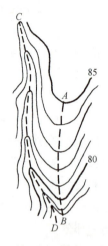

图 6-17 等高线与
山脊线和山谷线正交

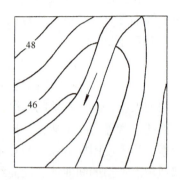

图 6-18 等高线与河流的关系

第四节 地形图的识读

根据用图目的不同，识读地形图的侧重点也不同。看图时通常是从整体开始，逐步深入了解图幅内的有关情况。

一、地形图图廓外注记的识读

如图 6-19 所示，该图是一幅 1:1 万地形图的图廓，图廓外有完整的注记和说明，图名通常用本图内最大的城镇、村庄或明显地物、地貌的名称来表示，如本图幅的图名是"南徐堡"，图号为"L—52—28—（59）"，图号下面的注记表示本幅图所包含的行政区划名称。图的左上角绘有九个小格的接图表，中间绘斜线者为本图的位置，其他八个各有图名，表示与本幅图的邻接关系。图的右上角为图样的保密等级。

图的比例尺注在图廓下方的正中央，有数字比例尺和图示比例尺两种，图的下方还注有测绘和出版时间、成图方法、坐标和高程系统、等高距以及何年出版的图式等。有的地形图图廓外还有图例、文字说明、测图单位以及三北方向线、坡度尺等，其中坡度尺是利用相邻两等高线之间的平距确定地面坡度的图示比例尺。

二、图廓和坐标格网

图廓分为内图廓和外图廓，内图廓是地形图的边界线，图内的地物地貌测至该边线为止。对于跨幅的重要地物，内外图廓之间应予以注明。梯形图幅的内图廓是该幅图实地范围的经线和纬线，图 6-19 中，西图廓的经线是 127°37′30″，南图廓的纬线是 47°00′00″。正方形图幅的内图廓是坐标格网线，在内图廓外注有坐标值，外图廓为图幅的最外边界线，以较粗的实线表示。

三、地物和地貌的识读

识读地物时，往往从图幅内比较集中的居民地开始，根据图上注记，沿着铁路、公路、河流进行，了解测区内的政治、经济、文化中心和交通枢纽等概况。对于大比例尺的地形

第六章 地形图的基本知识

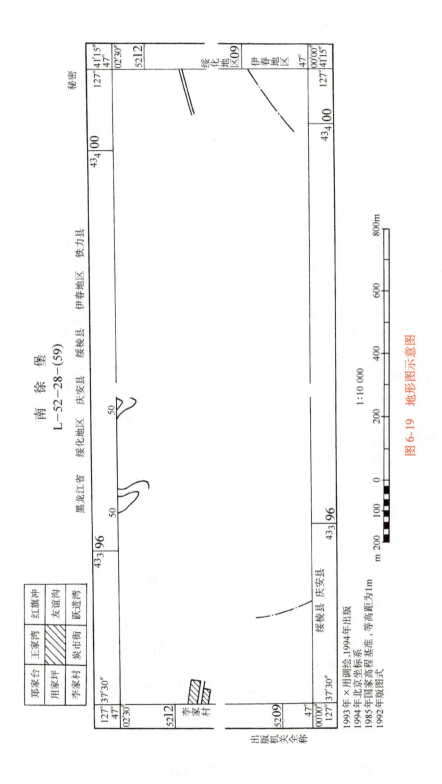

图6-19 地形图示意图

图，由于地物表示得比较详尽，图幅表示的实地面积较小，识读起来更容易。

识读地貌时，应先找构成地貌总轮廓的地性线，如山脊线、山谷线、斜坡变陡变缓线等，判断出地貌总的形态。然后根据等高线表示的地貌特征，判断地貌的名称，如山头、山脊、鞍部等，根据等高线上的注记和等高线的疏密，判断出地势的高低和地面的陡缓。

读图时还应注意地形图的标准方向，一般上方为北，下方为南，这样即可判断出图内地物、地貌的方位。此外，由于国土开发和利用，地貌地物会发生演变，应根据实地情况判断地形图。

第五节　地形图的基本应用

一、求点的坐标和高程

1. 求任一点的坐标

【例 6-2】　如图 6-20 所示，比例尺为 1:5000，欲求 B 点的坐标，其方法是：过 B 点作平行于 x 轴和 y 轴的直线 hf 和 eg，然后用比例尺从该点所在的方格西南角分别量至 f 和 e，得到 365m 和 165m，则 B 点的坐标为

$$x_B = 3000\text{m} + 165\text{m} = 3165\text{m}$$
$$y_B = 1500\text{m} + 365\text{m} = 1865\text{m}$$

2. 求任一点的高程

【例 6-3】　从图 6-20 可以看出，A 点的高程为 110m。B 点位于两条等高线之间，其高程可以用内插法求得。其方法是过 B 点大致垂直于两相邻等高线得线段 mn，然后用比例尺分别量出平距 $mn = 2\text{cm}$，$Bn = 1\text{cm}$，则其比值为

$$K = \frac{Bn}{mn} = 0.5$$

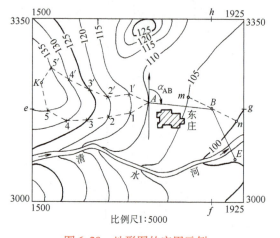

图 6-20　地形图的应用示例

则 B 点高程为

$$H_B = (100 + 0.5 \times 5) \text{ m} = 102.5\text{m}$$

二、确定直线的方位角

在图 6-20 中，欲求直线 AB 的方位角。当精度要求不高时，可以过 A 点做标准方向线，然后用量角器量出 AB 的方位角 α_{AB}。为了提高测量的精度可再量一下 AB 的反方位角 α_{BA}，然后加减 180°后，再取平均值。

当精度要求较高时，可以按前述的方法分别求出 A、B 两点的坐标，然后用坐标反算公式计算出 AB 的边长 D_{AB} 及其方位角 α_{AB}。

三、求两点间的水平距离和坡度

1. 求两点间的水平距离

当精度要求不高时，用比例尺量出图上边长；当精度要求较高时，可以按前面介绍的方法分别求出 A、B 两点的坐标，然后用坐标反算公式计算出 AB 的边长 s_{AB}。

2. 求两点间的坡度

直线的坡度是两端点的高差与其平距之比，用 i 表示，即

$$i = \frac{h}{D} \tag{6-2}$$

式中　i——坡度，一般用千分率（‰）或百分率（%）表示；

　　　h——两端点的高差（m）；

　　　D——水平距离（m）。

【例6-4】　在图6-20中，$D_{BA}=125\text{m}$，$h_{BA}=(110-102.5)\text{m}=7.5\text{m}$，$BA$ 边的坡度为

$$i = \frac{7.5}{125} = 6\%$$

如果要求直线的坡度角 δ，可按式（6-3）计算，即

$$i = \frac{h}{D} = \tan\delta$$
$$\delta = \arctan\frac{h}{D} \tag{6-3}$$

【例6-5】　在图6-20中，$s_{AB}=125\text{m}$，B、A 两点的高程分别为 $H_B=102.5\text{m}$，$H_A=110\text{m}$，则

$$\tan\delta = \frac{H_A - H_B}{D_{AB}} = \frac{110-102.5}{125}\text{m} = 0.06$$
$$\delta = \arctan 0.06 = 3°26'$$

四、按一定方向绘制纵断面图

断面图是显示指定方向地面起伏的剖面图。在道路、管线等工程设计中，为了进行填挖土（石）方量的概算或合理地确定线路的纵坡等，均需较详细地了解沿线方向上地面起伏情况，为此，常根据大比例尺地形图的等高线绘制沿线方向的断面图。如图6-21所示，欲绘制地形图上 MN 方向的断面图，首先在图样上绘出两条互相垂直的坐标轴线，横坐标轴 D 表示水平距离，纵坐标轴 H 表示高程。然后，用两脚规在地形图上自 M 点起沿 MN 方向依次量取两相邻等高线的平距 $M1$、12、…，并以同一比例尺或按需要重新选定比例尺绘在横轴上，得 M、1、2、3、…、N，再根据各点的高程按高程比例作垂线，即得各点在断面图上的位置；最后用圆滑的曲线连接各相邻点，即为直线 MN 的断面图。

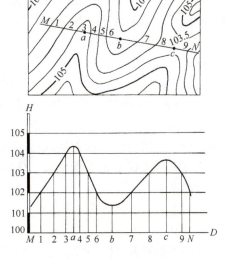

图6-21　求地形图的断面图

为了明显地表示地面的起伏变化情况，断面图上的高程比例尺一般是水平距离比例尺的10倍或20倍。

五、按设计坡度选定最短路线

在道路、管线等工程规划中，一般要求按设计坡度选定一条最短路线或等坡度线。下面

介绍其基本做法。

【例6-6】 如图6-22所示，设从公路旁 A 点到山头 B 点选定一条路线，限制坡度为4%，地形图比例尺为1:2000，等高距为1m。为了满足限制坡度的要求，可根据坡度公式求出该路线通过相邻两条等高线的最小等高线平距，即

$$d = \frac{h}{iM} = \left(\frac{1}{0.04 \times 2000}\right)\text{m} = 0.0125\text{m} = 12.5\text{mm}$$

然后，用两脚规张开12.5mm，先以 A 点为圆心画弧，交81等高线于1点；依次类推，直至 B 点。连接相邻点，便得到同坡度路线 $A—1—2\cdots B$。

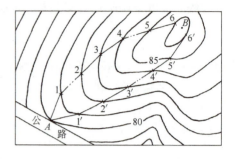

图6-22 按设计坡度选择线路

若所作圆弧不能与相邻等高线相交，则以最小等高线平距直接相连，这样，该线路为坡度小于4%的最短路线，符合设计要求。在图上尚可沿另一方向定出第二条路线 $A—1'—2'\cdots B$，可以作为比较方案。在野外实际工作中，还需要考虑工程上其他因素，如少占或不占良田、避开不良地质条件地段、工程费用最少等，进行修改后确定最佳路线。

六、确定汇水面积

在设计桥梁、涵洞和排水管道等工程时，都需要知道雨水汇集到某个区域的雨水量，这个区域的面积称为汇水面积。

由于地面上的雨水是沿着山脊线向两侧分流，所以汇水范围的确定就是在地形图上自选定的断面起，沿山脊线或其他分水线而求得。如图6-23所示，线路在 M 处要修建桥梁或涵洞，则由山脊线 $bcdefga$ 所围成的闭合图形就是 M 上游的汇水范围的边界线。

确定汇水范围时应注意以下两点：

1）边界线应与山脊线一致，且与等高线垂直。

2）边界线是经过一系列山头和鞍部的曲线，并与河谷的指定断面（图6-23中 M 处的直线）闭合。图上汇水范围确定后，可用面积求算方法求得汇水面积，再根据当地的最大降雨量来确定最大洪水量，作为设计桥涵孔径及管径尺寸的参考。

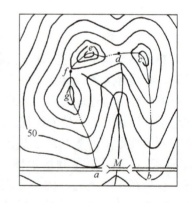

图6-23 确定汇水面积

七、地形图的野外定向和定位

1. 地形图上定向

地形图的野外定向是指确定图样的摆放方向，就是使地形图上的地物、地貌与实地上相应的地物、地貌方位一致。只有定向以后才能正确使用地形图。

地形图定向时，通常是先在实地上找到明显的地物或地貌，如道路、输电线、河流、独立树、烟囱、山头、鞍部、塔等，大致确定读图者在图上的位置，然后在图上找出与实地对应的地物或地貌，转动图样使图上地物、地貌的方向与实地的地物、地貌的方向一致，这样就可确定图样的方向，如图6-24所示。

2. 地形图上定位

在野外使用地形图时，有时需要知道读图者在图上的位置，这时就需要进行图上定位，通常有以下三种方法。

（1）图解交会法 如图 6-25 所示，地形图定向以后，通过图上选定的三个明显的地物点，用照准仪或三棱尺依次瞄准相应的地物，并沿各个方向划直线，其交点 O 即为所求点的位置。

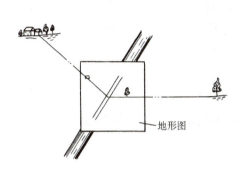

图 6-24 地形图上定向　　　　　图 6-25 地形图上定位

（2）罗盘仪交会法 如图 6-25 所示，用罗盘仪在读图者的位置上分别测出三个明显地物点与站立点连线的磁方位角 α_{O1}、α_{O2}、α_{O3}，通过图上相应的 1′、2′、3′点，绘出相应的反方位角之方向线相交于 O，即为站立点在图上的位置。

（3）目估法 当读图者附近有明显的地物、地貌特征点时，在地形图定向后，可用目估法确定读图者在图上的位置。

第六节　数字地形图的基本应用

对于数字地形图，应用 AutoCAD 主界面中"工具"菜单下"查询"命令中的"点坐标"子命令，即可实现对点位坐标的量测。进行点位坐标量测时，需利用"目标捕捉"命令，实现对独立点、线条端点、中点、交点、圆弧的圆心点等的捕捉，这样才能获得准确的坐标值。由于 AutoCAD 原设置"世界坐标系"为右手坐标系，而"测量坐标系"为左手坐标系，二者的关系为 X 与 Y 坐标对调，故查询出的 X 与 Y 坐标对调才是测量坐标。

由于长度和角度单位涉及表示形式和精度问题，因此量测前必须明确长度和角度的单位、形式和精度，使其符合测绘的惯用规定。打开屏幕"格式"菜单下"单位"命令，选择"图形单位"对话框，如图 6-26 所示，对于"长度"中的类型设置为"小数"；"角度"中的类型设置为"度/分/秒"；"精度"可设置为"0d00′00″"（即显示度分秒为整秒），勾选"顺时针"；按【方向】按钮，显示"方向控制"对话框，其中"基准角度"选择"北"，如图 6-27 所示。

量测 AB 线段的距离和方位角，进入"工具"菜单下"查询"命令中的"距离"子命令，即可实现对距离、方位角的量测，进行量测时需利用"目标捕捉"命令，实现对端点等的捕捉。以图 6-28 为例，进入"距离"命令后，命令行显示"指定第一点"，将光标移至 A 点附近，自动捕捉到 A 点，按鼠标左键确认，命令行显示"指定第二点"，将光标移至

B 点附近,自动捕捉到 B 点,按鼠标左键确认,显示量测结果为"距离 = 992.0167,XY 平面中的倾角 = 47d28′48″(即坐标方位角),与 XY 平面的夹角 = 90d0′0″,X 增量 = 731.1574,Y 增量 = 670.4521,Z 增量 = 0.0000"。

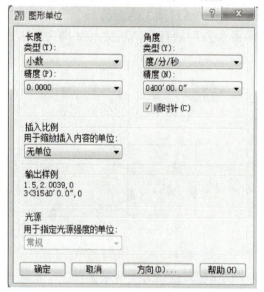

图 6-26　设置图形单位

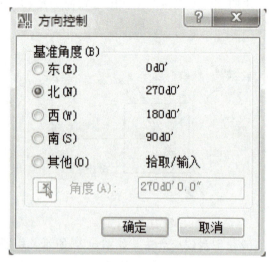

图 6-27　设置方向基准角度

图 6-28　距离及方位角的量测

小　结

1. 比例尺是地形图上某一线段的长度与地面相应线段的水平投影长度之比。比例尺的表示方法包括数字比例尺和图示比例尺。比例尺的精度是地形图上 0.1mm 所能代表的实地水平距离。

第六章 地形图的基本知识

2. 地形图的分幅与编号包括梯形分幅与编号、正方形分幅和编号两种方法。

3. 地面上自然和人工建筑物（构筑物）称为地物。地物在地形图上用地物符号和注记表示。

地物符号可分为比例符号、非比例符号、线状符号和充填符号。

4. 地表面高低起伏的形态称为地貌。地貌在地形图上用等高线表示，地面上高程相等的各相邻点所连成的闭合曲线称为等高线。

等高线分为基本等高线（首曲线）、加粗等高线（计曲线）、半距等高线（间曲线）和辅助等高线（助曲线）。

5. 地形图的识读应遵循从图外到图内，先地物后地貌的原则。根据不同的目的关注不同的信息。

6. 地形图的基本应用包括：①求点的坐标和高程；②确定直线的方位角；③求两点间的水平距离和坡度；④按一定方向绘制纵断面图；⑤按设计坡度选择最短路线；⑥确定汇水面积；⑦地形图的野外定向和定位。

7. 本章还简要介绍了数字地形图的基本应用。

 思考题与习题

1. 什么是地形图的比例尺？比例尺的大小是如何划分的？
2. 什么是比例尺精度？在测绘工作中有何用处？
3. 怎样进行梯形和正方形分幅和编号？
4. 什么是等高线？它有哪些特性？
5. 等高线分为几类？它们各在什么情况下使用？
6. 进行地形图识读时应注意什么问题？
7. 图 6-29 中比例尺为 1∶2000，完成以下作业：

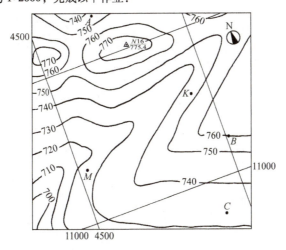

图 6-29

1）求 A、B、C、K、M 各点的高程。
2）求 M、K 两点的大致坐标。
3）求 MK 直线的水平长度。
4）求 MK 直线的正、反方位角。
5）求 BC 直线的倾斜长度。
6）求 AB 直线的剖面图。

第七章

房地产控制测量

学习目标

通过本章学习,熟悉控制测量的概念、控制网的分类及各类控制网的技术要求;掌握导线测量的外业工作内容方法和导线内业计算的步骤和计算公式、三角高程测量的方法和计算公式;了解 GPS 定位原理和 GPS 系统的组成;熟悉利用 GPS 技术进行房地产控制测量的方法步骤。

第一节 控制测量概述

在房地产测绘工作中,为了防止测量误差的积累,满足房产要素测量、房地产图测绘及房产变更测量的需要,使分幅、分区测绘的房地产图能拼接成整体,使整体的房产要素测量能分区实施,就必须遵循测量工作的原则。在进行房产要素测量或房地产图测绘之前,首先要进行整体的控制测量。控制测量是指在整个测区范围内测定一定数量的起控制作用的点的精确位置,以统一全测区的测量工作。控制测量分为平面控制测量和高程控制测量两种。测定控制点平面位置的工作,称为平面控制测量;测定控制点高程的工作,称为高程控制测量。

房地产控制测量是整个房地产测量前期的基础性工作,其目的是为整个房地产测绘工作提供一个准确的控制框架(参考系)和定位基准,并控制误差的传播。其主要作用有:为房产要素测量提供起算控制数据;为房地产图的测绘提供测图控制和起算数据;为房地产测绘资料的变更与修测提供起算数据。

一、平面控制测量

平面控制测量从范围上来讲,可分为国家控制网、城市控制网、房地产控制网以及用于工程建设的专用控制网。建立平面控制网的方法有三角测量、三边测量、边角测量及导线测量、交会测量和 GPS 卫星定位测量。

国家平面控制网按其精度分成一、二、三、四等。其中一等网精度最高，逐级降低；而控制点的密度，则是一等网最小，逐级增大。如图7-1所示，一等三角网一般称为一等三角锁，在全国范围内沿经纬线方向布设，是国家平面控制网的骨干。它除作为扩展平面控制网的基础之外，还可为测量学科研究地球的形状和大小提供精确数据。二等三角网布设于一等三角锁环内，是国家平面控制网的全面基础。三、四等网是在二等三角网基础上的进一步加密，以满足测图和各项工程建设的需要。在某些局部地区，如果采用三角测量有困难时，可布设同等级的导线测量代替，如图7-2所示，其中一、二等导线测量又称为精密导线测量。

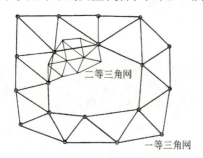

图 7-1　三角网

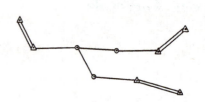

图 7-2　导线

城市平面控制网的布网形式包括 GPS 网、三角网和边角组合网，等级划分依次为二、三、四等三角网和一、二、三级小三角网；导线网依次为三、四等和一、二、三级导线网。为了满足大比例尺地形图的测绘需要，还要在城市各等级控制网的基础上加密图根控制网，作为测绘地形图的直接依据。

房地产平面控制测量控制点网的布设，应遵循从整体到局部、从高级到低级分级布网的原则，也可越级布网。上述国家平面控制网点及城市平面控制网点均可作为房地产测量的控制网点。建筑物密集区房地产平面控制点的密度平均间距应在100m左右，建筑物稀疏区应在200m左右。

各等级三角测量网、三边测量网、导线测量网的主要技术指标见表7-1～表7-3。记录计算和数据处理的数字取位应符合表7-4的规定。

表 7-1　各等级三角测量网的主要技术指标

等级	平均边长 /km	测角中误差 /(″)	起算边边长相对中误差	最弱边边长相对中误差	水平角观测测回数			三角形最大闭合差/(″)
					DJ_1	DJ_2	DJ_6	
二等	9	±1.0	1/300000	1/120000	12			±3.5
三等	5	±1.8	1/200000（首级） 1/120000（加密）	1/80000	6	9		±7.0
四等	2	±2.5	1/120000（首级） 1/80000（加密）	1/45000	4	6		±9.0
一级	0.5	±5.0	1/60000（首级） 1/45000（加密）	1/20000		2	6	±15.0
二级	0.2	±10.0	1/20000	1/8000		1	3	±30.0

第七章 房地产控制测量

表 7-2　各等级三边测量网的主要技术指标

等级	平均边长/km	测距相对中误差	测距中误差/mm	使用测距等级仪	测距测回数 往	测距测回数 返
二等	9	1/300000	±30	Ⅰ	4	4
三等	5	1/160000	±30	Ⅰ、Ⅱ	4	4
四等	2	1/120000	±16	Ⅰ	2	2
				Ⅱ	4	4
一级	0.5	1/33000	±15	Ⅱ	2	
二级	0.2	1/17000	±12	Ⅱ	2	
三级	0.1	1/8000	±12	Ⅱ	2	

注：测距仪的等级按制造厂家给定的 1km 的测距中误差 m_0 的绝对值划分为两级，$|m_0|\leqslant 5mm$ 为 Ⅰ 级；$5mm<|m_0|\leqslant 10mm$ 为 Ⅱ 级。

布设三角测量网和三边测量网时，三角形的内角不应小于 30°，确有困难时，个别角可放宽至 25°。导线应尽量布设成直伸导线，并构成网形；导线布设成结点网时，结点与结点、结点与高级控制点之间附和导线的长度不应超过表 7-3 中附和导线长度的 0.7 倍。当附和导线的长度短于规定长度的 1/2 时，导线全长的闭合差可放宽至 0.12m。

表 7-3　各等级导线测量网的主要技术指标

等级	平均边长/km	附合导线长度/km	每边测距中误差/mm	测角中误差/(″)	导线全长相对闭合差	水平角观测的测回数 DJ_1	水平角观测的测回数 DJ_2	水平角观测的测回数 DJ_6	方位角闭合差/(″)
三等	3.0	15	±18	±1.5	1/60000	8	12		$±3\sqrt{n}$
四等	0.6	10	±18	±2.5	1/40000	4	6		$±5\sqrt{n}$
一级	0.3	3.6	±15	±5.0	1/14000		2	6	$±10\sqrt{n}$
二级	0.2	2.4	±12	±8.0	1/10000		1	3	$±16\sqrt{n}$
三级	0.1	1.5	±12	±12.0	1/6000			3	$±24\sqrt{n}$

注：n 为导线折角的个数。

表 7-4　记录计算和数据处理的数字取位

等级	水平角观测方向值及各项改正数/(″)	边长观测值及各项改正数/m	边长与坐标/m	方位角/(″)
二等	0.01	0.0001	0.001	0.01
三、四等	0.1	0.001	0.001	0.1
一、二、三级	1	0.001	0.001	1

二、高程控制测量

建立高程控制网的主要方法是水准测量。在山区也可以采用三角高程测量的方法建立高程控制网，这种方法不受地形高低起伏的限制，工作速度快、效率高，但其精度比水准测量低。

为了统一全国高程系统，国家采用 1985 年国家高程基准，在全国范围内建立了高程控制网。国家水准测量按精度划分为一、二、三、四等，逐级布设。一等水准网是国家最高等级的高程控制骨干网，它除作为扩展低等级高程控制网的基础外，还为研究地壳的升降、地震等提供依据。二等水准网是一等水准网的加密,是国家高程控制的基础。三、四等水准网为进一步加密网,直接为各种测区提供必要的高程控制。

城市高程控制测量分为水准测量和三角高程测量。城市水准网等级依次划分为二、三、四等。各等级高程控制网均可作为城市的首级高程控制,视城市面积的大小和城市的远景规划而选择。在城市高程控制的基础上可加密大比例尺地形图测绘及市政工程的高程控制。

房地产测绘一般不要求测定界址点和碎部点的高程,但在起伏较大的山城和丘陵城市,对地形变化的特征处要测定特征点的高程,按国家标准《房产测量规范 第1单元:房产测量规定》(GB/T 17986.1—2000)中的规定进行表述,并标出其高程。由于对房地产高程测量并不是普遍要求,即使需要进行高程测量精度要求也较低,这种低精度的高程测量方法很多,国家标准《房产测量规范》没有对此做出规定。房地产控制测量可以参照城市测量规范及地形图测量规范在国家高程控制或城市高程控制的基础上加密。

第二节 导线测量

导线测量是建立房地产测绘平面控制网最常用的方法。由于导线的布设和观测比较简单,精度能够保证,观测速度又快,所以被普遍采用,尤其是在建筑物和树木密集的城镇,导线测量起到了其他方法不能替代的作用。

一、导线的形式

导线是由一系列控制点组成的折线,导线的布设有三种形式。

1. 闭合导线

由某已知点出发,经过若干未知点的连续折线仍回到已知点,形成一个闭合多边形,称为闭合导线,如图7-3所示。

2. 附合导线

由某已知点开始,经过若干点后终止在另一个已知点上,称为附合导线,如图7-4所示。

3. 支导线

由某已知点开始,形成自由延伸的导线,即一端连接在高一级的控制点上,而另一端不与任何高级控制点相连,称为支导线,如图7-5所示。

由于支导线没有附合(闭合)到已知控制点上,测量如果发生错误,无法检核,所以导线应尽量布设成闭合导线或附合导线,并构成网形,在通视条件特别困难的情况下,支导线中未知点的个数也不应超过3个。

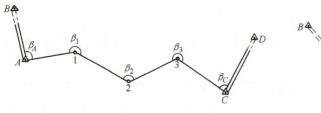

图7-4 附合导线

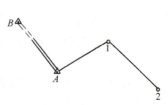

图7-5 支导线

二、导线测量的外业工作

导线测量的外业工作包括踏勘选点、埋设标志、测角量边及导线连测等步骤。

1. 踏勘选点

在导线测量外业工作之前,首先应调查收集本城镇测区已有的地形图和控制点的成果资料,了解测区及其附近的高级控制点的分布、测区的范围及地形起伏情况,然后,按坐标将已知点展绘到原有的地形图上,图上设计导线测量的布设方案,对所使用的仪器进行检验校正。准备工作完成后,到野外实地踏勘,核对已知点位,必要时修改设计方案,选定点位。对于一般导线点,可在地面打一木桩,如图7-6所示,在桩顶钉一小钉以示点位。对于永久导线点,要埋设混凝土桩,如图7-7所示。导线点设置好以后,应进行统一编号。为了便于使用时寻找,应量出导线点与其附近明显地物的距离,绘出草图,注明尺寸,即绘制点之记,如图7-8所示。选点定位时,应注意以下几点:

1)相邻导线点之间要相互通视,便于测角量边。对于钢尺量距导线注意选择的相邻点间的地势应较为平坦。

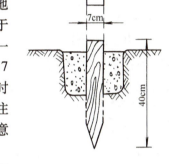

图7-6 一般导线点

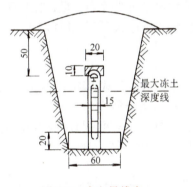

图7-7 永久导线点

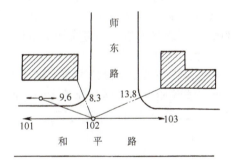

图7-8 点之记

2)点位应选择在土质较为坚实的地方,以便于安置仪器及点位标志的保存。

3)导线点周围视野要开阔,便于低级点的加密和碎部点的测绘。

4)相邻导线点间的距离应大致相等,尽量避免从短边突然过渡到长边或从长边过渡到短边,各级导线边长的规定见表7-3。

5)导线点应均匀地布设在测区内,数量应足够,以便控制整个测区。

2. 角度测量

导线的转折角按测回法进行观测。在导线的结点处,观测方向数多于2个,应采用方向观测法测量结点的水平角。水平角的观测限差应不超过表7-5的规定。转折角有左、右之分,在导线前进方向左侧的水平角称为左角,右侧的水平角称为右角。对于闭合导线若按逆时针编号,则其左角均为内角,反之均为外角。导线测量中,观测左角、右角均可,但对同一导线而言,一定要统一,不能忽左忽右,否则会给内业计算带来很多困难。多个作业组同时观测导线网时,每个组在观测过程中都要绘观测草图,以便于内业计算。各等级导线测角的技术要求见表7-3。

表 7-5 水平角观测限差

经纬仪型号	半测回归零差/(″)	一测回内2c互差/(″)	同一方向值各测回间互差/(″)
DJ$_1$	6	9	6
DJ$_2$	8	13	9
DJ$_6$	18	30	24

3. 边长测量

导线边长可用光电测距仪测定。光电测距时应测定气象数据，二、三、四等导线边的温度测记至0.2℃，气压测记至0.5h Pa；一、二、三级导线边的温度测记至1℃，气压测记至1h Pa。由于测距仪测定的是倾斜边长，所以还应观测竖直角，进行倾斜改正。各等级导线边光电测距的各项限差见表7-6。

表 7-6 光电测距限差

仪器精度等级	一测回读数较差/mm	单程读数差/mm	往返测或不同时段观测结果较差
Ⅰ级	5	7	$2(a+b\times D)$
Ⅱ级	10	15	

注：a、b 为光电测距仪的标称精度指标，a 为固定误差，单位为 mm；b 为比例误差，单位为 mm/km；D 为测距边长，单位为 km。

导线边也可用钢尺丈量。由于钢尺量边精度低，受地形限制较大，一般用于二、三级导线测量，应按钢尺精密量距的方法进行丈量。在地势平坦地区可沿地表丈量，在丘陵地区应采用悬空丈量的方法丈量。对于二级导线边，换算为水平边长后其相对误差不应大于1/10000；三级导线边，不应大于1/6000。

4. 导线连测

导线连测是指新布设的导线与高级控制点的连接测量，目的是取得新布设导线的起算数据，即导线起始点的坐标及起算边的方位角。图7-3所示的闭合导线与A、B两个高级点相连接，需要测定定向角β_0进行定向。图7-4所示的附合导线也是两端与高级点相连接，要测连接角β_A、β_B进行导线定向。连接角应按高一等级导线的测回数进行观测，观测方法与导线折角的方法相同。

导线测量的外业成果要使用规定的表格用铅笔进行认真记录，字体要端正、清楚，对读错、听错、记错的数据，轻轻划掉，不能涂改，外业观测手簿要妥善保存。

三、导线测量的内业工作

导线测量的内业工作是要计算出各导线点的坐标，作为房产要素测量的依据，把导线点展绘在图样上，作为施测房地产图的图根控制。

在进行导线内业计算之前，应先全面检查导线测量的外业手簿是否有漏记、错记、算错及外业成果是否符合精度要求。如果发现有不符合要求的情况，要先进行补测。然后绘制导线略图，如图7-9所示，注上观测角值、实测边长、起点的坐标和起算边的方位角等，以便进行导线的坐标计算。

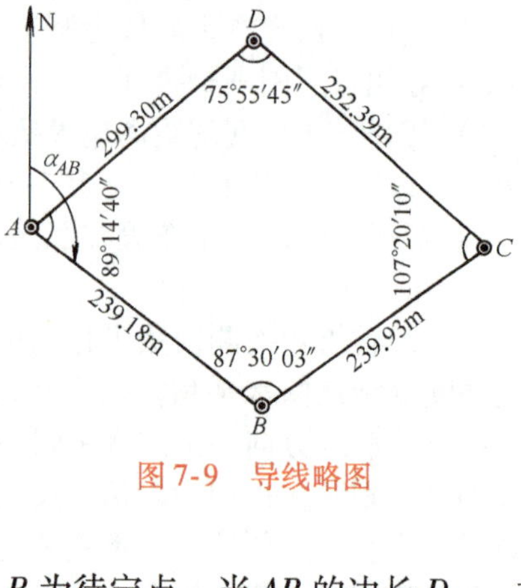

图 7-9 导线略图

（一）坐标计算的基本公式

如图7-10所示，设A为已知点，其坐标为x_A、y_A，B为待定点。当AB的边长D_{AB}、方位角α_{AB}已知时，则A、B两点间的坐标增量Δx_{AB}和Δy_{AB}为

$$\left.\begin{array}{l}\Delta x_{AB} = x_B - x_A = D_{AB}\cos\alpha_{AB} \\ \Delta y_{AB} = y_B - y_A = D_{AB}\sin\alpha_{AB}\end{array}\right\} \quad (7\text{-}1)$$

B 点的坐标为

$$\left.\begin{array}{l}x_B = x_A + \Delta x_{AB} \\ y_B = y_A + \Delta y_{AB}\end{array}\right\} \quad (7\text{-}2)$$

式 (7-1) 中 Δx_{AB} 和 Δy_{AB} 的正负号由 $\cos\alpha_{AB}$ 和 $\sin\alpha_{AB}$ 的正负来决定。

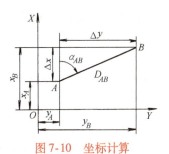

图 7-10　坐标计算

以上根据边长和方位角计算坐标的过程，称为坐标正算；反之，根据 A、B 两点的坐标，计算 AB 直线的长度和方位角，则称为坐标反算，按以下公式计算。

$$\tan R_{AB} = \left|\frac{y_B - y_A}{x_B - x_A}\right| = \left|\frac{\Delta y_{AB}}{\Delta x_{AB}}\right| \quad (7\text{-}3)$$

$$R_{AB} = \arctan\left|\frac{\Delta y_{AB}}{\Delta x_{AB}}\right| \quad (7\text{-}4)$$

$$D_{AB} = \frac{\Delta x_{AB}}{\cos\alpha_{AB}} = \frac{\Delta y_{AB}}{\sin\alpha_{AB}} \quad (7\text{-}5)$$

或

$$D_{AB} = \sqrt{\Delta x_{AB}^2 + \Delta y_{AB}^2} \quad (7\text{-}6)$$

按式 (7-3) 计算出的 R_{AB} 是小于 90°的锐角，而由定义可知，方位角是 0°～360°的正角，因此，应根据 Δx 和 Δy 的正负号确定 R_{AB} 所在的象限，再由象限角与方位角的关系确定 AB 的方位角。

（二）闭合导线计算

闭合导线是由折线组成的多边形，因而，闭合导线应满足两个几何条件，一个是多边形内角和或外角和条件；另一个是坐标条件，即从起始点开始，逐点推算导线点的坐标，最后推算到起始点，推算出的坐标应该等于该点的已知坐标。

闭合导线的内业计算步骤如下：

1. 角度闭合差的计算与调整

根据平面几何原理可知，n 条边的多边形其内角和或外角和的理论值应分别为

内角和　　　　　　　　$\sum\beta_{\text{th}} = (n-2)\times 180°$ 　　　　　　(7-7)

外角和　　　　　　　　$\sum\beta_{\text{th}} = (n+2)\times 180°$ 　　　　　　(7-8)

设闭合导线的实测内角（外角）的总和为 $\sum\beta_m$，则导线内角和的观测值与理论值的差值称为角度闭合差。令 f_β 表示角度闭合差，则

$$f_\beta = \sum\beta_m - \sum\beta_{\text{th}} \quad (7\text{-}9)$$

角度闭合差 f_β 的大小，在一定程度上说明角度观测的质量，对于不同等级的导线测量，其角度闭合差的允许值 $f_{\beta p}$ 见表 7-3 中的规定。如果 $f_\beta \leqslant f_{\beta p}$，则说明测角误差在允许的范围内，可以进行角度闭合差的调整；如果 $f_\beta > f_{\beta p}$，则说明测角精度低，不符合规范要求，对于这种情况，应首先分析超限的原因，检查记录和计算是否有误，有针对性地进行检查、补测角度。

当角度闭合差符合规范要求时，角度闭合差的调整方法是"反符号平均分配"，即将角

度闭合差按相反的符号平均分配到各观测角值中，每个角度的改正数为

$$v_\beta = -\frac{f_\beta}{n} \tag{7-10}$$

式中 v_β——角度改正数（″）；

f_β——角度闭合差（″）；

n——闭合导线内角（外角）的个数。

如果角度闭合差的数值不能被导线的折角个数整除而有余数时，可将余数调整分配在短边的邻角上，使调整后的角度总和等于理论值。

【例7-1】 将图7-9所示导线的有关数据填入表7-7。在表中，三级导线角度闭合差的允许值为 $f_{\beta p} = \pm 24″\sqrt{4} = \pm 48″$，$f_\beta = +38″$，所以 $f_\beta \leqslant f_{\beta p}$，可以将角度闭合差反符号平均分配到各角中，由于38″不能被4整除，而 DC 边又较短，因而，在 C、D 两点的转角上各多分配 $-1″$。

表7-7 闭合导线计算表

点号	观测角值	改正后角值	坐标方位角	边长/m	坐标增量/m		坐标/m	
					Δx	Δy	x	y
1	2	3	4	5	6	7	8	9
A			133°46′40″	239.181	0.031 −165.480	−0.004 172.696	8 540.000	5 500.000
B	−9″ 87°30′08″	87°29′54″					8 374.551	5 672.692
			41°16′34″	239.930	0.031 180.317	−0.004 158.279		
C	−10″ 107°20′10″	107°20′00″					8 554.899	5 830.967
			328°36′34″	232.388	0.030 198.375	−0.004 −121.044		
D	−10″ 75°55′40″	75°55′35″					8 753.304	5 709.919
			224°32′09″	299.299	0.040 −213.344	−0.004 −209.915		
A	−9″ 89°14′40″	89°14′31″					8 540.000	5 500.000
			133°46′40″					
Σ	360°00′38″	360°00′00″		1 010.798	−0.132	+0.016		
计算 公式	$\Sigma\beta_m = 360°00′38″$　　$f_{\beta p} = \pm 24″\sqrt{4} = \pm 48″$　　$W_D = \sqrt{W_x^2 + W_y^2} = 0.133\text{m}$ $\Sigma\beta_{th} = 360°$　　$W_x = -0.132\text{m}$　　$K = \dfrac{W_D}{\Sigma D} = \dfrac{0.133}{1\ 010.798} \approx \dfrac{1}{7\ 600}$ 　　　　　　　　$f_\beta = +38″$　　$W_y = +0.016\text{m}$							

2. 各导线边坐标方位角的推算

导线边坐标方位角由起始边方位角根据调整后的角度，按式（3-24）或式（3-25）推算，即

$$\alpha = \alpha' + \hat{\beta}_L \pm 180° \quad \text{（适于左转角）}$$
$$\alpha = \alpha' - \hat{\beta}_R \pm 180° \quad \text{（适于右转角）}$$

式中 $\hat{\beta}_L$ 和 $\hat{\beta}_R$——改正后的转角。

如表7-7中，BC 边的方位角为

$$\alpha_{BC} = \alpha_{AB} + \hat{\beta}_B - 180°$$
$$= 133°46′40″ + 87°29′54″ - 180° = 41°16′34″$$

其他边坐标方位角的计算见表7-7的第四列。

为了检核坐标方位角的计算是否正确，最后应推算回到起始边，看推出的坐标方位角是否与起始边的已知坐标方位角相等。如不相等，则说明推算过程有误，应查明原因，予以纠正。

3. 坐标增量的计算及坐标增量闭合差的调整

坐标增量按式（7-1）计算。

如表7-7中，BC边的坐标增量为

$$\Delta x_{BC} = D_{BC} \times \cos\alpha_{BC} = 239.930m \times \cos41°16'34'' = 180.317m$$

$$\Delta y_{BC} = D_{BC} \times \sin\alpha_{BC} = 239.930m \times \sin41°16'34'' = 158.279m$$

其他边的坐标增量的计算见表7-7中的第六、七列。

由几何原理，闭合导线各边坐标增量代数和的理论值应为零，即

$$\left.\begin{array}{l} \sum x_{th} = 0 \\ \sum y_{th} = 0 \end{array}\right\} \tag{7-11}$$

由于角度和边长测量中不可避免地存在误差，尽管对角度进行了闭合差调整，使得方位角推算能够闭合，但边长还存在误差，因而导致由边长和方位角计算出的纵、横坐标增量有误差，代数和$\sum \Delta x_m$和$\sum \Delta y_m$一般不等于零，而是等于某个数值，这两个数值称为坐标增量闭合差，分别用W_x和W_y表示，即

$$\left.\begin{array}{l} W_x = \sum \Delta x_m \\ W_y = \sum \Delta y_m \end{array}\right\} \tag{7-12}$$

由于坐标增量闭合差的存在，使得闭合导线由起始点A出发最后闭合不到A点，而是落在了A'点，产生了差距AA'，如图7-11所示，这段差距称为导线全长闭合差，用W_D表示。

用坐标增量闭合差可计算导线全长闭合差，即

$$W_D = \pm\sqrt{W_x^2 + W_y^2} \tag{7-13}$$

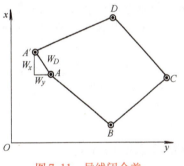

图7-11 导线闭合差

导线全长闭合差W_D主要是由量边误差引起的。就一般观测条件而言，导线越长，导线的全长闭合差就越大。因此，单纯用导线全长闭合差不能正确反映导线测量的精度，通常采用导线全长闭合差W_D与导线全长$\sum D$的比值来评定导线测量的精度，这个比值称为导线全长相对闭合差，以K表示，即

$$K = \frac{W_D}{\sum D} = \frac{1}{\frac{\sum D}{W_D}} \tag{7-14}$$

导线全长闭合差K值的分母越大，表明导线测量的精度越高。不同等级的导线其相对精度要求不一样，具体要求见表7-3。如果导线全长相对闭合差K小于等于导线全长相对闭合差的允许值K_p，则可按反符号与边长成正比的原则，对坐标增量闭合差进行调整，分配至坐标增量中，即

$$\left.\begin{array}{l} \Delta \hat{x}_{ij} = \Delta x_{ij} + \vartheta_{x_{ij}} \\ \Delta \hat{y}_{ij} = \Delta y_{ij} + \vartheta_{y_{ij}} \end{array}\right\} \tag{7-15}$$

式中 $\Delta\hat{x}_{ij}$、$\Delta\hat{y}_{ij}$——改正后的纵、横坐标增量；

$\vartheta_{x_{ij}}$、$\vartheta_{y_{ij}}$——坐标增量改正数。

$$\left.\begin{array}{l}\vartheta_{x_{ij}} = -\dfrac{W_x}{\sum D}D_{ij}\\ \vartheta_{y_{ij}} = -\dfrac{W_y}{\sum D}D_{ij}\end{array}\right\} \tag{7-16}$$

坐标增量改正数应满足以下条件

$$\left.\begin{array}{l}\sum\vartheta_x = -W_x\\ \sum\vartheta_y = -W_y\end{array}\right\} \tag{7-17}$$

改正后的坐标增量的代数和应等于零。

4. 导线点的坐标计算

由起始点的已知坐标和改正后的坐标增量可依次推算各导线点的坐标，即

$$\left.\begin{array}{l}x_j = x_i + \Delta\hat{x}_{ij}\\ y_j = y_i + \Delta\hat{y}_{ij}\end{array}\right\} \tag{7-18}$$

按式（7-18）推算出闭合导线最后一个点的坐标后，还应再推算出起始点的坐标，如果推算出的坐标与已知坐标相等，则说明计算正确无误，否则应分析原因，予以检查纠正。

图 7-9 中各导线点坐标的计算见表 7-7 中第八、九列。

（三）附合导线内业计算

附合导线内业计算步骤与闭合导线计算基本相同，由于附合导线的几何形式与闭合导线不同而引起的角度闭合差和坐标增量闭合差的计算不一样，下面主要介绍两者的两个不同点。

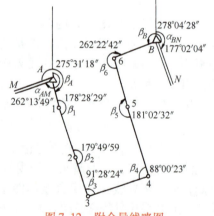

图 7-12 附合导线略图

1. 角度闭合差的计算

如图 7-12 所示，附合导线的首尾各有一条坐标方位角已知的边，一般将其称为始边和终边，始边的已知坐标方位角为 α_{MA}，终边的已知方位角为 α_{BN}。根据坐标方位角的计算公式和左转角的观测值，有

$$\alpha_{12} = \alpha_{MA} + \beta_1 \pm 180°$$
$$\alpha_{23} = \alpha_{12} + \beta_2 \pm 180° = \alpha_{MA} + (\beta_1 + \beta_2) \pm 2\times180°$$
$$\vdots$$
$$\alpha'_{BN} = \alpha_{(n-1)n} + \beta_n \pm 180° = \alpha_{MA} + (\beta_1 + \beta_2 + \cdots + \beta_n) \pm n\times180°$$

即 $\alpha'_{BN} = \alpha_{MA} + \sum\limits_{i=1}^{n}\beta_i \pm n\times180°$

式中 α'_{BN}——推算出的终边的坐标方位角。

由于角度观测误差的影响，推算出的终边坐标方位角 α'_{BN} 与已知方位角 α_{BN} 不完全相等，而产生了角度闭合差 f_β，即

$$f_\beta = \alpha'_{BN} - \alpha_{BN} \qquad (7\text{-}19)$$

附合导线角度闭合差的调整分配方法与闭合导线相同。

【例7-2】 图7-12所示的附合导线的有关已知数据和观测数据见表7-8。从表7-8可知

$$\alpha_{MA} = 82°13'49'' \qquad \alpha_{BN} = 177°02'04'' \qquad \sum_{i=1}^{n}\beta_i = 1\,534°49'22''$$

$$f_\beta = 1\,534°49'22'' + 82°13'49'' - 177°02'04'' \pm 8 \times 180° = +67''$$

角度闭合差的调整分配见表7-8 第二列。

表7-8 附合导线计算表

点号	观测角	改正后角值	坐标方位角	边长/m	坐标增量/m		坐标值/m	
					Δx	Δy	x	y
1	2	3	4	5	6	7	8	9
M								
A	−8″ 275°31′26″	275°31′18″	82°13′49″				9002.784	2653.381
			177°45′07″	30.116	−30.393	+2 +1.193		
2	−8″ 178°28′37″	178°28′29″					8972.391	2654.576
			176°13′36″	56.969	+1 −56.846	+4 +3.749		
3	−9″ 179°50′08″	179°49′59″					8915.546	2658.329
			176°03′35″	34.291	−34.210	+2 +2.356		
4	−9″ 91°28′33″	91°28′24″					8881.336	2660.587
			87°31′59″	64.558	+2.779	+4 +64.498		
5	−8″ 88°00′31″	88°00′23″					8884.115	2725.189
			355°32′22″	65.823	+1 +65.624	+4 −5.119		
6	−8″ 181°02′40″	181°02′32″					8949.740	2720.074
			356°34′54″	54.497	+1 +54.400	+4 −3.249		
7	−9″ 262°22′51″	262°22′42″					9004.141	2716.829
			78°57′36″	38.463	+7.365	+2 +37.751		
B	−8″ 278°04′36″	278°04′28″					9011.506	2754.582
			177°02′04″					
N								
Σ	1534°49′22″	1534°48′15″		345.017	+8.719	+101.179		

计算公式:

$\alpha'_{BN} = \alpha_{MA} + \sum\beta_m - n \times 180° = 177°02'51''$

$f_\beta = \alpha'_{BN} - \alpha_{BN} = +47''$

$f_{\beta p} = \pm 24''\sqrt{8} = \pm 68''$

$W_x = -0.003\text{m} \qquad W_y = -0.022\text{m}$

$W_D = \sqrt{W_x^2 + W_y^2} = \sqrt{0.003^2 + 0.022^2}\text{m} = 0.022\text{m}$

$K = \dfrac{W_D}{\sum D} = \dfrac{1}{\dfrac{345.017}{0.022}} \approx \dfrac{1}{15\,600}$

2. 坐标增量的计算与坐标增量闭合差的调整

根据式（7-1）可以逐一计算出各点间的坐标增量，由于测角和量边都不可避免地存在误差，故计算出的始、终点的坐标增量的代数和与已知值之间存在差值，即附合导线坐标增量闭合差，其计算公式为

$$\left.\begin{array}{l}W_x = \sum \Delta x_m - (x_f - x_0) \\ W_y = \sum \Delta y_m - (y_f - y_0)\end{array}\right\} \quad (7\text{-}20)$$

式中 x_0、y_0——附合导线起始点的纵、横坐标；

x_f、y_f——附合导线终点的纵、横坐标。

在例 7-2 中

$$W_x = 8.719\text{m} - (9\,011.506\text{m} - 9\,002.784\text{m}) = -0.003\text{m}$$
$$W_y = 101.179\text{m} - (2\,754.582\text{m} - 2\,653.381\text{m}) = -0.022\text{m}$$

附合导线坐标增量闭合差的调整分配与闭合导线的方法相同。附合导线计算的全过程见表 7-8。

（四）支导线内业计算

支导线一端与已知点相连，而另一端不闭合（附合）到任何已知点上，它没有任何几何条件约束，因而其坐标计算就不必进行角度闭合差和坐标增量闭合差的计算与调整，可直接根据观测的转角推算各边的坐标方位角，进而由各边的边长和坐标方位角计算坐标增量，最后依次计算出各导线点的坐标。

四、导线测量粗差查找

在导线计算中，如果发现闭合差超限，首先应检查外业观测记录和内业计算的数据抄录及计算。如果都没有发现问题，则说明导线的边长测量或角度测量中有粗差，必须返工重测。但全部重测的费用和时间花费往往较大，因此如果能在重测前分析判断出错误可能发生的地方，可以节省大量返工时间。

1. 一个转折角有粗差的查找方法

如图 7-13 所示，设闭合导线的第 3 个点上的转折角 β_3 发生了 $\Delta\beta$ 的错误，使角度闭合差超限。在查找测角错误点时，一种方法是通过一定比例展绘导线的方法来发现测角错误点，另一种方法是分别从导线两端的已知点和已知方位角出发，按支导线计算各点的坐标，

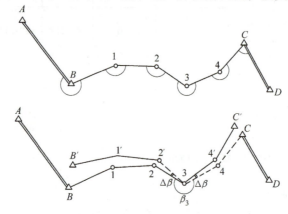

图 7-13　导线测量中一个转折角测错

由此得到两套坐标。如果某一导线点的两套坐标值非常接近，则该点的转折角最有可能测错。对于闭合导线，同样可用此方法查找。

2. 一条边长有粗差的查找方法

当导线的角度闭合差符合限差要求而导线全长闭合差超限时，说明边长测量有粗差。如图 7-14 所示，设导线边 4-5 发生测距粗差，而其他各边和各角没有粗差。因此从第 4 点开始及以后各点均产生一个平行于导线边 4-5 的位移量。如果其他各边和各角的偶然误差忽略不计，则计算得到的导线全长闭合差的数值即等于该边的测距粗差，闭合差向量的方位角等于或接近与边 4-5 的方位角，即

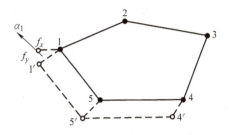

图 7-14 导线测量中一条边测错

$$\begin{cases} f = \sqrt{f_x^2 + f_y^2} \\ \alpha_f = \arctan \dfrac{f_y}{f_x} \end{cases} \tag{7-21}$$

据此与导线计算中各边的方位角对照，可以找出可能有测距粗差的导线边。

第三节　高程控制测量

房地产高程控制测量可采用水准测量或三角高程测量的方法进行。房地产图很多情况下需要在大比例尺地形图的基础上加工而成，《房产测量规范　第 1 单元：房产测量规定》(GB/T 17986.1—2000) 规定，利用航空摄影测量方法测绘 1:500、1:1 000 房产平面图，相片控制测量高程控制点和平高控制点相对邻近高程控制点的高程中误差不超过 ±0.1m。水准测量在第一章已述，本节主要讲述三角高程测量。

当地面起伏较大时，若用水准测量作为高程控制，则困难大、工作效率低，此时可考虑采用三角高程测量。

一、三角高程测量原理

三角高程测量是根据两点间的水平距离和竖直角计算这两点间的高程。如图 7-15 所示，已知点 A 的高程 H_A，现欲求点 B 的高程 H_B。在点 A 安置经纬仪并量取仪器高 i，在点 B 立觇标并量取其高度 v，测定竖直角 α。若已知（或测出）A、B 两点间的水平距离 D，则 A、B 两点间的高差为

$$h_{AB} = D\tan\alpha + i - v \tag{7-22}$$

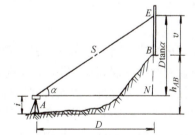

图 7-15 三角高程测量原理

若直接测得 A、B 两点间的倾斜距离 S，则 A、B 两点高差为

$$h_{AB} = S\sin\alpha + i - v \tag{7-23}$$

这样，点 B 的高程为

$$H_B = H_A + h_{AB} \tag{7-24}$$

在实际工作中,从点 A 向点 B 观测称为直觇,从点 B 向点 A 观测称为反觇。采用直、反觇观测不仅可以提高精度,而且还可检核观测中的错误。直、反觇的高差较差不超过 0.4m/km,则取其平均值作为待定点的高程。

当两点之间的距离较长(大于 300m)时,应考虑地球曲率和大气折光对高差的影响,施加改正数。在绪论中已经讨论过地球曲率改正数为

$$f_1 = \Delta h = \frac{D^2}{2R}$$

式中　D——两点间的水平距离;
　　　R——地球平均半径。

在观测竖直角时,由于大气分布密度的不均匀,视线受大气折光的影响而成为一条向上拱起的曲线,导致所测的竖直角总是偏大。因大气折光由温度、气压、日照、时间、地表起伏情况及视线高度等诸多因素而定,因而很难对其做精确的估算,其近似改正公式为

$$f_2 = -K\frac{D^2}{2R} \tag{7-25}$$

式中　K——大气垂直折光因数,其经验值为 $K=0.14$。

上述两项改正的综合影响称为球气差改正,其值为

$$f = f_1 + f_2 = (1 - 0.14)\frac{D^2}{2R} = 0.43\frac{D^2}{R} \tag{7-26}$$

考虑球气差改正后 A、B 两点间的高差为

$$h_{AB} = D\tan\alpha + i - v + f \tag{7-27}$$

或

$$h_{AB} = S\sin\alpha + i - v + f$$

对单向三角高程测量球气差影响必须进行改正,但对于双向三角高程测量,则不必进行改正。

二、房地产控制测量中的三角高程测量

在房地产测量中,主要是用三角高程测量的方法测定低等级平面控制点的高程。三角高程测量一般与平面控制测量同时进行,随平面控制测量的方法不同,房地产三角高程控制测量通常有以下几种形式。

1. 经纬仪三角高程测量

平面控制网为三角网、三角锁时,在各控制点观测各方向水平角的同时观测竖直角,并量取测站的仪器高 i 和目标的高度 v,竖直角观测的测回数和限差要求见表 7-9。由于各控制点都观测了竖直角,因而,就使得每条边都是双向观测。平面控制测量内业计算结束后,各控制点之间的距离对于三角高程测量内业计算来讲就是已知值。这样就可以从已知点起算,选择竖直角较小且边长较短的各边组成三角高程推算路线,根据实际情况推算路线既可是闭合路线,也可是附合路线。先推算路线上各边的高差,再推算路线的总高差。在整条路线的

表 7-9　竖直角观测的测回数和限差要求表

仪器 项目 等级	四等及一、二级小三角网		一、二、三级导线	
	DJ₂	DJ₆	DJ₂	DJ₆
测回数	2	4	1	2
测回间较差	15″	25″	15″	25″

总高差推出后，根据已知点的高程计算路线高差闭合差，如果符合表 7-10 的规定要求，则按水准测量的方法将闭合差反符号按与边长成正比进行调整，然后计算路线上各点的高程。

表 7-10　三角高程测量技术要求表

仪器类型	中丝法测回数		竖直角及指标差较差/(″)	对向观测高差、单向两次高差较差/m	各方向推算的高程较差/m	附合路线或环线闭合差	
	经纬仪三角高程测量	光电测距三角高程测量				经纬仪三角高程测量/m	光电测距三角高程测量/m
DJ_6	1	对向 1 单向 2	≤25	≤0.4s	≤0.2H_c	$-0.1H_c \sim$ $+0.1H_c$	$-0.4\sqrt{D} \sim$ $0.4\sqrt{D}$

注：1. S 为水平边长，单位为 km；H_c 为基本等高距，单位为 m；D 为测距边边长，单位为 km。
　　2. 仪器高和觇标高（棱镜中心高）应准确量取至 mm。

2. 测距三角高程测量

平面控制网布设成光电测距导线网时，按照导线测量的方法，在每个导线点都要用经纬仪进行水平角、竖直角观测，用测距仪测定导线点两侧的边长，迁站之前，只要量取了仪器高和目标棱镜高，外业结束后，就可以利用式（7-23）根据外业观测的各边的边长和竖直角计算各点间的高差。随光电测距导线几何形式的不同，光电测距三角高程可形成闭合路线、附合路线和三角高程路线网等不同的路线。由各边的高差可以推算出整条路线的高差闭合差，如果符合表 7-10 的规定，则可按反符号与边长成正比的原则调整高差闭合差，最后计算出各点的高程。

如果仅需测定控制点的高程，则可根据需要按一定的路线，在各点上安置仪器观测各边的竖直角、测量各边的边长，量取仪器高和棱镜高，这样就形成了光电测距的三角高程导线。三角高程导线可根据已知点的分布，布置成闭合导线或附合导线形式，起闭于已知高程点，有时也可用支导线形式，但对总长度有限制。如果隔点设站，单向测定各边的高差，就称为单觇导线。利用单觇导线测量的方法还可将仪器安置在两个待求点之间，像水准测量一样测定其高差，这时就不必量取仪器高，如果棱镜高度不变，除起闭点外中间点也可不必量取棱镜高。

3. 独立点三角高程测量

由两个以上已知高程点，用三角高程测量的方法测定一个待定点的高程，称为独立点三角高程测量。已知点与待定点之间的水平距离已在求算待定点平面位置时求得。凡不能包括在三角高程路线内的控制网平面控制点及各种交会点，其高程均可用独立点三角高程测量的方法测定。测定已知点与待定点之间的高差时，在已知点安置经纬仪，观测竖直角，并量取仪器高和目标高。当由多个已知点推算出的待定点高程的较差符合表 7-10 中规定时，则可取其平均值作为最后结果，否则应重测。

4. 三角高程测量的计算示例

（1）高差的计算　如图 7-16 所示，已知高程点 A、B 为一附合三角高程路线。在内业计算之前，要对外业观测成果进行检查，对超限的数据要及时补测。外业成果符合要求后，如果为光电测距三角高程，则应按第三章所述的方法对测距边进行改正，然后在规定的表格内计算高差。

高差计算见表 7-11，各边往返高差符合表 7-10 的规定时，取平均值。

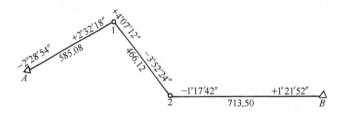

图 7-16　三角高程路线略图

表 7-11　三角高程高差计算表

测站点	A	1	1	2	2	B
目标	1	A	2	1	B	2
觇法	直	反	直	反	直	反
S/m	585.082	585.082	466.122	466.122	713.500	713.500
α	$-2°28'54$	$+2°32'18$	$+4°07'12$	$-3°52'24$	$-1°17'42$	$+1°21'52$
i/m	+1.342	+1.300	+1.300	+1.322	+1.320	+1.283
v/m	-2.000	-1.300	-1.300	-3.400	-1.500	-2.000
f/m	+0.040	+0.040	+0.015	+0.015	+0.034	+0.034
h/m	-25.976	+25.977	+33.591	-33.622	-16.275	+16.312
平均高差/m	-25.976		+33.606		-16.294	

(2) 三角高程测量路线闭合差的调整及高程计算　三角高程测量路线闭合差的计算用各边往返观测高差的平均值，若不超过表 7-10 中的规定限差要求，则可调整，最后推算各点的高程。详细过程见表 7-12。

表 7-12　三角高程路线闭合差调整与高程计算表

点名	距离/m	高差中数/m	改正数/m	改正后高差/m	高程/m
A					1 430.742
	585.082	-25.976	0.050	-25.926	
1					1 404.816
	466.122	+33.606	0.040	+33.646	
2					1 438.462
	713.500	-16.294	0.060	-16.234	
3					
B					1 422.228
Σ	1 764.704	-8.664	+0.150	-8.514	

辅助计算：

$$W_h = \sum h - (H_B - H_A) = -8.664\text{m} - (-8.514)\text{m} = -0.150\text{m}$$
$$W_p = \pm 0.700\text{m}$$
$$v_i = -\frac{W_h}{\sum D}D_i$$

第四节 全球定位系统（GPS）及其应用

一、全球定位系统（GPS）的基本概念

自 1973 年美国开始研制军用卫星导航系统——NAVSTAR GPS（即通常所称的 GPS 卫星全球定位系统，简称 GPS 定位系统）以来，测量科学发生了巨大的技术变革。有的学者称现在为空间大地测量时代，而将 GPS 定位系统以前称为前空间大地测量时代。GPS 定位系统具有全球性、全天候、连续实时的三维定位、测速、导航和授时功能，具有良好的抗干扰和保密功能。目前，GPS 定位系统已在大地测量、工程测量、控制测量、房地产测量、精密工程测量以及动态观测、设备安装、时间传递、导弹制导、速度测量等方面得到广泛应用。2001 年 5 月 1 日美国取消 SA 以后，GPS 定位系统的应用在全球掀起了第二次高潮。

与传统测量技术相比，GPS 定位系统技术的主要特点是测站点之间无需通视，大大减少测量工作的经费和时间，同时也使点位的选择变得甚为灵活；定位精度高，大量实验表明在小于 50km 的基线上，相对定位的精度可达到 $(1\sim 2)\times 10^{-6}$；观测时间短；提供三维坐标，在精确得到站点平面位置的同时，可以测定其大地高程；操作简便，在测量过程中测量员的主要任务只是安装并开关仪器、量取仪器高、采集环境的气象数据，其他观测工作均由仪器自动完成；全天候作业，GPS 观测工作，可以在任何地点、任何时间连续地进行，一般不受天气状况的影响。

全球定位系统（GPS）主要由空间星座部分、地面监控部分和用户部分组成。GPS 定位系统的空间卫星星座由 24 颗卫星组成，其中包括 3 颗备用卫星，如图 7-17 所示。卫星分布在 6 个轨道面内，每个轨道上分布有 4 颗卫星。卫星轨道面相对地球赤道面的倾角约为 55°，每个轨道在经度上相隔 60°，轨道高度为 20200km，卫星的运行周期为 11h58min。因此，每天出现的卫星分布图形相同只是时间提前约 4min。每颗卫星每天约有 5h 在地平线以上，同时位于地平线以上的卫星个数随时间和地域而不同，最少有 4 颗，最多可达 11 颗。GPS 卫星的主体呈圆柱形，如图 7-18 所示，直径约为 1.5m，重约为 774kg，两侧设有两块双叶太阳能板，能自动对日定向，以保证卫星正常工作用电。GPS 卫星的主要功能是接受和储存地

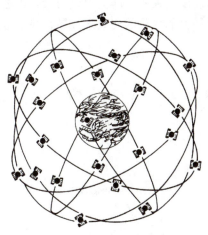

图 7-17 GPS 卫星星座

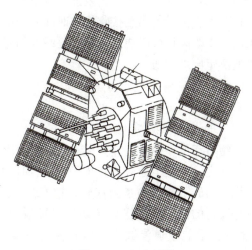

图 7-18 GPS 卫星

面监控站发来的导航信息,接受并执行监控站的控制命令;进行部分必要的数据处理;通过星载高精度原子钟提供精密的时间标准;向用户发送定位信息;在地面监控站的指令下,通过推进器调整卫星的姿态和启用备用卫星。

GPS 定位系统的地面监控部分,主要由分布在全球的 5 个地面站组成,包括 5 个监测站,1 个主控站和 4 个信息注入站,其分布如图 7-19 所示。

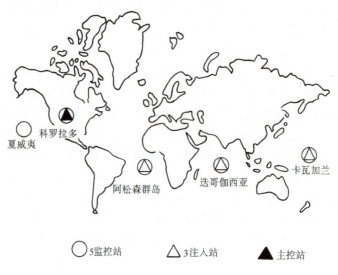

图 7-19　GPS 地面监控站的分布

全球定位系统的空间部分和地面监控部分是用户应用该系统进行定位的基础,而用户只有通过用户设备才能实现定位的目的。用户设备主要由 GPS 接收机硬件和数据处理软件以及微处理机及其终端设备组成。用户设备接收 GPS 卫星发射的无线电信号,获得必要的定位信息和观测量,经过数据处理而完成定位工作。

利用 GPS 进行定位是以 GPS 卫星和用户接收机之间的距离(或称信号传播路径)为基础,并根据已知的卫星瞬时坐标,确定用户接收机所对应的点位,即观测站的三维坐标(X、Y、H)。GPS 卫星通过发射天线发射信号,该信号从卫星经过一定的时间差到达接收机天线。卫星信号传播至接收机的时间差与电磁波传播速度的乘积,即为卫星与接收机之间的距离。该距离还可以通过测定卫星载波信号相位在路径上的变化的周数来推导,与通常的电磁波测距原理相似。

用 GPS 定位系统,可进行绝对定位,也可进行相对定位。

(一)GPS 绝对定位

绝对定位一般称为单点定位,利用 GPS 进行绝对定位的基本原理是以 GPS 卫星和用户接收机之间的距离观测量为基础,把 GPS 卫星看成是飞行的已知点,根据已知的卫星瞬时坐标(根据卫星的轨道参数可确定其瞬时位置)来确定观测站的位置,如图 7-20 所示,这种方法

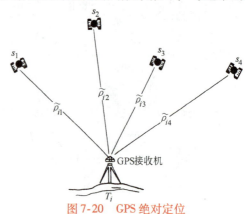

图 7-20　GPS 绝对定位

的实质是空间距离后方交会测量。在 1 个观测站上，原则上同时观测 3 颗卫星并取得 3 个距离观测量，就可确定观测站的位置。但由于卫星钟与用户接收机钟不同步（钟差）等因素的影响，所观测到的距离实际上是伪距。为了求出钟差并予以改正，在 1 个观测站上为了实时求解 4 个未知量，即点位的 3 个坐标分量和 1 个钟差参数，便至少需要观测 4 个同步伪距观测值，也就是说至少必须同时观测 4 颗卫星。

应用 GPS 进行绝对定位，根据接收机所处的状态不同，可分为动态绝对定位和静态绝对定位。实践表明，目前静态绝对定位的精度约为米级，而动态绝对定位的精度仅为 10 ~ 40m，这一精度远不能满足测量工作精密定位的要求。

（二）GPS 相对定位

GPS 相对定位是目前 GPS 定位中精度最高的一种定位方法。相对定位的最基本情况，是用两台 GPS 接收机分别安置在同步观测边（基线）的两端，并同步观测相同的 GPS 卫星（至少为 3 颗），以确定基线端点在地心坐标系中的相对位置或基线向量，如图 7-21 所示。这种方法一般可以推广到多台接收机安置在若干条基线的端点，通过同步观测相同的 GPS 卫星，确定多条基线的情况。由于在两个观测站或多个观测站同步观测相同卫星的情况下，卫星、接收机的误差及卫星信号的传播误差对观测量的影响基本相同，所以利用观测量的不同组合进行相对定位，就可以有效地消除或减弱误差的影响，从而提高相对定位的精度。根据用户接收机在定位过程中所处的状态不同，相对定位可分为动态相对定位和静态相对定位。

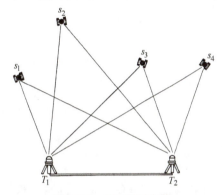

图 7-21　GPS 相对定位

理论和实践表明，GPS 定位的精度取决于两个因素：距离测量误差和 GPS 卫星的几何图形强度。距离测量误差是多种误差在观测站和卫星连线方向上的综合影响。GPS 卫星的几何图形强度通常用点位几何图形强度因子 PDOP 来表示。假设由观测站与 4 颗 GPS 观测卫星所构成的六面体的体积为 V，理论分析表明，点位几何强度因子 PDOP 与该六面体的体积 V 的倒数成正比。一般来说，六面体的体积越大，所测卫星在空间的分布范围也越大，PDOP 值越小，定位精度就越高；反之，所测卫星的分布范围越小，则 PDOP 值越大，定位精度就越低（图 7-22）。

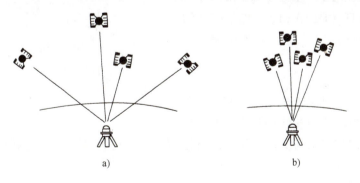

图 7-22　GPS 卫星几何强度因子
a) PDOP 较小　b) PDOP 较大

二、GPS 接收机

GPS 接收机是一种接收、跟踪、变换和测量 GPS 卫星信号的仪器设备。目前国内外厂商生产的 GPS 接收机的种类繁多，根据接收机的用途可分为导航型、测量型和授时型 3 种类型；根据接收的卫星信号频率可分为单频接收机（L1）和双频接收机（L1＋L2）。GPS 接收机的结构大体如图 7-23 所示。如果把 GPS 接收机作为一个测量用户系统，那么按其结构和功能可分为硬件部分和软件部分，其中硬件部分包括：天线（带前置放大器）；信号处理器，用于信号的识别和处理；微处理器，用于接收机的控制、数据采集和导航计算；用户信号传输，包括操作板、显示板和数据存储器；精密振荡器，用于产生标准频率以及电源。软件部分是支持硬件部分实现其功能，并完成测量任务的重要条件。软件部分包括接收机内存或固化的自动操作程序和接收机外部的处理观测数据的软件系统。软件系统不仅能满足用户的多方面要求，而且对于改善定位精度，提高作业效率和开拓新的应用领域，都具有重要意义。

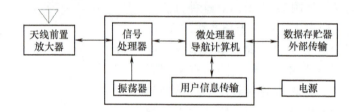

图 7-23　GPS 接收机结构示意图

南方灵锐 S86 GPS 接收机属于双频测地型接收机，可用于静态测量和实时动态测量。

灵锐 S86 GPS 接收机如图 7-24 所示，天线和信号处理器为一个整体，可安置于三脚架头，常用于静态测量或 RTK 测量中的基准站测量；也可安置于对中杆顶部，对中杆中部为控制器，一般用于 RTK 测量中流动站测量。

接收机的前面板上有四个操作按钮：开机键、选择键（F1 和 F2）及重置键。有四个指示灯：数据传输灯（DATA 灯）、蓝牙灯（BT 灯）、收信号指示灯（RX 灯）和发信号指示灯（TX 灯）。

三、GPS 静态测量

GPS 静态测量主要用于建立各级测量控制网，用相对定位方法测定基线的精度很高，利用随机软件处理观测成果高度自动化。以灵锐 S86 GPS 接收机为例，说明 GPS 静态测量的基本操作。

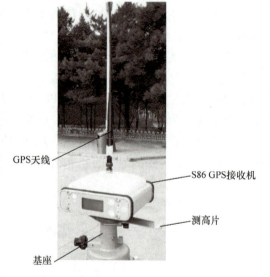

图 7-24　灵锐 S86 GPS 接收机

1. GPS 静态测量外业操作

GPS 静态测量外业操作步骤如下：

1)架设三脚架、基座、测高片、灵锐 S86 GPS 接收机,安装天线,仪器对中整平。

2)量取天线高(量至测高片),记录数据于记录手簿(表 7-13)。

表 7-13　静态测量观测手簿

| 观测者姓名_____　　日　期_____年_____月_____日 |
| 点　名_____　　点　号_____时段号_____ |
| 天气状况_____ |

测站近似坐标:	本站为
经度:E _____°_____′	□_____新点
纬度:N _____°_____′	□_____等大地点
高程:_____(m)□_____等水准点	□_____

记录时间:□北京时间　□UTC　□区时
开录时间_____结束时间_____

接收机号_____天线号_____
天线高:_____(m)测后校核值_____
1._____ 2._____ 3._____平均值_____

| 天线高量取方式略图 | 测站略图及障碍物情况 |

观测状况记录
1. 电池电压_____(快条)
2. 接收卫星号_____
3. 信噪比(SNR)_____
4. 故障情况_____
_____
5. 备注

3)开机(长按【开机】键)。

4)按【选择】键选择"设置工作模式"界面(图 7-25),进入后选择"静态模式",进入静态工作模式设置相关参数(图 7-26),同时工作的几台 S86 主机高度截止角、采集间隔最好保证一致。

图 7-25　"设置工作模式"界面

5)开始数据采集,在记录手簿中填写开始观测时间。

6)等待存储足够数据。

7)停止数据采集,再次量取天线高并记录。

8）关闭仪器（长按【开机】键）。

2. GPS 静态测量数据后处理

（1）接收机数据导入计算机　将灵锐 S86 GPS 接收机用数据线与计算机连接后开机，进入接收机内存将数据导入到计算机中。

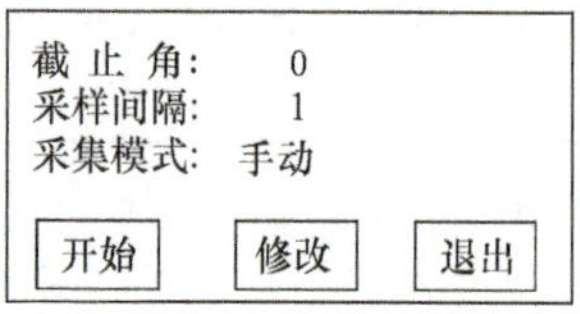

（2）基线解算与平差计算　使用"南方测绘 GPS 数据处理"软件对观测数据进行处理。

图 7-26　静态参数设置界面

1）打开"南方测绘 GPS 数据处理"软件，界面如图 7-27 所示。

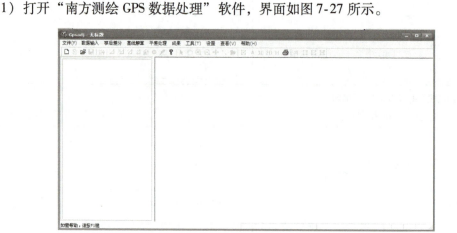

图 7-27　"南方测绘 GPS 数据处理"软件主界面

2）新建项目：点击"文件"菜单下的"新建"项目，弹出界面如图 7-28 所示，在对话框中按照要求填入"项目名称""施工单位""负责人"，选择相应的"坐标系统""控制网等级""基线剔除方式"，最后点击"确定"按钮，完成操作。如果"坐标系统"不存在，可通过"定义坐标系统"按钮自定义坐标系统，根据向导选择"参考椭球"、输入"中央子午线"和"投影高"，建立新的坐标系统（图 7-29）。

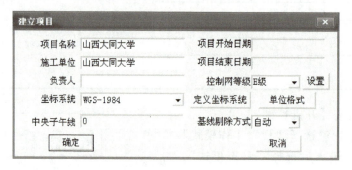

图 7-28　新建项目界面

3）增加野外观测数据：点击"数据输入"菜单下的"增加观测数据文件"项目，将野外 GPS 采集数据导入软件。

4）基线解算：点击"基线解算"菜单下的"全部解算"项目开始基线解算（图 7-30）。

5）输入已知数据：点击"数据输入"菜单下的"坐标数据录入"输入已知点坐标

第七章　房地产控制测量

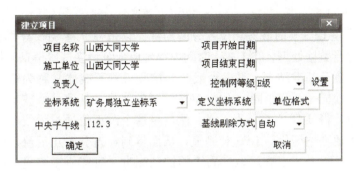

图 7-29　定义坐标系统

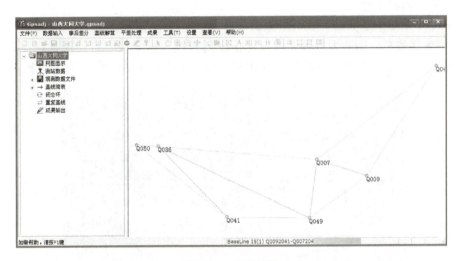

图 7-30　基线解算

（图 7-31），至少输入 3 个已知点坐标。

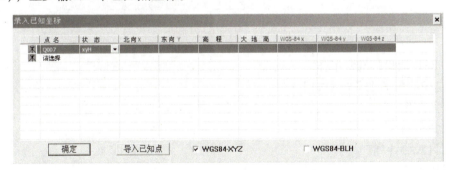

图 7-31　输入已知点坐标

6）平差计算：点击"平差处理"菜单下的"网平差计算"项目，完成平差，得到结果。

7）成果输出：点击"成果"菜单下的"网平差成果"项目，可得到平差报告（Word 文本格式成果、CASS 控制点格式成果等）。

149

四、RTK GPS 测量

RTK 定位技术是 GPS 实时载波相位差分的简称,它是一种将 GPS 与数字传输技术相结合,实时解算并进行数据处理,在 1～2s 时间内得到厘米级精度位置信息的技术。其工作原理是将一台接收机置于基准站上,另一台或几台接收机置于载体(称为流动站)上,基准站和流动站同时接收同一时间、同一 GPS 卫星发射的信号,基准站所获得的观测值与已知位置信息进行比较,得到 GPS 差分改正值。然后将这个改正值通过无线电数据链电台及时传递给共视卫星的流动站精化其 GPS 观测值,从而得到经差分改正后流动站较准确的实时位置。目前,RTK GPS 技术已在房地产测绘的控制测量、房产要素测量、房地产图测绘中得到应用。

(一) RTK 系统组成

GPS - RTK 系统由基准站、若干个流动站及无线电通信系统三部分组成(图 7-32)。基准站包括 GPS 接收机、GPS 天线、无线电通信发射系统、供无线电台使用的电源(汽车用 12V 蓄电池)等部分。流动站包括 GPS 接收机、GPS 天线、流动站控制器等部分。

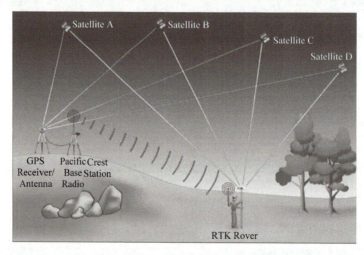

图 7-32 RTK 系统组成

(二) RTK 测量的准备工作

RTK 定位测量的准备过程如下:

1)外业踏勘。

2)收集资料。

3)制订观测计划。

4)星历预报。

5)器材准备:经检定合格的 GPS 接收机[基准站+流动站(含控制器)]一套;12V/60A 电源(含充电器),数据链电台一套;手机或对讲机(每台 GPS 接收机上配一个);每台 GPS 接收机配观测记录手簿一本。

6)运输工具:自备汽车或租车。

(三) 外业操作

1. RTK 基准站设置操作

在基准点上安置好灵锐 S86 GPS 接收机，开机后按 <F2> 键进入"设置工作模式"界面（图 7-25），选择"基准站模式"，进入后设置差分格式、发射间隔，记录数据和选择数据链与通道，确认后接收机重新启动进入基准站模式。基准站组成如图 7-33 所示。

图 7-33　基准站组成

2. RTK 流动站设置操作

连接流动站，开机后按 <F2> 键进入"设置工作模式"界面（图 7-25），选择"移动站模式"，进入后设置相关参数，参数设置和基准站模式设置方法相同，对应基准站相应参数进行设置即可，保持参数一致。流动站组成如图 7-34 所示。

3. 控制器操作

1）蓝牙连接：打开控制器，双击控制器屏幕右下角的蓝牙图标进行蓝牙连接。

2）打开随机软件"工程之星2.0"，控制器屏幕显示主界面（图 7-35），单击"工程"菜单下的"新建工程"项目，弹出"新建作业"对话框（图 7-36），利用向导方式完成坐标系参数设置，包括椭球参数、投影参数、四参数、七参数和高程拟合参数，如果没有后面三种参数，就需要利用 3 个以上公共点求转换参数。

4. RTK 测量操作

（1）求转换参数　求转换参数时，如果只要平面坐标，需 3 个公共点坐标；如果要高程，则需 4 个公共点三维坐标。求解完成后，须查看精度。例如显示：

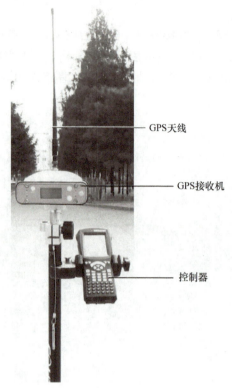

图 7-34 流动站组成

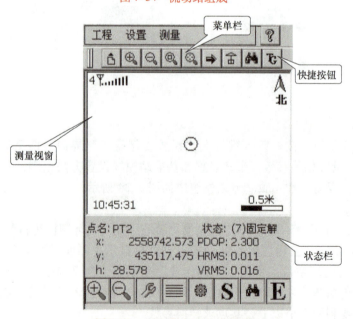

图 7-35 "工程之星"主界面

水平精度　　高程精度
0.004　　　0.011

根据精度的大小，可以判断"求转换参数"是否合格。

(2) 测量地形点　在"测量"菜单下选择"目标点测量"或在测量界面下按快捷键<A>键，弹出"测量点存储"对话框，如图 7-37 所示。存储当前点坐标，默认点名为"PT1"（可改），输入天线高，继续存点时，点名将自动累加。RTK 测量所得的各点点名、编码和坐标等信息存储于控制器内存，可以现场查阅和用数据线传输至计算机。

图 7-36　"新建作业"对话框

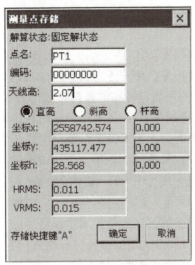

图 7-37　"测量点存储"对话框

五、网络 RTK

网络 RTK 技术，其实质是利用分布在一定区域内的多台基准站的坐标和实时观测数据对覆盖区域进行系统综合误差建模，尽可能消除区域内流动站观测数据的系统综合误差，获得高精度的实时定位结果。

1. 网络 RTK 基本工作原理

网络 RTK 集 GPS、互联网、无线通信和计算机网络管理等技术于一身。整个系统由若干连续运行的 GPS 基准站和一个 GPS 网络控制中心构成。它由 GPS 固定参考站系统、GPS 网络控制中心系统、数据传输系统、数据发播系统和用户系统五个部分组成。固定站负责实时采集 GPS 卫星观测数据并传输给 GPS 网络控制中心，它分布在整个网络中，一个 VRS (Virtual Reference Station) 网络由三个以上的固定 GPS 基准站构成，站与站之间的距离最大可达到 70km。基准站与控制中心可通过光缆、ISDN 或普通电话线等相连接。VRS 核心－控制中心由 VRS 管理软件、计算机、路由器和通信服务器组成。它接收由固定参考站发来的所有数据，也接收从流动站发来的概略坐标，根据用户概略位置，计算机会自动计算并选择最佳的一组固定站数据，整体地改正 GPS 的轨道误差、电离层和对流层以及大气折射所带来的误差，将高精度的改正过的 RTCM 差分信号发给用户，这样就相当于在流动站附近建立了一个虚拟的参考站而两者距离只有几十米，从而解决了传统 RTK 作业距离限制上的问题，并使用户得到稳定的厘米级的高精度定位。

2. 网络 RTK 的优势

与传统的 RTK 作业相比，网络 RTK 具有作用范围广、精度高、单机作业等众多优点，具体包括：

1) 能兼顾不同层次的用户对定位精度指标要求，提供覆盖米级、分米级、厘米级的数据。

2）提供稳定、统一的参考坐标系给所有用户共享，规范基础测绘数据。

3）连续运行卫星定位导航服务系统（Continuous Operation Reference Stations，CORS），用户随时可以观测，使用方便，提高了工作效率。

4）拥有完善的数据监控系统，可以有效地消除系统误差和周跳，增强差分作业的可靠性。

5）使用CORS系统后，外出作业只需携带移动站设备即可，使得外出作业从繁重的设备中解脱出来，用户不需再架设参考站，真正单机作业，减少了费用。

6）使用固定可靠的数据链通信方式，减少了噪声干扰。

7）传统的RTK技术中，采用数传电台作为差分信号的载体，受无线电技术的束缚，作业的距离有限，而CORS系统则摆脱了无线电技术的束缚，采用INTER网、GPRS和CDMA作为差分信号传输的载体，借用成熟的网络和移动通信技术，使差分信号的传输不受距离的限制，充分发挥出RTK技术的效能。

8）降低了系统误差，改善了初始化速度。在CORS系统中，有效地避免了架站粗差的产生，成熟的移动通信技术也保证了差分信号的质量，保障了移动站的初始化速度。

六、用GPS定位系统进行房地产控制测量

《房产测量规范　第1单元：房产测量规定》（GB/T 17986.1—2000）将房地产平面控制GPS网按精度依次划分为二、三、四等和一、二、三级等不同级别，各等级GPS相对定位测量的仪器见表7-14，技术指标见表7-15。

表7-14　各等级GPS相对定位测量的仪器

等级	平均边长/km	GPS接收机性能	测量量	接收机标称精度/mm 优于	同步观测接收机数量
二等	9	双频（或单频）	载波相位	$10 + 2 \times 10^{-6}$	≥2
三等	5	双频（或单频）	载波相位	$10 + 3 \times 10^{-6}$	≥2
四等	2	双频（或单频）	载波相位	$10 + 3 \times 10^{-6}$	≥2
一级	0.5	双频（或单频）	载波相位	$10 + 3 \times 10^{-6}$	≥2
二级	0.2	双频（或单频）	载波相位	$10 + 3 \times 10^{-6}$	≥2
三级	0.1	双频（或单频）	载波相位	$10 + 3 \times 10^{-6}$	≥2

表7-15　各等级GPS相对定位测量的技术指标

等级	卫星高度角/（°）	有效观测卫星总数	时段中任一卫星有效观测时间/min	观测时段数	观测时段长度/min	数据采样间隔/s	点位几何图形强度因子PDOP
二等	≥15	≥6	≥20	≥2	≥90	15~60	≤6
三等	≥15	≥4	≥5	≥2	≥10	15~60	≤6
四等	≥15	≥4	≥5	≥2	≥10	15~60	≤8
一级	≥15	≥4		≥1		15~60	≤8
二级	≥15	≥4		≥1		15~60	≤8
三级	≥15	≥4		≥1		15~60	≤8

第七章 房地产控制测量

如同常规控制测量一样，GPS定位测量工作按其性质分为外业和内业两大部分。其中，外业工作主要包括：选点（即观测站址的选择），测站标志的埋设，野外数据采集以及成果质量的检核；内业工作主要包括：GPS测量的技术设计，测后数据处理以及技术总结。如果按照GPS测量的工作程序，则大体可分为这样几个阶段：GPS网的设计，选点与埋点，外业观测，成果检核与数据处理。

在布测某一城镇的GPS控制网前，应充分收集测区已有的地形图和控制测量成果以及行政区划图和资料，按规范的规定和要求进行比较和分析，凡是符合规范要求的控制点成果，都应充分利用；对达不到规范要求的控制网点，也应尽量利用其点位，并对有关点进行联测。

用于城镇房地产测绘的GPS控制网的等级主要应侧重考虑地域范围并适当考虑远景规划规模的大小，通常不必分级布网。在GPS定位控制网中，控制点的位置是彼此独立直接测定的，而不依靠图形逐点推算，任意的点位结构，任意的图形形状均与点位的精度关系不大，因此对控制点的位置和图形结构没有严格要求。观测过程中，GPS接收机采集的是接收机与卫星的距离和卫星星历等数据，对控制点之间的同视条件也没有过苛的要求，控制点位无需选设在制高点，也无需建造觇标。

GPS网设计时，一般应采用独立观测边构成闭合图形，如三角形、多边形或附合线路，以增加检核条件，提高网的可靠性。GPS定位测量测得的三维坐标，属于WGS—84世界大地坐标，因而GPS控制网点应尽量与原有地面控制网点相重合，重合点一般不应少于3个（不足时应联测），且在网中应均匀分布，以利于GPS网与地面网之间的参数转换。为了将GPS网所确定的三维坐标中的大地高程转化为实际应用的正常高程，应利用水准点联测GPS点的高程。由于城区建筑物密集、树木较多，因此二、三级的房地产平面控制测量的主要手段仍然是测距导线，为了便于常规方法的联测或扩展，应在GPS点附近布设通视良好的方位点，以便建立联测方向。

由于GPS网的观测站间不要求一定通视，且图形结构灵活，所以选点工作较常规测量简便。野外选点时，要选在交通方便、易于安置和操作接收机的位置。GPS点必须避开有强烈吸收、反射等干扰影响的金属或其他障碍物，如电视台、微波站、电台、高压线、高层建筑物及大面积水面等。点位选定后要按规范要求埋设标石，并绘制点之记和GPS网选点图。

GPS定位测量采用相对定位方法，所以GPS网的测量必须采用2台或2台以上接收机同步进行观测。同步观测的两点间构成同步观测边，由同步观测边所构成的图形称为同步观测网。同步观测网的形状取决于同步观测接收机的数量，如利用3台接收机观测则组成三角形，利用4台接收机则组成四边形，用多台接收机则组成多边形，这样可以增强检核条件，提高网形的可靠性。

当GPS定位点的数量大于同步观测的接收机数量时，就必须在不同的观测时段观测两个甚至更多的同步观测网。由同步观测网相互连接的GPS网，就称为异步网或异步环。同步观测网之间的连接方式有点连式（图7-38a）、边连式（图7-38b）和网连式（图7-38c）。不同的连接方式，工作量大小不同，检核条件的多少也不同。在实际工作中应考虑接收机的数量和精度、工作量的大小、卫星运行状态、测区的要求等因素进行权衡，做出最佳选择。

GPS测量的观测工作的主要内容包括：观测计划的拟定、仪器的选择与检验、外业数据采集等。

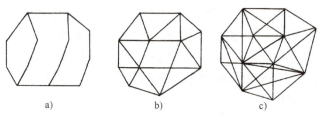

图 7-38 同步观测网的连接方式
a) 点连式 b) 边连式 c) 网连式

外业数据采集是 GPS 测量的主要外业工作，所以在观测工作开始之前，应仔细拟定观测计划，这对于顺利地完成观测任务、保障测量成果的精度、提高效率是极为重要的。拟定观测计划的依据是 GPS 网的布设方案、规模大小、精度要求、GPS 星座、参加作业的 GPS 接收机的数量以及后勤保障条件（运输、通信）等。观测计划的内容应包括采用接收机的类型和数量、观测区的划分、观测工作的进度和接收机的调度计划等。

外业观测所选用的接收机应符合表 7-15 的规定。对于新购置的或检修后的接收机，出测前应进行检验，检验的内容包括一般检验、通电检验、试测检验及数据处理软件的检测。

外业数据采集工作的过程为准备工作、安置天线、数据采集、观测记录。对于新选设的 GPS 点，因一般不建立觇标，作业人员到达地点后，即可安置天线，并按照接收机的操作说明书对接收机进行预热和静置。对建有觇标的原有控制点，原则上应拆除觇标或觇标的顶部。对于四等以下的控制点因基线较短，在木寻常标下安置天线，观测结果基本不受影响；安置天线就是通过对中整平，将接收机天线的中心置于地面点标志的铅垂线上，对中后再将天线安装在三脚架上，使天线的定向标志指向正北方向（对于"傻瓜"型的接收机可不考虑）；观测前后要各丈量一次天线高，丈量方法按仪器的操作说明书进行，两次丈量结果相差不应超过 3mm，并取平均值。在开机实施观测工作之前，接收机一般要预热静置，开机后，接收机将自动完成捕获 GPS 信号，对其进行接收、跟踪和处理，获取所需要的定位信息和观测数据。在数据采集过程中，作业人员可随时使用专用功能键和选择菜单，察看有关信息。GPS 接收机观测作业的具体步骤和方法随接收机的类型和作业方式不同而异，目前接收机操作的智能化程度很高，只要按照操作说明书很容易办到。观测记录有两种形式，一种由接收机自动完成，并存储在机载存储器中，供随时调用和处理；另一种是将有关测站的信息记录在手簿或电子手簿上，包括点名、点号、观测员、观测日期、接收机编号、观测开始及结束时间，观测前后天线高及平均值等。在观测过程中，接收机不得关闭重新启动，不准改变卫星高度角的限值，不准改变天线高，所有测站信息均应现场记录，不得补记。观测记录是 GPS 定位的原始数据，是后续数据处理的唯一依据，必须妥善保存。

外业观测结束后，必须及时在测区进行观测数据的检核，确保无误后才能进行数据处理。GPS 卫星定位的数据处理，一般均可借助于相应的数据处理软件自动完成。GPS 卫星定位数据处理与常规测量数据处理相比，其特点是数据量大，处理过程复杂。数据处理的基本流程如图 7-39 所示，包括数据的粗加工和预处理，基线向量计算和基线网平差，坐标系统转换或与地面网的联合平差等环节。

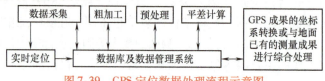

图 7-39 GPS 定位数据处理流程示意图

第七章　房地产控制测量

小　结

1. 房地产控制测量分为平面控制测量和高程控制测量，平面控制网可分为国家控制网、城市控制网、房地产控制网以及用于工程建设的专用控制网。平面控制测量方法包括三角测量、三边测量、边角测量、导线测量、交会测量和 GPS 卫星定位测量。高程控制测量方法包括水准测量和三角高程测量。

2. 导线的布设形式有闭合导线、附合导线和支导线。导线测量的外业工作包括：踏勘选点、埋设标志、测角量边及连测。闭（附）合导线测量内业步骤包括：角度闭合差的计算与调整、各导线边坐标方位角的推算、坐标增量的计算及坐标增量闭合差的调整、导线点的坐标计算。

3. 全球定位系统主要由空间星座部分、地面监控部分和用户部分组成。GPS 定位方法包括绝对定位和相对定位。GPS 定位测量方式包括静态测量、RTK GPS 定位测量、网络 GPS 等方式。

4. GPS 定位外业工作包括选点、埋点、野外数据采集及成果质量检验，其内业工作包括 GPS 测量的技术设计、数据处理以及技术总结编写。

思考题与习题

1. 房地产测量时为什么要先建立控制网？控制网有哪几种？
2. 平面控制网有哪几种形式？各在什么情况下采用？
3. 试述导线测量外业工作的主要内容。
4. 附合导线与闭合导线的内业计算有哪些异同点？
5. 与传统测量方法相比，GPS 定位系统有什么特点？
6. 简述 GPS 定位测量的工作程序，并说明选点的基本要求。
7. 某闭合导线 12341 的已知数据为

$$X_1 = 5023.705\text{m} \qquad Y_1 = 4537.664\text{m} \qquad \alpha_{12} = 97°58'08''$$

观测数据为

$$\beta_1 = 125°52'04'' \qquad \beta_2 = 82°46'09''$$
$$\beta_3 = 91°08'23'' \qquad \beta_4 = 60°14'02''$$
$$D_{12} = 100.294\text{m} \qquad D_{23} = 78.958\text{m}$$
$$D_{34} = 137.22\text{m} \qquad D_{41} = 78.673\text{m}$$

试列表进行内业计算。

第八章

房 产 调 查

学习目标

通过本章学习，熟悉房产调查的基本内容和一般规定；熟悉房屋的类别、结构及用途的分类分级与编号方法；熟悉房屋用地单元划分与编号方法；掌握房屋及房屋用地调查的具体内容、程序和方法。

作为房屋和房屋用地有关信息采集的重要手段，房产调查是房地产测绘的主要任务之一。房产调查的目的是通过实地详细调查，查清测区内所有房屋及其用地的位置、权属、权界、数量和利用现状等基本情况，获得真实可靠的第一手资料。这些资料既是测绘和编制房地产图件必不可少的基础资料，也是房地产档案的重要组成部分。

房产调查不仅是房地产测绘中一项工作量很大的专门工作和房地产管理中的重要基础工作之一，同时，房产调查也是一项准确性、技术性要求很高的工作，调查成果资料质量的好坏将直接影响房地产簿册和图件内容的准确性，也直接影响到房地产登记和管理工作。因此，在房产调查中必须周密计划，严格执行规范标准，认真细致地工作。

第一节　房产调查概述

一、房产调查的基本内容及一般规定

（一）基本内容

房产调查分为房屋调查和房屋用地调查，包括对每个权属单元的位置、权界、权属、数量和利用状况等基本情况以及地理名称和行政境界的调查。

房屋是指能够遮风避雨并供人居住、工作、娱乐、储藏物品、纪念或进行其他活动的工程建筑，一般由基础、墙、门、窗、柱和屋顶等主要构件及附属设施和设备组成。住宅是指

为满足人们居住用途而建成的房屋，是房屋的一种。

除建筑物以外的工程建筑和工程设施称为构筑物，人们一般不直接在内进行生活活动，但构筑物大多与建筑物相互依存，是生产和生活所必需的，其质量的好坏和数量的多少是衡量社会发展程度和生活水平的重要标志之一。

一般情况下，构筑物主要指道路、桥梁、隧道、烟囱、水塔、堤坝、水闸等，建筑物主要指房屋。房屋调查主要针对建筑物，房屋用地调查主要针对构筑物。

（二）一般规定

房产调查应利用现有的地形图、地籍图、航摄像片以及有关产籍资料按照房屋调查表和房屋用地调查表中的丘和幢为单位，逐项实地进行调查。一般要求地形图、地籍图、航摄像片要有一定的现实性，在调查之前调查员要对现有资料的现实情况有一定的了解，包括现有地形图、地籍图、航摄像片或航测的正射影像图及其他相关资料。

在现场调查中要在草图上记上门牌号、街坊名称、权属主（单位）名称、四至权属主名称、幢号、房屋结构、层数，并注明界墙归属、门窗装修等情况。非城市住宅中毗连成片的私人住宅房，应调查其四墙归属，并按四墙归属丈量其建筑面积。

在房屋面积统一调查之前，已签订《购房合同书》或已办了《房屋所有权证》的，以原合同或房屋证的面积为准。

在房产调查过程中，已有资料中有建筑面积的，要清楚查实建筑面积的来源，如原数据是否按技术要求调查计算而得，如采用框算数据、自报数据的，要重新调查，把建筑面积更新为准确数据。

二、房屋的类别、结构、用途、房屋用地单元的划分与编号

（一）房屋的类别

房屋类别是指根据产权占有和管理不同而划分的类别。按两级分类，一级分8类，包括国有房产，集体所有房产，私有房产，联营企业房产，股份制企业房产，港、澳、台投资房产，涉外房产，其他房产；二级分4类，包括直管产、自管产、军产、部分产权。

（二）房屋结构

房屋建筑结构简称房屋结构。建筑物和建筑物中由承重构件（基础、墙、梁、柱、屋架、支撑、屋面板等）组成的体系称为结构。

（三）房屋用途

房屋用途是指房屋目前的实际用途，按两级分类，一级分8类，包括住宅、工业交通仓储、商业服务、教育医疗科研、文化娱乐体育、办公、军事、其他；二级分28类，包括成套或非成套住宅、集体宿舍、工业设施、公用设施、铁路、民航、航运、公交运输、道路、仓储、商业服务、经营旅游、金融保险、电信信息、教育、医疗、科研、文化、新闻、娱乐、园林绿化、体育、办公、军事、涉外、宗教、监狱等。

（四）房屋用地单元的划分与编号

房屋用地单元的划分与编号内容包括幢与幢号、丘与丘号、房产权号和房屋共用权号。

1. 幢与幢号

幢是指一座独立的、包括不同结构和不同层次的房屋，同一结构互相毗连的成片的房屋可按街道门牌号适当分幢。一幢房屋有不同层次的，一般中间应用虚线分开。

幢号以丘为单位，自进大门起，从左到右，从前到后，用数字1、2、…按S形编号。

幢号注在房屋轮廓线内的左下角，并加括号表示。

2. 丘与丘号

丘是指地表上一块有界空间的地块。一个地块只属于一个产权单元时称为独立丘，一个地块属于几个产权单元时称为组合丘。一般将一个单位，一个门牌号或一处院落划分为独立丘，当用地单位混杂或用地单元面积太小时划分为组合丘。

丘的划分一般有固定界标的按固定界标划分，没有固定界标的按自然界线划分，但不应穿越行政境界线。

丘号是指用地界线封闭的地块的代号。原则上一户房屋的所有权人使用的用地范围编独立的一个丘号。丘号以图幅为单位，从北到南，从西至东用数字1、2、…按反S形顺序编号，按市、市辖区（县）、房产区、房产分区、丘五级编号，以后新增丘按原编号顺序连续编立。

丘的编号格式如下：

市代码 + 市辖区（县）代码 + 房产区代码 + 房产分区代码 + 丘号
（2位）　　（2位）　　　　（2位）　　　（2位）　　　　（4位）
01—99　　 01—99　　　　 01—99　　　 01—99　　　　 0001—9999

其中，市代码、市辖区（县）代码应采用《中华人民共和国行政区划代码》（GB/T 2260—2007）规定的代码，均以两位自然数字从01到99依序编列，房产分区未被划分时，相应的房产分区编号用"01"表示。

对于组合丘内各用地单元以丘号加支号编立，丘号在前，支号在后，中间用短线连接，称丘支号，如0008-1表示第0008丘内的第一户房屋所有权。

由于丘号的编写按图幅为单位，当跨越图幅时，按主门牌号所在的图幅编立丘号，其相邻图幅部分则不另编丘号，以该主门牌所在丘号加括号表示。

上述丘的编号中，省略了省（自治区、直辖市）的代码，若考虑以后与周边市或全国联网时，应加上省（自治区、直辖市）的两位代码。

3. 房产权号和房屋共用权号

房产权号是以房屋权属单元为单位，用大写英文字母A作为标识符表示。在他人用地范围内所建的房屋，应在幢号后面加编房产权号。多户共有的房屋，在幢号后面加编共有权号，共有权号用标识符B表示。

第二节　房屋用地调查

一、房屋用地调查的内容

房屋用地调查的内容包括用地坐落、产权性质、等级、税费、用地人、用地单位所有制性质、使用权来源、四至、界标、用地用途分类、用地面积和用地纠纷等基本情况，以及绘制用地范围略图，见表8-1。

表8-1 房屋用地调查表

市区名称或代码号：_____　房产区号：_____　房产分区号：_____　丘号：_____　序号：_____

坐落	区（县）	街道（镇）		胡同（街）号		电话		邮政编码	
产权性质		产权主		土地等级		税费		附加说明	
使用人		地址				所有制性质			
用地来源						用地用途分类			
用地面积	四至	东	南	西	北	界标	东	南	西	北
	面积/m²	合用土地面积/m²		房屋占地面积/m²		院地面积/m²		分摊面积/m²	
用地略图									

调查者：　　　　　年　月　日

1. 房屋用地坐落

房屋用地坐落是指房屋用地所在街道的名称和门牌号。房屋用地坐落在小的里弄、胡同和小巷时，应加注附近主要街道名称；缺门牌号时，应借用毗连房屋门牌号并加注东、南、西、北方位；房屋用地坐落在两个以上街道或有两个以上门牌号时，应全部注明。

2. 房屋用地的产权性质

房屋用地的产权性质按国有和集体两类填写。集体所有的还应注明土地所有单位的全称。

3. 房屋用地的等级

房屋用地的等级按照当地有关部门制定的土地等级标准执行。土地等级是按照土地的不同用途和质量优劣进行评定的。划分土地等级是制定土地使用费标准的前提条件。土地等级评定以后不是一成不变的，随着城市建设的发展，应每隔一定时期进行一定的调整。

4. 房屋用地的税费

房屋用地的税费是指房屋用地的使用人每年向相关部门缴纳的费用，以年度缴纳金额为准。1951年8月国务院颁布《城市房地产税暂行条例》规定了征收房地产税的方法与纳税标准等。该条例规定：房地产税由产权所有人交纳，产权出典者，由承典人交纳；产权所有人、承典人均不在当地，或产权未确定及租典纠纷未解决者均由代管人或使用人代为交纳。

5. 房屋用地的使用权主和使用人

房屋用地的使用权主是指房屋用地的产权主的姓名或单位名称。

房屋用地的使用人是指房屋用地的使用人的姓名或单位名称。

根据《中华人民共和国宪法》规定，我国土地主要属于社会主义全民所有和社会主义劳动群众集体所有。国有土地可以依法确定给全民所有制单位或者集体所有制单位使用，国有土地和集体所有的土地可以依法确定给个人使用。

6. 房屋用地来源

房屋用地来源是指取得土地使用权的时间和方式，如转让、出让、征用、划拨、继承、自建、翻建、收购、受赠、交换等。如果来源有两种以上的，应全部注明。

7. 房屋用地四至

房屋用地四至是指用地范围与四邻接壤的情况，一般按东、南、西、北方向注明邻接丘号或街道名称。

8. 房屋用地范围的界标

房屋用地范围的界标是指用地界线上的各种标志，包括道路、河流等自然界线，房屋墙体、围墙、栅栏等围护物体以及界碑、界桩等埋石标志。

9. 房屋用地用途分类

房屋用地用途分类按二级分类，一级分10类，包括商业、金融业用地，工业、仓储用地，市政用地，公共建筑用地，住宅用地，交通用地，特殊用地，水域用地，农用地，其他用地；二级分24类，包括商业服务业、旅游业、金融保险业、工业、仓储、市政公用设施、绿化、文体娱乐、机关宣传、科研设计、教育、医卫、铁路、民用机场、港口码头、其他交通、军事设施、涉外、宗教、监狱、水田、菜地、旱地、园地，具体内容详见表8-2。

表8-2 房屋用地用途分类标准

一级分类		二级分类		含义
编号	名称	编号	名称	
10	商业、金融业用地			指商业服务业、旅游业、金融保险业等用地
		11	商业服务业	指各种商店、公司、修理服务部、生产资料供应站、饭店、旅社、对外经营的食堂、文印誊写社、报刊门市部、蔬菜销售转运站等用地
		12	旅游业	指主要为旅游业服务的宾馆、饭店、大厦、游乐园、俱乐部、旅行社、旅游商店、友谊商店等用地
		13	金融保险业	指银行、储蓄所、信用社、信托公司、证券交易所、保险公司等用地
20	工业、仓储用地			指工业、仓储用地
		21	工业	指独立设置的工厂、车间、手工业作坊、建筑安装的生产场地、排渣（灰）场等用地
		22	仓储	指国家、省（自治区、直辖市）及地方的储备、中转、外贸、供应等各种仓库、油库、材料堆积场及其附属设备等用地
30	市政用地			指市政公用设施、绿化等用地
		31	市政公用设施	指自来水厂、泵站、污水处理厂、变电（所）站、煤气站、供热中心、环卫所、公共厕所、火葬场、消防队、邮电局（所）及各种管线工程专用地段等用地
		32	绿化	指公园、动植物园、陵园、风景名胜、防护林、水源保护林以及其他公共绿地等用地
40	公共建筑用地			指文化、体育、娱乐、机关、科研、设计、教育、医卫等用地
		41	文、体、娱乐	指文化馆、博物馆、图书馆、展览馆、纪念馆、体育场馆、俱乐部、影剧院、游乐场、文艺体育团体等用地
		42	机关宣传	指党政事业机关及工、青、妇等群众组织驻地，广播电台、电视台、出版社、报社、杂志社等用地
		43	科研设计	指科研、设计机构用地，如研究院（所）、设计院及其实验室、试验场等用地
		44	教育	指大专院校、中等专业学校、职业学校、干校、党校、中小学校、幼儿园、托儿所、业余进修院（校）、工读学校等用地
		45	医卫	指医院、门诊部、保健院（站、所）、疗养院（所）、救护站、血站、卫生院、防治所、检疫站、防疫站、医学化验、药品检验等用地

第八章 房产调查

(续)

一级分类		二级分类		含　义
编号	名称	编号	名称	
50	住宅用地			指供居住的各类房屋用地
60	交通用地			指铁路、民用机场、港口码头及其他交通等用地
		61	铁路	指铁路线路及场站、地铁出入口等用地
		62	民用机场	指民用机场及其附属设施等用地
		63	港口码头	指供客、货运船停靠的场所用地
		64	其他交通	指车场（站）、广场、公路、街、巷、小区内的道路等用地
70	特殊用地			指军事设施、涉外、宗教、监狱等用地
		71	军事设施	指军事设施用地，包括部队机关、营房、军用工厂、仓库和其他军事设施等用地
		72	涉外	指国外使馆、驻华办事处等用地
		73	宗教	指专门从事宗教活动的庙宇、教堂等宗教用地
		74	监狱	指监狱用地，包括监狱、看守所、劳改（所）场等用地
80	水域用地			指河流、湖泊、水库、坑塘、沟渠、防洪堤坝等用地
90	农用地			指水田、菜地、旱地、园地等用地
		91	水田	指筑有田埂（坎）、可以蓄水用于种植水稻等水生作物的耕地
		92	菜地	指以种植蔬菜为主的耕地，包括温室、塑料大棚等用地
		93	旱地	指水田菜地以外的耕地，包括水浇地和一般旱地
		94	园地	指种植以采集果、叶、根、茎等为主的集约经营的多年生木本和草本作物，覆盖度大于50%或每亩株数大于合理株数70%的土地，包括果树苗圃等用地
100	其他用地			指各种未利用土地、空闲地等其他用地

10. 房屋用地面积

房屋用地面积的测算见"（二）房屋用地调查方法"。

11. 房屋用地略图

房屋用地略图是以用地单元为单位绘制的略图，表示房屋用地位置、四至关系、用地界线、共用院落的界线以及界标类别和归属，并注记房屋用地界线边长。房屋用地界线是指房屋用地范围的界线，包括共用院落的界线，由产权人（用地人）指界与邻户认证来确定。提供不出证据或有争议的应根据实际使用范围标出争议部位，按未定界处理。

二、房屋用地调查方法

（一）房屋用地调查的基本程序

1. 拟订调查计划

根据上级指令或合同协议书的要求，明确调查任务、范围、方法、时间、步骤、人员组织以及经费预算，组织专业队伍进行技术培训与试点。

2. 物质方面的准备

印制统一的调查表格和簿册；进行仪器校验，准备绘图工具、生活交通工具和劳保用品等。

3. 权属资料的收集、分析和处理

搜集调查范围内相关的地形图、地籍图、房屋用地的土地所有权的证明材料以及相关的文件、文字材料等，对收集的资料进行分析处理，确定实地调查的技术方案。

4. 调查小区的划分

对于城市，在街道办事处管辖范围内，以路、街、巷为界适当地划分成若干街坊，作为调查小区；对于县城或建制镇，由于范围较小，可直接以街道办事处或居委会的管辖范围作为调查小区，当范围较大时也可进一步把街道范围划小，主要根据实际情况而定；对于村庄和矿区，可将村庄或工矿区作为调查小区。

5. 发放通知书

实地调查前，要向房屋用地的使用者或所有者发放通知书，同时对其四至发出指界通知，按照工作计划，分区分片通知，并要求所有者或使用者（法人或法人委托的指界人）及其四至的合法指界人按时到达现场。

6. 实地调查

根据资料收集、分析和处理的情况，按照工作计划进行实地调查，现场确定界标、四至，填写调查表，绘制略图。

7. 资料整理

在资料收集、分析、处理和实地调查的基础上，编制房屋用地调查表，建立房屋用地调查档案。

（二）房屋用地调查方法

根据房屋用地调查表的内容，通过对现有资料的整理，可利用现有地形图、地籍图、航摄像片、正射影像图及相关的文字资料进行内业和外业的调查。内业调查靠现有资料进行；外业调查依据相关的规定按调查内容进行实地调查并填写表格。

1. 用地权属来源调查

用地权属来源是指土地使用权单位依照国家法律获取土地使用权的方式和时间。迄今为止，我国房屋用地权属来源主要分两种情况：一种是1982年5月《国家建设征用土地条例》颁布之前权属主取得的土地，通常称为历史用地；另一种是1982年5月《国家建设征用土地条例》颁布之后权属主取得的土地，具体有行政划拨用地、协议用地、违法用地。

行政划拨用地是经人民政府批准征用的土地，一般是无偿使用的；协议用地是1990年5月19日中华人民共和国国务院令第55号《中华人民共和国城镇国有土地使用权出让和转让暂行条例》发布后权属主取得的土地，一般是有偿使用的；没有按照国家有关法律、法规取得土地使用权的土地是违法用地。

房屋用地权源调查时，具体的单位用地权属来源情况可能较复杂，各个地方的情况也有所差别。以上海市调查为例（主要为历史用地），有以下14种：

1）城镇建成区，原由工厂企业自置的。
2）解放后批准划拨征用的。
3）公私合营时清产核资进来的。
4）房屋、土地交换使用的。
5）单位机构经撤、并、转、调整得来的。
6）解放前租用的。

7）解放后借用的。

8）转租得来的。

9）擅自占用的。

10）随房屋买卖取得的。

11）有关部门领导口头同意的。

12）利用其他单位多余土地建房取得的。

13）在其他权属主的房屋上加层取得的。

14）少征多用的等。

个人用地的权属来源有以下 9 种：

1）继承。

2）解放前后购置的地产。

3）土改时得到的土地使用权。

4）解放后私人建房得到的。

5）租用来的。

6）借用来的。

7）买卖房屋得来的。

8）私自占用的。

9）土地被划拨征用后拒不迁走继续使用的。

在调查土地权属来源时，应注意被调查单位与权源证明中单位名称的一致性。发现不一致时，需要对权属单位的历史沿革、使用土地的变化及其法律依据进行细致调查，并填写清楚。

2. 房屋用地面积的测算方法

房屋用地面积测算是指水平面积测算，其内容包括房屋建筑面积和用地面积测算以及共有共用的房屋建筑面积、异产毗连房屋占地面积和共用院落面积的分摊测算等。

用地面积以丘为单位进行测算，包括房屋占地面积、院落面积、分摊共用院落面积、室外楼梯占地面积以及地类面积的测算等。

用地面积测算采用坐标解析计算法、实地量距计算法和图上量算法等。坐标解析法是根据界址点坐标成果表上的数据进行计算；实地量距法是根据实量边长数据计算；图上量算可选用平行线法、方格网法及求积仪法。图上量算面积要在房产原图、二底图或正射影像图上进行。

具体测算方法及精度评定在第十章做详细介绍。

3. 行政境界与地理名称调查方法

行政境界应依照地方各级人民政府划定的行政境界位置调查区、县和镇以上的行政区划范围，并标绘在图上。街道或乡的行政区划可根据需要调绘。

地理名称调查包括居民点、道路、河流、广场等自然名称；镇以上人民政府等各级行政机构名称；工矿、企事业等单位的名称。

自然名称应根据各级人民政府地名管理机构公布的标准名或公安机关编定的地名进行，凡在测区范围内的所有地名及重要的名胜古迹，均应调查；行政名称只对镇以上行政机构进行调查；使用单位的名称应调查实际使用该房屋及其用地的企事业单位的全称。

进行行政境界与地理名称调查时应注意：行政名称与自然名称相同时应分别注记，自然名称在前，行政名称在后，并加括号表示；地名的总名与分名一般应全部调查，用不同的字级分别注记;同一地名被现状地物和图廓线分割,或者不能概括大面积和延伸较长的地域、地物时,应分别调查。

第三节 房屋调查

一、房屋调查的内容

房屋调查包括房屋坐落、产权人、产权性质、产别、层数、层次、建筑结构、建成年份、占地面积、建筑面积、分摊面积、墙体归属、权源、产权纠纷他项权利和用途等基本情况,并要绘制房屋权界线示意图(表8-3)。

1. 房屋坐落

房屋坐落与房屋用地的坐落相同,是指房屋所在街道的名称和门牌号。房屋坐落在小的里弄、胡同或小巷时,应加注附近主要街道名称;缺门牌号时,应借用毗连房屋门牌号并加注东、南、西、北方位;房屋坐落在两个以上街道或有两个以上门牌号时,应全部注明;单元式的成套住宅,应加注单元号、室号或户号。

表8-3 房屋调查表

市区名称或代码号:_____ 房产区号:_____ 房产分区号:_____ 丘号:_____ 序号:_____

坐落	区(县)				街道(镇)		胡同(街巷)	号	邮政编码				
产权主						住址							
用途								产别		电话			
房屋状况	幢号	权号	户号	总层数	所在层次	建筑结构	建成年份	占地面积/m²	使用面积 m²	建筑面积/m²	墙体归属			
											东	南	西	北
房屋权界线示意图									附加说明					
									调查意见					

调查者: 年 月 日

2. 房屋产权人

产权,泛指所有者对财产的占有、使用、收益和处分并排除他人干涉的权力。由于产权不是一成不变的，因此当产权发生买卖、赠予等变更时，应向主管机关申请办理转移登记。若是遗产，则须办理继承、分解的产权转移登记。产权的确认应以登记发证为准，即经国家房地产管理机关进行产权审查，核发产权证。房屋产权确认后，产权人对该房产享有应有的权利（如占有、使用、收益和处置权），同时也必须承担产权人应尽的义务（如纳税、修房等）。

房屋产权人是指房屋所有权的权属主，可以是一个人或几个人，或是单位，或是国有。私人所有的房屋，一般按照产权证件上的姓名填写；产权人已死亡的，应填入代理人的姓名；产权是共有的，应填入全体共有人姓名；房屋是典当的，填写典当人姓名及典当情况；产权不清或无主，可直接注明产权不清或无主，并做简要说明。

单位所有的房屋，应注明单位的全称。两个以上单位共有的，应注明全体共有单位名称。

房地产管理部门直接管理的房屋，包括公产、代管产、托管产、拨用产4种产别。公产应注明房地产管理部门的全称；代管产应填原产权人姓名，后加括号注明代管单位名称；托管产应注明托管及委托人的姓名或单位名称；拨用产应注明房地产管理部门的全称及拨借单位名称。

3. 房屋产权性质

房屋产权性质是指按照我国社会主义经济三种基本所有制的形式，对房屋产权人占有的房屋进行所有制分类，一般划分为三大类，即全民所有制房屋所有权（国有房屋所有权），集体所有制房屋所有权和私人房屋所有权。全民和集体所有制的房屋都是社会主义的公有财产，私有房屋是属于公民个人所有。外产和中外合资产不进行分类，但应按实注明。

4. 房屋产别

房屋产别是根据产权占有和管理不同而划分的类别。按两级分类，一级分8类，二级分4类，具体分类标准及编号见表8-4。

表8-4　房屋产别分类标准

一级分类		二级分类		内　容
编号	名称	编号	名称	
10	国有房产			指归国家所有的房产，包括由政府接管、国家经租、收购、新建以及国有单位用自筹资金建设或购买的房产
		11	直管产	指由政府接管、国家经租、收购、新建、扩建的房产（房屋所有权已正式划拨给单位的除外），大多数由政府房地产管理部门直接管理、出租、维修，少部分免租拨借给单位使用
		12	自管产	指国家划拨给全民所有制单位所有以及全民所有制单位自筹资金建设或购买的房产
		13	军产	指中国人民解放军队所有的房产，包括由国家划拨的房产、利用军费开支或军队自筹资金建设或购买的房产
20	集体所有房产			指城市集体所有制单位所有的房产，即集体所有制单位投资建设、购买的房产
30	私有房产			指私人所有的房产，包括中国公民、海外华侨、在华外国侨民、外国人所投资建造、购买的房产，以及中国公民投资的私营企业（私营独资企业、私营合伙企业和私营有限公司）所投资建造、购买的房产
		31	部分产权	指按照房改政策，职工个人以标准价购买的住房，拥有部分产权
40	联营企业房产			指不同所有制性质的单位之间共同组成新的法人型经济实体所投资建造、购买的房产

(续)

一级分类		二级分类		内　容
编号	名称	编号	名称	
50	股份制企业房产			指股份制企业所投资建造或购买的房产
60	港、澳、台投资房产			指港、澳、台地区投资者以合资、合作或独资在祖国大陆举办的企业所投资建造或购买的房产
70	涉外房产			指中外合资经营企业、中外合作经营企业和外资企业，外国政府、社会团体、国际性机构所投资建造或购买的房产
80	其他房产			指凡不属于以上各类别的房屋，都归于这一类，包括因所有权人不明，由政府房地产管理部门、全民所有制单位、军队代为管理的房屋以及宗教、寺庙等房屋

5. 房屋层数

房屋层数是指房屋的自然层数，一般按室内地坪以上计算。采光窗在室外地坪以上的半地下室，其室内层高在2.2m以上的，计算层数。

地下室、假层、附层（夹层）、阁楼（暗楼）、装饰性的塔楼以及突出屋面的楼梯间、水箱间不计层数。

6. 层次

层次是指本权属单元的房屋在该幢楼房中的第几层。

7. 建筑结构

建筑结构，简称结构。结构必须具有足够的强度、刚度、稳定性、耐久性和耐火性能，才能承受作用在建筑物和构筑物上的各种荷载。结构可以用一种材料构成，也可由两种或多种材料构成。

结构按使用材料不同一般可分为钢结构、钢、钢筋混凝土结构、钢筋混凝土结构、混合结构、砖木结构及其他结构6类，分类标准见表8-5。

表8-5　建筑结构分类标准

类型		内　容
编号	名称	
1	钢结构	承重的主要构件是用钢材建造的，包括悬索结构
2	钢-钢筋混凝土结构	承重的主要构件是用钢、钢筋混凝土建造的，如一幢房屋一部分梁柱用钢、一部分梁柱采用钢筋混凝土构架建造
3	钢筋混凝土结构	承重的主要构件是用钢筋混凝土建造的，包括薄壳结构、大模板现浇结构及使用滑模式、升板式等先进施工方法施工的钢筋混凝土结构的建筑物
4	混合结构	承重的主要构件是钢筋混凝土和砖木，如一幢房屋梁是用钢筋混凝土制成，以砖墙为承重墙或者梁是木材制造，柱材料为钢筋混凝土
5	砖木结构	承重的主要构件是砖、木材，如砖墙、木柱结构房屋
6	其他结构	凡不属于上述结构的房屋都归此类，如竹结构、窑洞等

第八章 房产调查

8. 房屋建成年份

房屋建成年份是指房屋实际竣工年份；拆除翻建者，是指翻建竣工年份。一幢房屋有两种以上建成年份，应分别注明。

9. 占地面积、建筑面积、分摊面积

房屋占地面积、房屋建筑面积及房屋分摊面积的测算，在后续章节中详细介绍。

10. 房屋墙体归属

房屋墙体归属是指房屋四面墙体的所有权归属，分别注明自有墙、共有墙和借墙三类。

11. 房屋权源

房屋权源是指产权人取得房屋产权的方式和时间，如继承、买卖、受赠、交换、自建、翻建、征用、收购、调拨、价拨、拨用等。产权来源有两种以上的，应全部注明。

12. 房屋产权纠纷

房屋产权的纠纷，在私人之间、单位之间、私人与单位之间都有可能存在。在调查中对产权不清或有争议的应做出记录。

13. 他项权利

他项权利是由权利人与产权人用契约的形式设定的权利，在民法上属于"物权"，如典当权、抵押权、地上权等。他项权利是在房产和土地产权的基础上产生的，实际上是对所有权的一种限制。每一项房地产不一定都存在他项权利，但房地产产权人有权以自有的房地产与他人设定他项权利。如房产主可以把自住宅区的房屋典与他人居住或使用，取得一笔典金。取得典权的人即为本产业的他项权利人，持有他项权利之一的典权；又如房产主把自有房产作为抵押品，向银行或个人贷款，并签立贷款契约，贷款人即为本产业的他项权利人，持有他项权利之一的抵押权。在设定他项权利时，应进行他项权利登记，申请"他项权利证明书"。权利消灭时，也应注销登记。在调查中对设有典当权、抵押权等他项权利的，应全部做出记录。

14. 房屋用途

房屋用途是指房屋目前的实际用途，按两级分类，一级分 8 类，二级分 28 类，具体分类标准见表 8-6。

表 8-6 房屋用途分类标准

一级分类		二级分类		内　容
编号	名称	编号	名称	
10	住宅	11	成套住宅	指由若干卧室、厨房、卫生间、室内走道或客厅等组成的供一户使用的房屋
		12	非成套住宅	指人们生活起居的但不成套的房屋
		13	集体宿舍	指机关、学校、企事业单位的单身职工、学生居住的房屋，集体宿舍是住宅的一部分
20	工业交通仓储	21	工业	指独立设置的各类工厂、车间、手工作坊等从事生产活动的房屋
		22	公用设施	指自来水、泵站、污水处理、变电、煤气、供热、垃圾处理、环卫、公厕、殡葬、消防等市政公用设施的房屋
		23	铁路	指铁路系统从事铁路运输的房屋
		24	民航	指民航系统从事民航运输的房屋

（续）

一级分类		二级分类		内容
编号	名称	编号	名称	
20	工业交通仓储	25	航运	指航运系统从事水路运输的房屋
		26	公交运输	指公路运输公共交通系统从事客、货运输，装卸，搬运的房屋
		27	仓储	指用于储备、中转、外贸、供应等的各种仓库、油库用房
30	商业金融信息	31	商业服务	指各类商店、门市部、饮食店、粮油店、菜场、理发店、照相馆、浴室、旅社、招待所等从事商业和为居民生活服务活动的房屋
		32	经营	指各种开发、装饰、中介公司从事经营业务活动所用的房屋
		33	旅游	指宾馆、饭店、大厦、游乐园、俱乐部、旅行社等主要从事旅游服务活动的房屋
		34	金融保险	指银行、储蓄所、信用社、信托公司、证券公司、保险公司等从事金融活动的房屋
		35	电信信息	指各种邮电、电信部门、信息产业部门，从事电信与信息工作所用的房屋
40	教育医疗卫生科研	41	教育	指大专院校、中等专业学校、中学、小学、幼儿园、托儿所、职业学校、干校、党校、进修院校、工读学校、电视大学等从事教育活动所用的房屋
		42	医疗卫生	指各类医院、门诊部、卫生所（站）、防（检）疫站、保健院（所）（站）、疗养院（所）、医学化验、药品检验等医疗卫生机构从事医疗、保健、防疫、检验所用的房屋
		43	科研	指各类研究院（所）、设计院（所）等从事自然科学、社会科学等研究、设计、开发所用的房屋
50	文化娱乐体育	51	文化	指文化馆、图书馆、展览馆、博物馆、纪念馆等从事文化活动所用的房屋
		52	新闻	指广播电台、电视台、出版社、报社、杂志社、通讯社、记者站等从事新闻出版活动所用的房屋
		53	娱乐	指影剧院、游乐场、俱乐部、剧团等从事文娱演出活动所用的房屋
		54	园林绿化	指公园、动物园、植物园、陵园、苗圃、花圃、花园、风景名胜、防护林等园林绿化所用的房屋
		55	体育	指体育场、馆、健身房、游泳池、射击场、跳伞塔等从事体育活动所用的房屋
60	办公	61	办公	指党、政机关，群众团体，行政事业单位等行政、事业机关办公房屋
70	军事	71	军事	指中国人民解放军军事机关、营房、阵地、基地、机场、码头、工厂、学校等从事军事活动所用的房屋
80	其他	81	涉外	指外国使、领馆，驻华办事处等涉外所用的房屋
		82	宗教	指寺庙、教堂等从事宗教活动所用的房屋
		83	监狱	指监狱、看守所、劳改场（所）等所用的房屋

15. 房屋权界线示意图

房屋权界线示意图是以权属单元为单位绘制的略图，表示房屋及其相关位置、权界线，共有共用房屋权界线，以及与邻户相连墙体的归属；并注明房屋边长；对有争议的权属界线应在图中注明。

二、房屋调查的方法

(一) 房屋调查的工作程序

1. 拟订调查计划
2. 物质方面的准备
3. 权属资料的收集、分析和处理
4. 街道和街坊的划分
5. 发放通知书
6. 实地调查
7. 资料整理

上述房屋调查的工作程序参见房屋用地调查的基本程序。

(二) 房屋预售调查和房改中房屋调查的作业程序

(1) 调查申请　凡需房屋调查的,由有关单位向测绘部门提出申请,填写登记表。申请房屋调查时应提交房屋建筑设计图(包括平、立、剖面图,发证时还需提供结构设计图)和房屋位置略图。

(2) 预售调查　对在建的房屋进行预售(楼花)调查,使用经批准的设计图计算面积,计算完毕后,必须在所使用的设计图样上加盖"面积计算用图"印章。

(3) 房改中的房屋调查　房改中的房屋调查以实地调查结果为准。原进行过预售调查的需到实地复核,凡在限差范围内的维持原调查结果,不做改变。否则,重新丈量并计算。

(4) 提交资料　房屋调查的成果资料是房屋调查报告,一份交申请单位,一份原件由测量部门存档。

(三) 房屋调查的方法

根据房屋调查表的内容,通过对现有资料的整理,可利用现有地形图、地籍图、航摄像片、正射影像图及相关的文字资料进行内业和外业的调查,内业靠现有资料进行,外业调查依据相关的规定按调查内容进行实地调查,填写表格,绘制略图。

房屋调查方法与房屋用地调查方法大体一致,可参考房屋用地调查方法。这里着重介绍房产要素的编号。

(1) 房产编号　这里所述房产是指一个丘内的房产。

房产编号为全长16位的字符型,见表8-7。编号前12位为该房产/户地所属的丘地的编号。第13位为特征码(二值型)以"0"代表房产,以"1"代表户地(宅基地),第14、15、16三位为该房产/户地在所属地块范围内按"弓"形顺序编的房产序号/户地序号。户地是指农村居民点的宅基地。

(2) 房屋及构筑物要素编号　房屋及构筑物编号可依据《房产测量规范　第1单元:房产测量规定》(GB/T 17986.1—2000)的有关规定进行编制。

表8-7　房产编号

第1~12位	第13位	第14、15、16位
丘编号	房产——"0"(一位数字)	房户序号(三位数字)
	户地——"1"	000~999

房屋、构筑物编号全长8位,见表8-8。第1位为房屋产别分类代码;第2位为房屋结构代码,用1位数字表示;第3、4位为房屋层数,用2位字符表示,1~99层用1~99表示,100层以上(含100层)用字母加数字表示,如100层用A0表示,115层用B5表示,其中A代表"10",B代表"11",依次类推;第5、6、7、8位,建成年限,用4位字符表示,如"1985"代表1985年建成。

表8-8 建筑物及构筑物编号

第1位		第2位		第3、4位		第5、6、7、8位	
产别(1位)		结构(1位)		层次(2位)		建成年限(4位)	
编号	含义	编号	含义	编号	含义	编号	含义
1	国有资产	1	钢结构	01 02	1层 2层	1900 1985	1900年 1985年
2	集体所有房产	2	钢/钢筋混凝土结构	⋮	⋮	⋮	⋮
3	私有房产	3	钢筋混凝土结构	99 A0	99层 100层	1999 2000	1999年 2000年
4	联营企业房产	4	混合结构	⋮	⋮	⋮	⋮
5	股份制企业房产	5	砖木结构	A9 B0	109层 110层	2010 2019	2010年 2019年
7	涉外房产	6	其他结构	⋮	⋮	⋮	⋮
8	其他房产			B9 C0	119层 120层	2050 2059	2050年 2059年
				⋮	⋮	⋮	⋮

小 结

1. 房产调查包括房屋调查和房屋用地调查。房产调查应利用现有的地形图、地籍图、航摄像片以及有关产籍资料按照房屋调查表和房屋用地调查表中的丘和幢为单位,逐项实地进行调查。

2. 房屋类别按两级分类:一级分8类,二级分4类。根据房屋实际用途按两级分类:一级分8类,二级分28类。

3. 房屋用地单元的划分和编号为丘、幢号、房产权号和房屋共有权号。

4. 房屋用地调查的具体内容包括用地坐落、产权性质、等级、税费、用地人、用地单位所有制性质、使用权来源、四至、界标、用地用途分类、用地面积和用地纠纷等基本情况,以及绘制用地范围略图。

房屋调查的程序:①拟订调查计划;②物质方面的准备;③权属资料的收集、分析和处理;④调查小区的划分;⑤发放通知书;⑥实地调查;⑦资料整理。

5. 房屋调查的具体内容包括房屋坐落、产权人、产权性质、产别、层数、所在层次、建筑结构、建成年份、用途、占地面积、建筑面积、分摊面积、墙体归属、权源、产权纠纷和他项权利等基本情况,并要绘制房屋权界线示意图。

房屋调查程序与房屋用地调查程序基本相同。

第八章 房产调查

思考题与习题

1. 房产调查的基本内容有哪些?
2. 房产调查的一般规定有哪些?
3. 幢号和丘号应如何进行编号?
4. 房屋用地调查的程序是什么?
5. 房屋调查的内容有哪些?
6. 房屋调查的方法是什么?
7. 房产应如何进行编号?
8. 房屋及构筑物编号应如何进行?

第九章

房产要素测量

学习目标

通过本章学习,熟悉界址点的编号方法和内容;熟悉界址点测量的内容;初步掌握房产要素的测量方法。

在房产调查的基础上,确定有关的房产信息后就可进行房产要素的测量,包括界址测量,境界测量,房屋及其附属设施测量以及陆地交通、水域测量等内容。具体方法主要有野外解析法测量、航空摄影测量及全野外数据采集。

第一节 房产要素测量的内容

一、界址测量

界址测量是指测定界址点坐标的工作,界址点坐标是在某一特定的坐标系中利用测量手段获取的一组数据,即界址点地理位置的数学表达。它是确定房地产地理位置的依据,是量测房产面积的基础数据,界址点坐标对实地的界址点起着法律上的保护作用。一旦界址点坐标被人为或地表自然移动破坏,则可利用已有的界址点坐标用测量放样的方法恢复界址点的位置。

界址点的编号以高斯投影的一个整公里格网为编号区,每个编号区的代码以该公里格网西南角的横纵坐标公里值表示。点的编号在一个编号区从 1~99999 连续顺编。点的完整编号由编号区代码、类别代码、点的编号三部分组成,编号形式如下:

| 编号区代码 | 类别代码 | 点的编号 |
| (9位) | (1位) | (5位) |

编号区代码由9位数组成，第1、2位数为高斯坐标投影带的带号或代号，第3位数为横坐标的百公里数，第4、5位数为纵坐标的千公里和百公里数，第6、7位和第8、9位数分别为横坐标和纵坐标的十公里和整公里数。

类别代码用1位数表示，其中3表示界址点。

点的编号用5位数表示，从1~99999连续顺编。

界址点测量从邻近的基本控制点或高级界址点起算，以极坐标法、支导线法或正交法等野外解析法测定，也可在全野外数据采集时和其他房地产要素同时测定。丘界线测量需要测定丘界线边长时，用鉴定过的钢尺丈量其边长，丘界线丈量精度应符合《房产测量规范 第1单元：房产测量规定》（GB/T 17986.1—2000）规定，也可由相邻界址点的解析坐标计算丘界线长度。对于不规则的弧形丘界线，可按折线分段丈量。测量结果应标示在分丘图上，供计算丘面积及复丈检测作依据。

界标地物测量应根据设立的界标类别、权属界址位置（内、中、外）选用各种测量方法测定，其测量精度应符合《房产测量规范 第1单元：房产测量规定（GB/T 17986.1—2000)》的规定，测量结果应标示在分丘图上。界标与邻近较永久性的地物应进行联测。

界址点坐标的精度可根据测区房地经济价值和界址点重要性来加以选择，国外对界址点的精度要求很高，一般为±(2~5)cm。我国地域广大，且经济发展不平衡，此项工作起步晚，经综合考虑制定了符合我国实际的精度标准。我国界址点的精度分为三级，各级界址点相对于邻近控制点的点位误差和间距超过50m的相邻界址点的间距误差不超过表9-1的规定。

表9-1 各级界址点中误差及限差

界址点等级	界址点相对于邻近控制点的点位误差和相邻界址点间的间距误差/m	
	限差	中误差
一	±0.04	±0.02
二	±0.10	±0.05
三	±0.20	±0.10

间距未超过50m的界址点间的间距误差限差不应超过式（9-1）的计算结果。

$$\Delta D = \pm(m_j + 0.02 m_j D) \tag{9-1}$$

式中 m_j——相应等级界址点的点位中误差（m）；

D——相邻界址点间的距离（m）；

ΔD——界址点坐标计算的边长与实量边长较差的限差（m）。

二、境界测量

行政境界测量，包括国界线以及国内各级行政区划界。测绘国界时，应根据边界条约或有关边界的正式文件精确测定，国界线上的界桩点应按坐标值展绘，注出编号，并尽量注出高程。国内各级行政区划界应根据勘界协议、有关文件准确测绘，各级行政区划界上的界桩、界碑按其坐标值展绘。

三、房屋及其附属设施测量

房屋应逐幢测绘，不同产别、不同建筑结构、不同层数的房屋应分别测量。独立成幢房屋，以房屋四面墙体外侧为界测量；毗连房屋四面墙体，在房屋所有人指界下，区分自有墙、共有墙或借墙，以墙体所有权范围为界测量；每幢房屋除按《房产测量规范 第1单元：房产测量规定》（GB/T 17986.1—2000）要求测定其平面位置外，应分幢分户丈量作图。丈量房屋以勒角以上墙角为准，测绘房屋以外墙水平投影为准。

房屋附属设施测量，柱廊以柱外围为准；檐廊以外轮廓投影为准；架空通廊以外轮廓水平投影为准；门廊以柱或围护物外围为准，独立柱的门廊以顶盖投影为准；挑廊以外轮廓投影为准；阳台以底板投影为准；门墩以墩外围为准；门顶以顶盖投影为准；室外楼梯和台阶以外围水平投影为准。

房角点测量是指对建筑物角点测量，其点的编号方法除点的类别代码外，其余均与界址点相同，房角点的类别代码为 4。房角点测量不要求在房角上都设置标志，可以房屋外墙勒脚以上（100±20）cm 处墙角为测点。房角点测量一般采用极坐标法、正交法测量。对于正规的矩形建筑物可直接测定三个房角点坐标，另一个房角点坐标可通过计算求出。

其他建筑物、构筑物测量是指不属于房屋，不计算房屋建筑面积的独立地物以及工矿专用或公用的贮水池、油库、地下人防干支线等。独立地物的测量，应根据地物的几何图形测定其定位点。亭以柱外围为准；塔、烟囱、罐以底部外围轮廓为准；水井以中心为准；构筑物按需要测量。共有部位测量前，须对共有部位进行认定，认定时可参照购房协议、房屋买卖合同中设定的共有部位，经实地调查后予以确认。

四、陆地交通、水域测量

陆地交通测量是指铁路、道路、桥梁测量。铁路以轨距外缘为准；道路以路缘为准；桥梁以桥头和桥身外围为准。

水域测量是指河流、湖泊、水库、沟渠、水塘测量。河流、湖泊、水库等水域以岸边线为准；沟渠、池塘以坡顶为准。

其他相关地物是指天桥、站台、阶梯路、游泳池、消火栓、检阅台、碑以及地下构筑物等。消火栓、碑不测其外围轮廓，以符号中心定位；天桥、阶梯路均以比例绘出，取其水平投影位置；站台、游泳池均以边线测绘，内加简注；地下铁道、过街地道等不测其地下物的位置，只表示出入口位置。

第二节 房产要素测量的方法

当在实地确认了界址点位置并埋设了界址点标志后，通常都要实测界址点坐标。一般可用实地测量方法，或用高精度的摄影测量方法来获取界址点坐标，这两种方法叫解析法。对于部分隐蔽的界址点，实测坐标有困难时，也可采用图解法获取其坐标。

一、野外解析法测量

通常在野外利用各种测量工具来获取界址点的观测数据，用数学公式计算出界址点的坐标。一般是从基本控制点上用测定支点的方法来测定，视测区情况也可以用解析交会法来测定，或在满足精度要求的前提下，用其他方法测定。具体方法有极坐标法、交会法、直角坐标法等。在野外作业过程中可根据不同情况选用不同测量方法。

（一）野外解析法测量

1. 极坐标法

极坐标法是根据测站上的一个方向测定出测站点至界址点方向间的夹角 β，再测出测站点至界址点的距离 s，然后确定界址点的位置。

【例 9-1】 如图 9-1 所示，已知数据 $A(x_A, y_A)$，$B(x_B, y_B)$；观测数据：β, s。求界

址点 P 的坐标 $P(x_P, y_P)$。

【解】 首先根据 A、B 点的坐标反算出 AB 边的坐标方位角 α_{AB}，根据观测角 β 按方位角推算公式推算出 AP 边的坐标方位角 α_{AP}，然后计算 $\Delta x_{AP} = s\cos\alpha_{AP}$，$\Delta y_{AP} = s\sin\alpha_{AP}$，得 $x_P = x_A + \Delta x_{AP}$，$y_P = y_A + \Delta y_{AP}$。

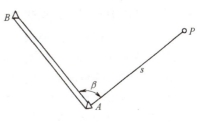

图 9-1 极坐标法示意图

这种方法是测定界址点最直接和常用的方法。可用光学经纬仪测定 β 角，用鉴定过的钢尺测定距离 s，按照上述方法计算坐标。

采用全站仪进行观测时，可直接测得界址点坐标，能极大地提高精度和工效。

2. 交会法

交会法分为角度交会法和距离交会法。角度交会法就是从两个已知点分别量出其至未知界址点的角度，从而确定出未知界址点的位置；距离交会法就是从两个已知点分别量出其至未知界址点的距离，从而确定出未知界址点的位置。已知点可以是控制点，也可以是已知的界址点或辅助点（为测定界址点而测设的点）。这种方法要求交会角大于 30°小于 150°。使用交会法测量应有检核条件，即对同一界址点应有两组交会图形，计算两组坐标，并比较其差值，当两组坐标的差值在允许的范围内，取平均值作为最后结果；或把求出的坐标和临近的其他界址点坐标反算出的边长与实量边长进行检核，如其差值在规定的范围内则可确定所求界址点的坐标是正确的。这两种方法在第七章有详细介绍。

3. 直角坐标法

直角坐标法又称截距法，通常以一导线边或其他控制线作为轴线，测出某一界址点在轴线上的投影位置，量出投影位置至轴线一端点的距离和至界址点的垂距，即可确定出界址点的位置。如图9-2所示，$A(x_A, y_A)$，$B(x_B, y_B)$ 为已知点，以 A 点作为起点，B 点作为终点，在 A、B 间拉一根测绳或卷尺作为投影轴线，然后用直角法从界址点 P 引垂线，定出 P 点的垂足 P' 点，用经鉴定合格的钢尺量出 s_1、s_2，则 P 点坐标计算如下：

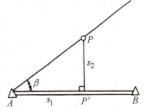

图 9-2 直角坐标法示意图

$$s_{AP} = \sqrt{s_1^2 + s_2^2}$$
$$\beta = \arctan\frac{s_2}{s_1} \tag{9-2}$$

得到 β 值后，再根据坐标方位角推算公式求 α_{AP}，然后再求坐标增量 Δx_{AP}，Δy_{AP} 和 P 点的坐标。这种方法操作简单，对仪器工具要求不高，但注意引设垂足 P' 点时要精确，以确保 P 点坐标解算的精度。

（二）实地测定界址点的作业方法

1. 准备工作

进行测量之前，除了做好一般性的准备工作外，还应充分做好界址点测定的准备工作。

(1) 收集房产权属调查表 界址点点位的确定一般是在进行权属调查时进行的。表中详细地说明了各界址点实地位置的情况，并丈量了大量的界址边长，草编了点号，详细地绘出了房屋用地草图。这些资料都是进行界址点测量所必须的。

(2) 踏勘界址点位置 踏勘时应在参加调查的工作人员的指引下，实地查找界址点位置，了解各用地范围，并在蓝图上用红笔清晰地表示出来。如无参考图件，则要详细画好踏勘草图，对于面积较小的地块，最好能在一张纸上连续地画上若干个相邻地块的用地情况，并充分注意界址点的公用情况。对于面积较大的地块要认真地注记好四至关系和公用界址点的情况。在画好的草图上标记上权属者的姓名和草编点号。在未定界线附近则可选择若干固定的地物点或埋设参考标志，测定时按界址点坐标的精度要求测定这些点的坐标，待权属界线确定后，可据此来补测确认后的界址点坐标。这些辅助点也要在草图上标注。

(3) 整理踏勘后的资料　主要资料有草编界址点号、界址点观测及面积计算草图。进行房产调查时，一般不知道各房产调查区的界址点数量，只知道每块地有多少界址点，其编号只在本地块内进行。因此要在房产调查区内统一编制界址点观测草图，并统一编上草编界址点点号，在草图上注记出与房产调查表中相一致的实量边长及权属者名称，这样整理资料清楚，观测和计算时使用方便。

2. 野外界址点测量的实施

界址点的测量可以单独进行，也可以和房地产图的测绘同时进行。野外界址点测量应使用专用的界址点观测手簿，记录时界址的观测序号用观测草图上的草编界址点号。使用钢尺量距时，其量距长度不能超过一个尺段，钢尺必须经鉴定并对结果进行尺长改正。使用测距仪或全站仪时，在墙角立棱镜会有偏心差，应注意其对结果的影响，测量时使用两点式觇牌或粘贴性反射片能提高精度。

3. 野外观测成果的内业整理

界址点的外业观测工作结束后，应及时计算界址点的坐标，并反算出相邻界址边长，填入界址点误差表中，计算出每条边的 Δ_1，如 Δ_1 的值超出限差，应按照坐标计算、野外勘丈、野外观测的顺序进行检查，发现错误及时改正。当全部边长都在限差内时计算面积。当房产调查区内的所有界址点坐标经检查合格后，按界址点的编号方法编号，并计算全部面积，然后把界址点坐标和面积填入标准的表格中，整理成册。

(三) 测量草图的绘制

测量草图是地块、建筑物位置关系和房地产调查的实地记录，是展绘地块和房屋界址、计算面积和填写房产登记表的原始依据。在进行房地产测量时应根据项目的内容用铅笔绘制测量草图。测量草图包括房屋用地测量草图和房屋测量草图。

1. 房屋用地测量草图

房屋用地测量草图包括平面控制网点及点号、界址点和房角点相应的数据、墙体归属、房屋产别、房屋建筑结构、房屋层数、房屋用地用途类别、丘（地）号、道路及水域、有关地理名称和门牌号、观测手簿中所有未记录的测定参数、测量草图符号的必要说明、指北方向线、测量日期、作业员签名。如图 9-3 所示为某一房屋用地测量草图示例。

2. 房屋测量草图

房屋测量草图均按概略比例尺分层绘制，房屋外墙及分隔墙均绘单实线；图样上应注明房产区号、房产分区号、丘（地）号、幢号、层次及房屋坐落，并加绘指北方向线；注明住宅楼单元号、室号、注记实际开门处；逐间实量、注记室内净空边长（以内墙面为准）和墙体厚度，数字取至 cm；室内墙体凸凹部位在 0.1 m 以上者如柱垛、烟道、垃圾道、通风道等均应表示；凡有固定设备的附属用房如厨房、卫生间、电梯、楼梯等均须实量边长，并加注必要的注记；遇有地下室、复式房、夹层、假层等应另绘草图。房屋外廊的全长与室内分段丈量之和（含墙身厚度）的较差在限差内时，应以房屋外廓数据为准，分段丈量的数据按比例配赋，超差须进行重新丈量。草图可用 787mm×1092mm 的 1/8、1/16、1/32 规格的图样。选择合适的概略比例尺，使其内容清晰易读，在内容较集中的地方可绘制局部图。测量草图应在实地绘制，测量的原始数据不得涂改擦拭，汉字字头一律向北、数字字头向北或向西。测量草图的图式符号参照《房产测量规范 第2单元：房产图图式》（GB/T 17986.2—2000）执行。如图 9-4 所示为某一房屋测量草图示例。

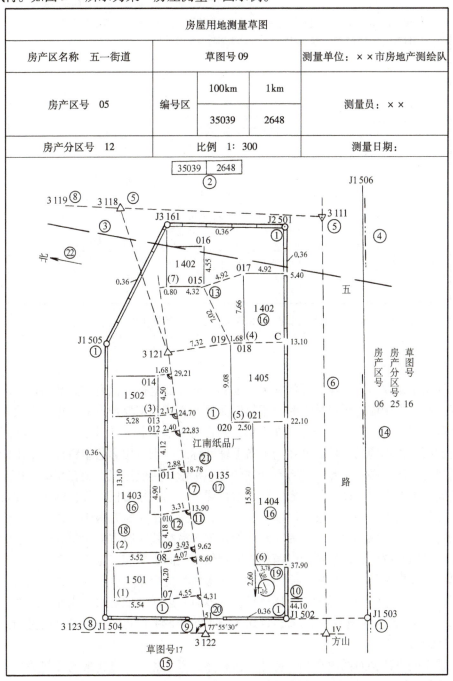

图 9-3 房屋用地测量草图示例

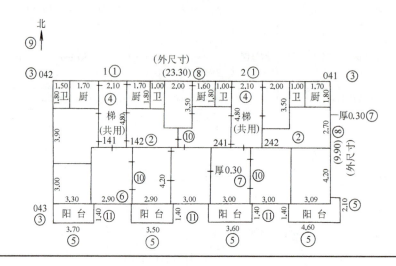

图9-4 房屋测量草图示例

二、航空摄影测量

虽然利用全站仪可以快速、经济和灵活地测定界址点坐标，但有时点数很多且地面通视条件不好，而从空中能看到界址点时，用摄影测量的方法测定界址点的坐标是更快速且经济的测量手段。所有要测定的界址点应在摄影之前设置标志，标志大小在 10～30cm 间，在其顶部和上侧面漆以不同的颜色，并在周围布上辅助标志，也可用彩色塑料标。采用摄影测量方法测制房地产图，必须对测区进行有计划的空中摄影，将航摄仪安装在航摄飞机上，从空中一定的高度上对地面物体进行摄影，取得航摄像片。运载航摄仪的飞机的稳定性要好，在空中摄影过程中要保持一定的飞行高度和直线性，摄影多采用竖直摄影方式，航摄仪在曝光的瞬间物镜的主光轴保持垂直于地面。航摄像片要求沿航线飞行方向两相邻像片上对所摄地面有一定的影像重叠度，区域摄影时两相邻航带像片之间也要有一定的影像重叠，像片的重叠部分是立体观察和像片连接所必须的条件。航摄像片应根据精度要求选择合适的摄影比例尺，摄影比例尺是指空中摄影的相片比例尺，选择时要以成图比例尺、内业成图方法等精度来考虑选取，规范要求测绘 1∶500、1∶1000 房地产分幅平面图，相应的航摄比例尺为 1∶2000～1∶6000。

根据摄得的立体像对的内在几何特性，按物点、摄站点与像点构成的几何关系，用数学计算方式求解物点的三维坐标，方法有三种：

1）用单张像片的空间后方交会与立体像对的前方交会方式求解物点的三维空间坐标。即先根据地面控制点坐标，按共线条件方程解求像片的外方位元素，然后再依据求得的两像片的外方位元素，按照前方交会公式计算像对内其他所有点的三维坐标，从而建立起数字立体模型。

2）用相对定向和绝对定向方法求解地面点的三维空间坐标。此法是用具有一定重叠度（重叠度为1/3）的两张像片，先采取恢复摄影瞬间两像片的相对位置和方位，使同名光线达到对对相交，建立与地面相似的几何模型，然后再将立体模型进行平移、旋转和缩放的绝对定向，把立体模型点坐标纳入到规定的坐标系中，并归化为规定的比例尺，以确定立体像对内所有地面点的三维坐标。

3）采用光束法求解地面点三维坐标。这种方法是把待求的地面点与已知地面点坐标按照共线条件方程，用连接点条件和控制点条件同时列出误差方程式，统一进行平差计算，以求得地面点的三维坐标。此法理论上较为严密，它是把前两种方法的两个步骤合为一体同时解算。

竖直摄影的航摄像片是地面的中心投影，而像片平面图是地面的正射投影，因此需要将航摄像片由中心投影转换为地面一定比例尺的正射投影。与像片平面图相比，航摄像片存在着像片倾斜引起的像点位移，地面起伏引起的像点位移，摄站点之间由于航高差引起的各张像片间的比例尺不一致等差异。为了消除这些差异就要进行像片纠正，通过实现摄影过程的几何反转，按照相似光束的纠正原理或运用透视旋转定律实现变光束纠正。采用数学解析纠正时，在模拟或解析测图仪建立的立体模型上，或在现有的地图上采集地面高程坐标和获取像片内外方位元素，建立像点与图点的中心投影与正射投影的坐标对应关系；也可在立体模型上扫描，将图点对应的像点坐标顺序记录在磁带上。

摄影测量具有成本低、效率高、成图精度均匀的优点，尤其是将外业的大量工作转化为内业完成。按照摄影测量的理论，无论采用哪种成图方法都需要像片控制点，像片控制点分为平面控制点、高程控制点和平高控制点。像片控制点的起算点为基本控制点。平面控制点和平高控制点相对邻近基本控制点的点位中误差不超过±0.1mm。高程控制点和平高控制点相对邻近高程控制点的高程中误差不超过±0.1m。控制点能将摄影测量的内业成果纳入到地面坐标系，它的获取方法可用全野外布点测定，也可用生产单位通常采用的方法，先在野外测定少量的控制点，然后在室内用解析法空中三角测量加密获得内业测图需要的全部控制点。外业测定像片控制点的工作称为像片控制点的联测。经过外业像片控制点的联测与内业控制点的加密，就能按各种成图方法在各种成图仪器上确定地面点的平面和高程位置。

野外像片控制测量的工作包括：拟订平面、高程控制测量技术计划，实地踏勘选定像片控制点，像控点的刺点与整饰，像控点的观测与计算，控制成果的整理等。在旧图上依据现有的三角点、水准点以及高级地形控制点拟订像控点的施测方法，像控点的选择如果位置不当，不仅影响内业成图的质量，而且会给实地观测作业与内业成图工作造成一定困难。其像控点的影像位置必须是可以明确辨认的目标点，并且能满足地形测量通视良好、交会图形理想等要求。根据技术计划到实地进行核实对照，最后确定像控点的位置和施测方法。像控点选定后，要在像片上准确刺出其位置，刺点的像片经过整饰注记即能获得摄影测量内业成图需要的控制片。

像片控制点坐标的测定方法可以采用第七章介绍的测量方法，如果因通视条件所限不能直接测定时，可先在所求的像点附近通视条件好的地方测一个过渡点，然后再联测像控点。

外业经过像片调绘后描绘注记在调绘片上的内容是房地产图地理要素的来源和依据。像片调绘是对像片影像进行准确的识读之后，将获取的地物地貌要素经过综合取舍并按房地产图图式的规定与要求，通过绘图和各种注记将其位置、数量、性质、质量以及分布，准确合理地描绘注记在像片上。记载调绘内容的像片称为调绘片。房地产图的像片不管采用什么方法都离不开野外实地的判读与调查，它是摄影测量外业的主要工作之一。平坦地区综合法测图虽然像片经过内业纠正晒像、摄影处理能获得可以表示地物平面位置的像片平面图，但要在像片平面图上测绘高程还是要靠外业在实地按地形测量的方法完成。

用航空摄影测量方法测绘房产图，一般采用全野外像片调绘和立体测图仪测绘的方法。当采用立体测绘仪时，可以在室内用精密立体测绘仪或解析测图仪进行地物要素的测绘，然后用所测绘的原图到外业进行地物要素的补调或补测，要求判断准确，描绘清楚，图式符号运用恰当，各种注记正确无误。调绘像片和航测原图上各种要素应分红、绿、黑三色表示。其中房产要素、房产编号和说明用红色，水系用绿色，其他用黑色。外业直接在像片上表示某些要素有一定困难，可采用"调绘志"方法，即在调绘片上蒙附等大的聚酯薄膜，划出调绘面积与像片上准确套合，作业中着重对界址、权属界线、阴影、屋檐改正等有关情况及数字做出记录，表示有关地物的形状、尺寸及相关位置或某些说明。

对像片上无影像、影像模糊、被阴影或树木影像覆盖的地物，作业期间应进行补调或补测。补调可采用以明显地物点为起点的交会法或截距法，补测难度较大且影响精度时用平板仪作业。对航摄后拆除的地物，则应在像片相应位置用红色划去，成片的应标出范围并加文字说明。当屋檐宽度大于0.2mm时，应在像片或采集原图上相应位置注明实量的宽度，丈量取位至0.01m，内业立体测图或图形编辑时应根据实量长度对屋檐进行改正。

三、全野外数据采集

全野外数据采集是指利用全站仪和电子记录簿或便携式计算机组成野外数据采集系统进行测量数据和有关属性值的电子记录，记录的数据可以直接传输至计算机，由计算机进行数据处理，从而获得待求点坐标、地物点位图形，利用计算机内编制的各种应用软件，通过人机交互处理生成图形数据文件，可自动绘制房地产图，打印各种成果数据表等。

作业主要技术指标与技术要求如下：

每个测站应输入测站点点号和测站点坐标、仪器号、观测日期、仪器高等参数；仪器对中偏差不超过±3mm，仪器高、觇标高量至厘米，加、乘常数改正不超过1cm时可不进行改正；以较远点定向，以另一已知点作检核，检核较差不得超过±0.1m，数据采集结束后，应对起始方向进行检查；水平角和竖直角读至1′，距离读至1mm，最大距离一般不超过200m，施测困难地区可适当放宽，但距离超过100m时，水平角读至0.1′；观测棱镜时，棱镜气泡应居中，如棱镜中心不能直接安置于目标中心时，应做棱镜偏心改正。

测点的编码问题是野外数据采集时一个非常重要的问题，若仅仅有野外采集点的观测值，而对所测的点不加任何属性及几何相关性的说明，那么这些点都是一些孤立的点，在处理和加工数据时，计算机就不能对其进行识别，当然也就不能达到机助制图的目的。因此，在输入观测值到电子手簿或电子记录器的同时，应对每个点赋予一个属性及几何相关性的说明，即通常所说的标识代码（也称编码或特征码）。关于编码的方式目前没有统一的规定，各作业单位可使用自编的代码，代码应以有利于对数据的编辑处理，且易为观测人员记忆和野外工作量较小为原则。

众多的编码方式归纳起来有三种类型：全要素编码、提示性编码和块结构编码。

1. 全要素编码

全要素编码方式适用于计算机自动采集的数据。编码要求对每个测点进行详细的说明，每个编码能唯一地、确切地标识该点，通常由若干位十进制数组成，有的还带有"±"号。其中每一位数字按层次分，都具有特定的含义，按照房地产图图式将图上要素进行分类，例如做如下代号："0"，测量控制点；"1"，独立地物；"2"，居民地；"3"，道路；"4"，管线和垣栅；"5"，水系；"6"，境界；"7"，植被；"8"，地貌；……。然后，在每一类中进行次分类，如居民地类又分为："01"，一般房屋；"02"，简单房屋；"03"，特种房屋；……。另外，加上类序号（测区内同类地物的序号）、特征点序号（同一地物中特征点连接顺序号）。图9-5为全要素编码形式，全要素编码的优点是：各点编码具有唯一性且易识读，适合计算机处理；缺点是：层次和位数多，难以记忆；当编码错漏时，在计算机的处理过程中不便人工干预；同一地物不按顺序观测时，编码相当困难。

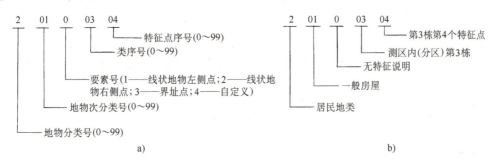

图9-5　全要素编码形式

另一种全要素编码是一部分在野外测量现场编入，另一部分可回到室内编入，避免全部编码在野外输入的麻烦，特别是可以随意进行观测，因此提高了工效，但需绘制野外草图。该代码由14位数字组成，前6位为现场代码，在观测现场输入，后8位为图形代码，在室内输入。

代码形式如下：

现场代码		图形代码			
A1	A2	A3			
类别 （2位）	观测点号 （4位）	次分类号 （2位）	线码 （1位）	点码 （1位）	连接点号 （4位）

其中　A1——记录类别或地形要素大类。测高程时，A1的第1位约定为0，不测高程时，A1的第1位约定为4；A1的第2位为0~9，表示地形要素的大类，分类方法与上面介绍的全要素编码地物分类方法相同；

A2——观测点号，为0~9999，按实际点号输入；

A3——第1、2位表示地形要素次分类号（也称地物细码），由0~99组成，分类方法与上述相同；第3位为连线类别（也称线码），约定为：0（孤立点）、1（直线）、2（整圆）、3（圆弧）、4（曲线）；第4位为连线顺序号（也称点码），约定为：1（开始点）、5

（中间点）、6（结束点）；第5～8位为连接点号，表示要与第几号点连接，数字为0～9999。

2. 提示性编码

提示性编码方式用于当作业员在计算机屏幕上进行图形编辑时起提示作用。编码也是由若干位十进制数组成，分为两部分，一部分为几何相关性，另一部分为类别。几何相关性由个位上的数字（0～9）表示；类别用十位上的数字（0～9）表示，不够时再扩展至百位。

十位编码规则是："1"，水系；"2"，建筑物；"3"，道路；其他类可自定义。

个位编码规则是："0"，孤立点；"1"，与前点连接；"2"，不与前点连接。这里的"前点"是指数据采集时的点号序列。

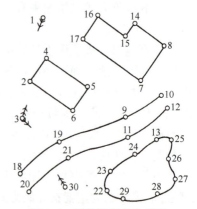

图9-6 野外数据采集草图

图9-6为外业采集了30个碎部点的草图，以观测顺序编号的提示性编码见表9-2。

表9-2 图9-6中测点提示性编码表

点号	编码	点号	编码	点号	编码
1	0	11	32	21	31
2	22	12	31	22	12
3	0	13	12	23	11
4	22	14	22	24	11
5	21	15	21	25	12
6	21	16	21	26	11
7	22	17	21	27	11
8	21	18	32	28	11
9	32	19	31	29	11
10	31	20	32	30	0

提示性编码的解释由计算机完成。由于这种编码提供的信息不齐全，所以解释后只能在显示屏上形成提示图形，要得到与实地相一致的图形，还需要对照野外草图在交互式图形编辑时完成。当数据采集时输入了错误的编码，计算机解释后连成了错误的图形，很直观地就可得到纠正。

由此看出，提示性编码的优点是：编码形式简单，野外工作量小，易于观测者掌握；编码随意性大，可容许缺省（赋予零），甚至允许错误存在；提供了人机对话式图形编辑方式，生成的图形便于更新。缺点是：提示的图形很不详细，必须在野外绘制详细的草图；预处理工作和图形编辑工作量太大；当实际图形是曲线时，必须增加许多外业测点。

3. 块结构编码

块结构编码方式用于计算机自动处理采集的数据。首先按照房地产图图式符号的分类，用三位整数将地形要素分类编码。如100为测量控制点类，104代表导线点，200为居民地类，220代表坚固房屋等。按此规则编制一张编码表，将常用编码排在前面，以方便外业使用。每一点的记录除观测值外，同时还有点号、编码、连接点和连接线型四种信息。点号大小同时代表测量的顺序,连接点是记录与测点相连接的点号,连接线型是记录测点与连接点之间的线型。规定"1",直线;"2",曲线;"3"圆弧线。

如测量一条道路,道路编码为633,其记录格式见表9-3,记录中采用块结构,1、2、3、4行为第一块,5、6、7行为第二块,8行为第三块。在每一个记录块内编码相同,测点连续观测,点间连接线型相同,并只在块尾处输入连接线型。第一块表示1、2、3、4点曲线连接,其中第一行点号为1,连接点也为1,表示1是起点;第二块表示7、6、5点以曲线相连,其中第五行同第一行、第七行连接点-4表示7点既与上一记录点6相连,又与下一记录点4相连。连接线型为-2,表示本块曲线相连,并且本块点的顺序要倒过来;第三块表示8点与5点直接相连。根据这三块记录,计算机检索处理后得到的点列顺序为:1、2、3、4、7、6、5、8,并按编码绘出直线和光滑的曲线,如图9-7所示。

表9-3 图9-7中测点编码方法表

点号	编码	连接点	连接线型
1	633	1	
2	633		
3	633		
4	633		2
5	633	5	
6	633		
7	633	-4	-2
8	633	5	1

块结构编码的优点是:

1) 号自动累加,编码位数少,编码可以自动重复输入或者编码相同可不输入。

2) 接点和连接线型简单,因此整个野外输入信息量很少。

3) 记录灵活方便,不必按顺序测定某一地物。

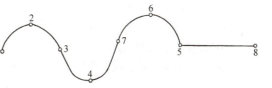

图9-7 野外记录方法

4) 根据测点编码的不同,利用图式符号库能表达复杂的线型,如曲线、圆弧线、虚线、点划线等,避免了测量员在野外输入复杂的线型信息,只要记录直线、曲线或者是圆弧线就可以了。

5) 测量某一房产要素时的中断点称为断点,通过连接点较好地标明了断点的连接关系。可避免在野外绘制详细的草图,当断点很多时,采用在手簿上记录断点号来代替画详细的草图,减少了野外工作量。如果地形特别复杂,同时断点又太多时,也只需绘出相应点号处的简图,作为手簿上记录的断点的补充说明,以保证断点的正确连接。

上述三种编码方法,在实际工作中根据情况要灵活选择,同时要考虑到和界址点标准编号的衔接问题。

小　　结

1. 界址点的完整编码由编号区代码（9位）、类别代码（1位）和点的编号（5位）组成。界址点的精度分三个等级。

2. 房产要素测量包括界址点测量，境界测量，房屋及其附属设施测量，陆地交通、水域以及相关地物测量。

3. 房产要素测量方法包括野外解析法测量、航空摄影测量及全野外数据采集等方法。

野外解析法测量包括极坐标法、交会法、直角坐标法。

航空摄影测量是在需要测量的界址点很多且地面通视条件差的情况下进行界址点测量的经济、快速的方法。

全野外数据采集是利用全站仪和电子记录簿或便携式计算机组成野外数据采集系统进行界址点测量的方法。

 思考题与习题

1. 界址点如何进行编号？界址点的精度如何划分？
2. 野外解析法进行房产要素测量时如何选择合适的方法？
3. 实地测定界址点的作业方法是什么？
4. 房屋及附属测量应注意什么问题？
5. 如何进行房产测量草图的绘制？
6. 航空摄影测量的工作过程是什么？
7. 如何进行野外数据采集？
8. 数据采集时编码的方法有哪些？各有哪些特点？

第十章

房地产图测绘

学习目标

通过本章学习，熟悉房地产图的分类、分幅和编号；熟悉房地产图的基本内容和表示方法。掌握分幅图、分丘图、分户图的测绘方法及步骤。

房地产图是房地产测绘的重要成果之一。绪论中已述，房地产测绘的成果包括房地产簿册、房地产数据和房地产图集，是进行房地产产权、产籍管理，房地产开发、利用、交易、费税征收，以及城镇规划建设的重要数据和资料。

本章首先介绍房产图的分类、分幅、编号、基本内容及表示方法等房地产图的基本知识，然后分类介绍房地产图的测绘方法。

第一节 房地产图的一般知识

一、房地产图的分类

按房地产管理的需要房地产图可分为房地产分幅平面图（以下简称分幅图）、房地产分丘平面图（以下简称分丘图）和房屋分户平面图（以下简称分户图）。

（一）分幅图

1. 房地产分幅图的定义

分幅图是全面反映房屋及其用地位置和权属等状况的基本图，是测绘分丘图和分户图的基础资料。分幅图由于其覆盖范围广、内容多、精度要求高，是房地产测绘的重点。

2. 房地产分幅图的测绘范围

分幅图的测绘范围包括城市、县城、建制镇的建成区和建成区以外的工矿企事业等单位及其毗连居民地。房产分幅图图幅采用 50cm×50cm。

3. 测图比例尺

在城镇建成区建筑物密度较大的测区，为了能清楚地表示房屋及有关构筑物方面情况，分幅图的比例尺一般采用 1∶500；在远离城镇建成区的工矿企事业等单位及其相毗连的居民点分幅图可以采用 1∶1000 比例尺。房地产分幅图应与城市基本图以及地籍图的比例尺一致，以便不同图纸之间信息的转换。如可根据城镇已有的基本图或地籍图进行修测、编绘形成房地产分幅图，也可将房地产分幅图的内容转绘到其他图纸上。

4. 分幅图的坐标系统

房地产测绘的坐标系统应与城市坐标系统一致，这样既可在进行房地产控制测量时节省时间、人力和物力，又可使城市的各项建设与管理、建立城市地理信息系统有统一的坐标依据，避免出现不必要的混乱。分幅图一般不表示高程，如需在图上标注高程，应采用 1985 年国家高程基准。

5. 精度要求

分幅图的精度要求与地形图的精度要求基本相同，其中重要地物点相对于邻近控制点的点位中误差不超过图上 ±0.5mm，次要地物点相对于邻近的点位中误差不超过图上 ±0.6mm。采用编绘法成图时，主要地物点相对于邻近控制点的点位中误差不超过图上 ±0.6mm，次要地物点相对于邻近的点位中误差不超过图上 ±0.7mm。对于少数施测困难地区的地物点的点位中误差，可按上述规定适当放宽 0.5 倍。

（二）分丘图

分丘图是分幅图的局部图，是绘制房屋产权证附图的基本图。分丘图的比例尺根据丘面积的大小可在 1∶100～1∶1000 之间选用，图纸一般采用聚酯薄膜，也可选用其他材料，展绘图廓线、方格网和控制点的各项误差与绘制分幅图时相同，坐标系统与分幅图坐标系统应一致。精度要求与分幅图相同。

（三）分户图

分户图是在分丘图的基础上绘制的细部图，以一户产权人为单位，表示房屋权属范围的细部图，以明确异产毗连房屋的权利界线，供核发房屋所有权证的附图使用。分户图的方位应使房屋的主要边线与图框边线平行，按房屋的方向横放或竖放，并在适当的位置加绘指北方向符号。比例尺一般为 1∶200，可根据房屋图形面积的大小适当放大或缩小。房屋的丘号、幢号应与分丘图上的编号一致，其房屋边长应实际丈量，注记取至 0.01m，注在图上相应位置。

二、房地产图的分幅及编号

1∶500、1∶1000 比例尺房产分幅图采用 50cm×50cm 正方形图幅。

分幅图编号以高斯—克吕格坐标的整公里格网为编号区，由编号区代码加分幅图代码组成（图 10-1），编号区的代码以该公里格网西南角的横纵坐标公里值表示。

编号形式为：

分幅图的编号：	编号区代码	分幅图代码
完整编号：	×××××××××	××
	9 位	2 位
简略编号：	××××	××
	4 位	2 位

完整编号时，编号区代码有9位，第1、第2位数为高斯坐标投影带的带号，第3位数为横坐标的百公里数，第4、第5位数为纵坐标的千公里和百公里数，第6、第7位数和第8、第9位数分别为横坐标和纵坐标的十公里和整公里数。简略编号时，编号区代码有4位，省去完整编号时前面的5位数，只有后4位数，分幅图代码有两位。通常情况下，图幅编号为6位数字，前4位数代表图幅西南角横纵坐标的公里数，横坐标在前，纵坐标在后，第5位、第6位数是区分比例尺的编号，1:1000比例尺为10、20、30、40；1:500比例尺为11、12、13、…、43、44。公里数用大号字，比例尺编号用小号字，图中1:1000比例尺图幅号为2110_{30}，1:500比例尺图幅号为2110_{32}。

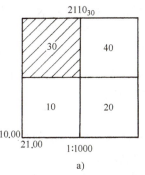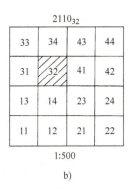

图 10-1　分幅图编号方法

三、房地产图的基本内容及表示方法

房地产图同地形图一样必须依据国家标准规定的图式，科学地反映房地产各类要素的形态特征。

（一）房地产分幅图的基本内容及表示方法

分幅图上应绘制房屋附属设施，包括柱廊、檐廊、架空通廊、底层阳台、门廊、门、门墩和室外楼梯，以及和房屋相连的台阶等。柱廊以柱的外围为准，图上只表示四角或转折处的支柱；底层阳台以地板投影为准；门廊以柱或围护物外围为准，独立柱的门廊以顶盖投影为准；门顶以顶盖投影为准；门墩以墩的外围为准；室外楼梯以水平投影为准，宽度小于图上1mm的不表示，与房屋相连的台阶按水平投影表示，不足五阶的不表示。

与房产管理有关的地形要素包括铁路、道路、桥梁、水系和城墙等均应表示，亭、塔、烟囱以及水井、停车场、球场、花圃、草地等可根据需要表示。铁路以两轨外缘为准，道路以外缘为准，桥梁以外围投影为准，城墙以基部为准，沟、渠、水塘、游泳池等以坡顶为准，其中水塘、游泳池等应加以简注，亭以柱的外围为准，塔、烟囱和罐以底部外围轮廓为准，水井以井的中心为准，停车场、球场、花圃、草地等以地类界线表示，并加注相应符号或加简注。

分幅图上应表示的房地产要素和房产编号包括丘号、房产区号、房产分区号、丘支号、幢号、房产权号、门牌号、房屋产别、结构、层数、房屋用途和用地分类等，根据调查资料以相应的数字、文字和符号表示。当注记过密图面容纳不下时，除丘号、丘支号、幢号和房产权号必须注记，门牌号可首末两端注记、中间跳号注记外，其他注记按上述顺序从后往前省略。

地理名称注记时，地名的总名与分名用不同的字级分别注记，同一地名被线状地物和图廓分割或者不能概括大面积和延伸较长的地域、地物时，应分别注记。单位名称只注记区、县级以上和使用面积大于图上$100cm^2$的单位。接边差不得大于界址点、地物点位中误差的$2\sqrt{2}$，并应保证房屋轮廓线、丘界线和主要地物的相互位置及走向的正确性。自由图边在测绘过程中应加强检查，确保无误。分幅图、分丘图上每隔10cm展绘坐标网点，图廓线上坐标网线向内侧绘5.0mm短线，图内绘10.0mm的十字坐标线，分幅图上一般不注图名。

绘图中各要素的取舍与表示方法应遵守以下原则：行政境界一般只表示区、县和镇的境界线；街道办事处或乡的境界根据需要表示；境界线重合时用高一级境界线表示；境界线与丘界线重合时，用丘界线表示；境界线跨越图幅时，应在内外图廓间的界端注出行政区划名称。明确无争议的丘界线用丘界线表示，有争议或无明显界线又提不出凭证的丘界线用未定丘界线表示，丘界线与房屋轮廓线或单线地物线重合时用丘界线表示。房屋包括一般房屋、架空房屋和窑洞等，房屋应分幢测绘，以外墙勒脚以上外围轮廓的水平投影为准，装饰性的柱和加固墙等一般不表示，临时性的过渡房屋及活动房屋不表示，同幢房屋层数不同的应绘出分层线。窑洞只绘住人的，符号绘在洞口处。架空房屋以房屋外围轮廓投影为准，用虚线表示，虚线内四角加绘小圈表示支柱。

（二）房地产分丘图的基本内容和表示方法

分丘图上除了表示分幅图的内容外，还应表示房屋权界线、界址点点号、窑洞的使用范围、挑廊、阳台、建成年份、用地面积、建筑面积、墙体归属和四至关系等各项房地产要素。周邻关系描述时应注明所有周邻产权单位（或人）的名称；分丘图上各种注记的字头应朝北或朝西；测量本丘与邻丘毗连墙体时，共有墙以墙体中间为界，量至墙体厚度的 1/2 处，借墙量至墙体的内侧，自有墙量至墙体外侧并用相应符号表示；房屋权界线与丘界线重合时，表示丘界线；房屋轮廓线与房屋权界线重合时，表示房屋权界线。分丘图的图廓位置根据该丘所在的位置确定，图上需要注出西南角的坐标值，以公里为单位注记至小数后三位。

（三）房地产分户图的基本内容和表示方法

分户图表示的主要内容包括房屋权界线、四面墙体的归属和楼梯、走道等部位以及门牌号、所在层次、户号、室号、房屋建筑面积和房屋边长等。房屋产权面积包括套内建筑面积和共有分摊面积，标注在分户图框内；本户所在的丘号、户号、幢号、结构、层数、层次标注在分户图框内；楼梯、走道等共有部位需在范围内加简注；墙体归属与周邻关系的表示以及图面整饰详见《房产测量规范　第 2 单元：房产图图式》(GB/T 17986.2—2000)。

《房产测量规范　第 2 单元：房产图图式》是测制房地产图的基本依据，表 10-1 为规定的部分测量标志及地物符号。

表 10-1　国家标准房地产图图式部分测量标志及地物符号示例

编号	符号名称	符号	
		分幅图	分丘图
4	界址点、控制点及房角点		
4.1	房产界址点 a) 一级界址点 b) 二级界址点 c) 三级界址点		a) 1.5　J9 b) 1.0　J7 c) 0.5　J6
4.2	平面控制点		
4.2.1	基本控制点 Ⅰ——等级，横山——点名		△ 1/横山　3.0
4.2.2	房产控制点 H21——点号		3.0　H21 ▽

第十章 房地产图测绘

（续）

编 号	符号名称	符 号	
		分 幅 图	分 丘 图
4.2.3	不埋石的辅助房产控制点 F08——点号	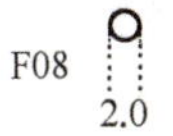	F08 ○ 2.0
4.2.4	埋石的辅助房产控制点 F06——点号	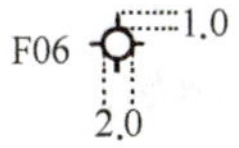	F06 ⊙ ⊢1.0 2.0
4.3 4.3.1	高程点 高程控制点 Ⅱ京石5——等级、点名、点号 32.804——高程	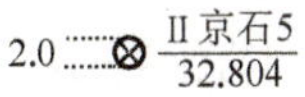	2.0 ⊗ Ⅱ京石5 32.804
4.3.2	高程特征点	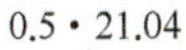 0.5 · 21.04	
4.4	房角点		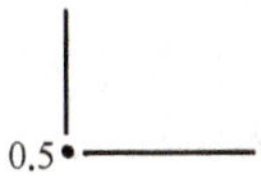 0.5 · ⌐
7 7.1	房屋 一般房屋及分层线 2——产别 4——结构 05 04——层数 1964——建成年份 (3)——幢号	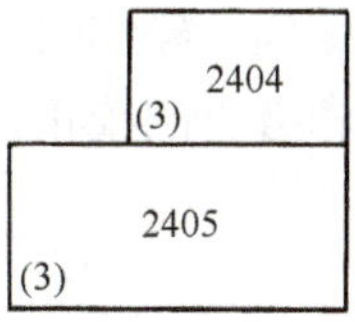 2404 (3) 2405 (3)	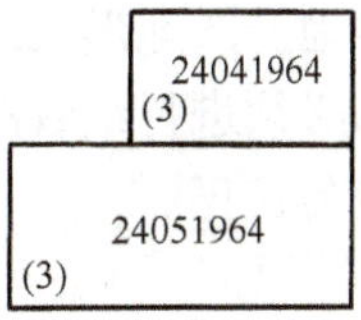 24041964 (3) 24051964 (3)
7.2	架空房屋 a) 架空房屋 b) 廊房 c) 过街楼 d) 挑楼	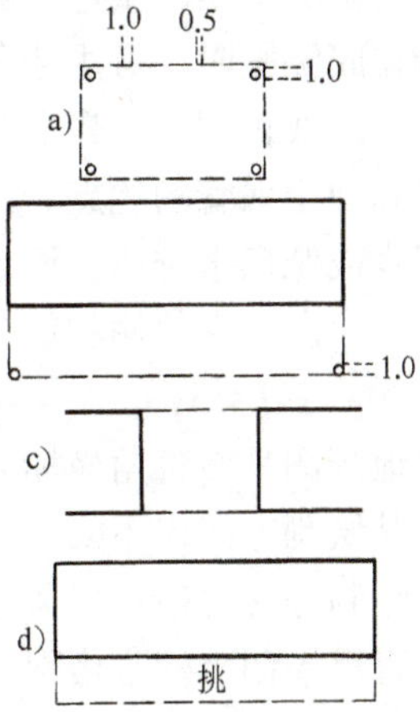	a) ⌐ 1.0 0.5 ⌐1.0 b) ⊢1.0 c) d) 挑
7.3	窑洞 a) 地面上窑洞 b) 地面下窑洞	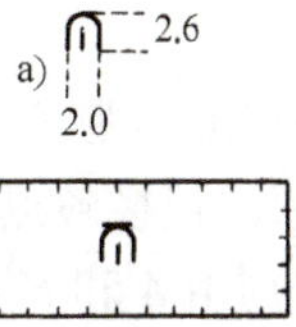	a) ⊓ 2.6 2.0 b) ⊓
7.4	蒙古包	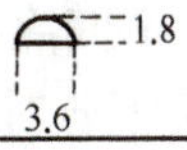	⌒ 1.8 3.6

第二节 传统测图法测绘房地产分幅图

房地产分幅图的测绘方法包括传统的测图方法、数字化测图方法、航空摄影测量方法和利用已有的地形图或地籍图编绘法等。可根据测区范围的大小、已有的测绘资料情况、现有的测绘技术力量以及人力、物力和财力、委托方要求出图的时间等因素,选择适宜的测绘方法。本书重点介绍传统测图法。

一、测图前的准备工作

在正式测图之前应认真做好各项准备工作。准备工作包括技术资料的收集与抄录,对所用仪器的检验与校正,测图板的准备,绘制坐标格网,展绘图廓点及控制点等。

1. 技术资料的收集与抄录

测图前应收集有关测区的自然地理和交通情况资料,了解委托方对所测房地产图的专业要求,抄录测区的各级平面和高程控制点的成果资料。对抄录的各种成果资料应仔细核对,确认无误后方可使用。测图前还应收集、组织测绘作业人员学习有关测量规范、图式,根据房地产测绘委托合同或协议书编制技术设计书等。

2. 对仪器的检验与校正

用于房地产图地形测绘的平板仪、经纬仪、水准仪等必须经鉴定取得计量鉴定证书,每次测图前都必须进行细致的检查和必要的校正,并做好记录。特别对竖直度盘指标差应进行经常的检验与校正。

3. 测图板的准备

展绘图廓线、方格网和控制点图纸采用厚度为 0.07～0.1mm 经定型处理、变形率小于 0.02% 的聚酯薄膜,颜色一般为单色。将绘图纸裱糊在胶合板或铝板上,以备测图之用。采用聚酯薄膜测图时,可用透明胶带纸粘贴或铁夹固定。为能够看清薄膜上的线条,最好在薄膜下垫一张浅色薄纸。聚酯薄膜相比绘图纸具有伸缩小、耐湿、耐磨、耐酸、透明度高、抗张力强和便于保管的优点。聚酯薄膜经打磨后增加了对铅粉和墨汁的附着力,如图面污染还可用清水或肥皂水洗涤,清绘后的地形图可以直接晒图或制版印刷。但其缺点是高温下易变形、怕折,所以在使用和保管中应予以注意。

4. 绘制坐标格网

房地产图平面直角坐标方格网是由每边长 10cm 的正方形组成。绘制方格网因所用工具不同,其绘制方法也不同。

其绘制方法包括:普通直尺对角线法、坐标格网尺法、绘图机输出打印法。下面仅介绍用普通直尺绘制坐标方格网步骤。

1)如图 10-2 所示,先在图纸的四角用普通直尺轻轻绘出两条对角线 *AC* 和 *BD*,其交点为 *O*。

2)交点 *O* 为圆心,以适当长度为半径,分别在直线的两端画短弧,得 *A*、*B*、*C*、*D* 四个交点,依次连接各点,得矩形 *ABCD*。

3)分别由 *A* 和 *B* 点起,沿 *AD* 和 *BC* 边以 10cm 间隔截取分点;又由 *A* 和 *D* 点起沿 *AB* 和 *DC* 边以 10cm 间隔截取分点。

4)连接上下各对应分点及左右各对应分点,这样便构成了每边为 10cm 的正方形方格网,并在纵横线两端按比例尺注记上相应的坐标值,即为所要的坐标方格网。

5)坐标方格网的检查。绘制出的坐标方格网的精度直接影响到以后展绘各级控制点和测绘地形图的精度,因此,必须对所绘出的坐标方格网进行检查。

首先可利用坐标格网尺或其他直尺检查对角线各交点是否在一条直线上。另外,还需要用标准直尺(如金属线纹尺)检查各方格边长、对角线长及 50cm×50cm 正方形各边边长。坐标方格网的粗度与刺孔直径不应大于 0.1mm。若不满足上述要求时,应局部变动或重新绘制。对于印制好坐标方格网的图纸,使用前必须进行检查,不合精度要求的不能使用。

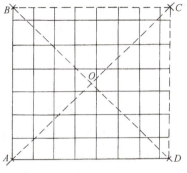

图 10-2 用直尺绘制坐标格网

5. 展绘图廓点及控制点

展绘图廓点和控制点就是把控制点依照坐标及测图比例尺展绘到具有坐标方格网的图纸上。首先,根据已拟定的测区房地产分幅编号图,在已绘好的坐标方格网纵横线两端注记出相应的坐标值,如图 10-3 所示,然后抄录本图幅和与本图幅有关的各级控制点点号、坐标、高程及相邻点间的距离,用来展点和检核。

展点时首先要确定该点所在的方格。在图 10-3 中,设控制点 A 的坐标为 $x_A = 3811317.110\text{m}$,$y_A = 43272.850\text{m}$,根据 A 点坐标及纵横方格线,可判断出 A 点在 $klnm$ 方格内。然后分别从 m 和 n 点向上用比例尺量取 17.11m,得 a、b 两点,再分别从 k、m 两点向右用比例尺量取 72.85m,得 c、d 两点,ab 与 cd 两连线的交点即为 A 点的图上位置。图幅内的所有控制点展绘完后,如为梯形分幅时,还应将图廓点按同样方法展绘在图纸上。展完全部点后,还必须进行认真的检查。检查的方法是用比例尺在图上量取各相邻点间的距离,然后与已知边长比较,其最大误差不应超过图上的 0.3mm,否则须重新展绘。展绘合格后,用小针刺出点位,其针孔不得大于图上的 0.1mm。控制点点位确定后,应按规定的符号绘制和注记点号,并根据需要注记控制点的等级和高程。

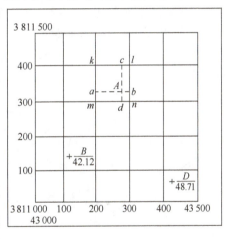

图 10-3 控制点的展绘

展绘图廓线、方格网和控制点,各项误差不超过表 10-2 的规定。

点位精度相对于邻近控制点的点位中误差不超过图上 ±0.5mm;利用已有地籍图、房地产图编绘分幅图时,地物点相对于邻近控制点的点位中误差不超过图上 ±0.6mm。

表 10-2 图廓线、方格网、控制点的展绘限差

仪器及工具	方格网长度与理论长度之差/mm	图廓对角线长度与理论长度之差/mm	控制点间图上长度与坐标反算长度之差/mm
仪器展点	0.15	0.2	0.2
格网尺展点	0.2	0.3	0.3

二、碎部点测量方法

碎部点测量就是在图幅内的基本控制点和房地产控制点上安置仪器,测定其周围的房屋

及其用地的碎部点(即特征点)的平面位置(必要时测定高程),并在图纸上根据这些碎部点描绘地物的形状,从而测绘出房地产分幅图。

测定碎部点常用的方法有极坐标法、直角坐标法、方向交会法、距离交会法。

1. 极坐标法

极坐标法是测定平面位置的基本方法,也是主要方法。该法是以测站点为极点,过测站点的某已知方向作为极轴,测定测站点至碎部点连线方向与已知方向的水平夹角,并量出测站点至碎部点的水平距离,从而确定碎部点的平面位置。如图 10-4 所示,设 A、B 为两测站点,欲测定 B 点附近的房屋位置,可在测站 B 上安置仪器,以 BA 为起始方向(又称后视方向或零方向),测定房屋角点 1、2、3 的方向值 β_1、β_2、β_3,并量出测站 B 至相应屋角点的水平距离 s_1、s_2、s_3,即可按测图比例尺在图上绘出该房的平面位置。

2. 直角坐标法

直角坐标法是以两已知测站点的连线为基边,测出碎部点至基边的垂直距离和垂足至一测站点的距离,从而确定出碎部点的图上位置。如图 10-5 所示,A、B 为两已知测站点,若要测定房屋的平面位置,可量出屋角 1、2、3、4 点至基边 AB 的垂直距离 $11'$、$22'$、$33'$、$44'$,再量出 A 至 $1'$、$2'$ 点的距离 $A1'$、$A2'$ 以及 B 至 $3'$、$4'$ 的距离 $B3'$、$B4'$,即可按测图比例尺在图上绘出房屋的 1、2、3、4 点。如果再量出房屋的宽度,便可在图上绘出整个房屋的位置。

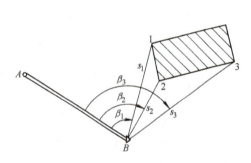

图 10-4 极坐标法测定碎部点

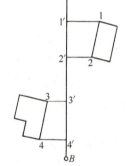

图 10-5 直角坐标法测定碎部点

3. 方向交会法

在通视条件良好,测绘目标明显而又不便立尺的地物点,如烟囱、水塔、水田地里的电杆等,若需测定其平面位置时,可用方向交会法。如图 10-6 所示,为确定河对岸电杆的平面位置,分别在测站 A、B 安置平板,在两测站照准同一电杆,绘出方向线的交点即为电杆的图上位置。进行方向交会时,交会的两方向线的夹角接近 90°最好。一般规定此夹角不应小于 30°或大于 150°。另外,还必须以第三方向作交会的检核。

4. 距离交会法

如图 10-7 所示,A、B 为已知测站点,若需测定屋角 1、2、3 点的平面位置,可分别量出 $A1$、$A2$、$A3$ 与 $B1$、$B2$、$B3$ 的水平距离,再按测图比例尺在图上用圆规交会出所测房屋的位置。距离交会法适用于测绘隐蔽地区或建筑物群中的一些通视困难的地物点,但所量距离一般不应超过一尺段长度。

三、经纬仪测绘法测图

传统手工测图方法有经纬仪测绘法测图、大平板仪测图、小平板仪与经纬仪(水准仪)联合测图等方法。下面仅介绍常用的经纬仪测绘法。

第十章　房地产图测绘

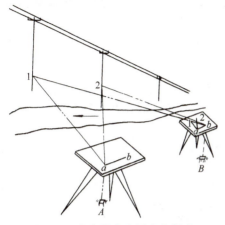

图 10-6　方向交会法测定碎部点

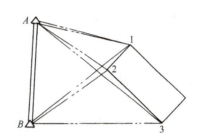

图 10-7　距离交会法测定碎部点

如图 10-8 所示，在测站点 B 上安置经纬仪，量取仪器高 i。另外在测站旁放置测图板。在施测前，观测员将望远镜瞄准另一已知点 A 作为起始方向，拨动水平度盘使读数为 $0°00'00''$，然后松开照准部照准另一已知点 C，观测 $\angle ABC$ 并与已知值作比较，其差值不应超过 $2'$。此外还应对测站 B 的高程进行检查，方法是选定一个邻近的已知高程点，用视距法测出 B 点高程与图上所注高程值做比较，其差值不应大于 1/5 等高距。接着就可开始施测碎部点的位置。具体步骤如下：

1. 观测

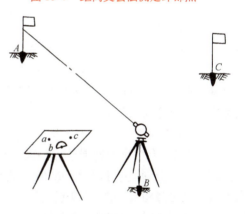

图 10-8　经纬仪测绘法测图

观测员松开经纬仪照准部，使望远镜照准立尺员竖立在碎部点上的标尺，读取尺间隔和中丝读数，然后读出水平度盘读数和竖直度盘读数。一般观测 20～30 个碎部点后应检查起始方向有无变动。对碎部点的观测只需一个镜位。除尺间隔需要读至毫米外，仪器高、中丝读数读至厘米，水平角读至分。

2. 记录与计算

记录员认真听取并回报观测员所读数据，然后记入碎部测量手簿中，见表 10-3，按视距法用计算器计算出测站至碎部点的水平距离及碎部点高程。

表 10-3　碎部测量记录手簿

测站：B		后视：A		仪器高：$i=1.34\text{m}$		测站高程：$H_B=42.120\text{m}$				
点号	尺间隔 l/m	中丝读数 v/m	竖盘读数 L	竖直角 α	初算高差 h'/m	$i-v$ /m	高差 h/m	水平角 β	水平距离 /m	高程 /m	备注
1	0.356	1.50	90°00′	0°00′	0	−0.16	−0.16	26°54′	35.6	41.96	屋角 1
2	0.196		90°00′	0°00′				34°24′	19.6		屋角 2
3	0.238		90°00′	0°00′				49°54′	23.8		屋角 3
4	0.514	1.34	91°45′	−1°45′	−1.57	0	−1.57	87°31′	51.4	40.55	路边 1
5	0.687	1.10	87°49′	+2°11′	+2.62	+0.24	+2.86	92°20′	68.6	44.98	路边 2

为简化碎部点高程的计算工作，可采用"便利高"计算法。设测站点的高程为 H_0，初算高差为 h'，仪器高为 i，中丝读数为 v，则碎部点的高程为

$$H = H_0 + h' + i - v \tag{10-1}$$

为使计算方便，将上式右端的 $H_0 + i$ 化为下面的形式

$$H_0 + i = H'_0 + i'$$

即使测站高程加上仪器高等于某一整常数 H'_0 再加上一尾数 i'，H'_0 称为便利高程。这样碎部点高程表达式可写成

$$H = H'_0 + i' + h' - v \tag{10-2}$$

在观测时，使中丝读数 $v = i'$，则碎部点的高程为

$$H = H'_0 + h' \tag{10-3}$$

这样上式右端的 H'_0 为一整常数，用它与 h' 进行加减较为方便。

【例10-1】 已知 $H_0 = 42.30\text{m}$，$i = 1.4\text{m}$，则

$$H_0 + i = 43.70\text{m}$$

令 $H'_0 = 43\text{m}$，则 $i' = 0.7\text{m}$

若 $h' = 1.4\text{m}$ 且使 $v = 0.7\text{m}$，则碎部点高程

$$H = H'_0 + h' = （43 + 1.4） \text{m} = 44.4\text{m}$$

碎部点的计算可以用具有编程功能的计算器或 PC—E500 袖珍计算机在野外进行，其工效和准确性将会大大提高。

3. 展绘碎部点

1）用测绘专用量角器展绘碎部点。专用量角器如图10-9所示，它的圆周边缘上刻有角度分划，最小分划值一般为20′或30′，直径上还刻有长度分划，刻至毫米，所以专用量角器既可量角又可量距。如图10-9设 a、b 为两图根点 A、B 的平面位置，作 ab 连线为起始方向线。展绘碎部点时，绘图员将量角器的圆心小孔，用细针穿过并插入图板上的图根点 a。若测得 A 至碎部点 M 的水平距离为62.5m，水平角值为44°20′（测图比例尺为1∶1000），转动量角器使起始方向线 ab 对准44°20′（小于180°的外圈黑色数字注记），此时，量角器圆心至0°一端的连线，即为测站至碎部点的方向线，在此方向线上沿分划边缘注记的62.5的分划处，用细铅笔尖标出一点，则该点即为碎部点 M 在图上的平面位置 m，如图10-9a所示。若该碎部点还需标出高程，则在该点右侧，按地形图式要求注上高程。若在图根点 A 上又测得另一点 N 的水平距离为55m，水平角值为330°20′，转动量角器，使其起始方向线 ab 对准330°20′（大于180°的红色内圈数字），在量角器直径180°一端分划边缘注记55的分划处用细铅笔尖标出一点 n，即为碎部点 N 的图上位置，如图10-9b所示。

使用量角器时，要注意估读量角器的角度分划。若量角器最小分划值为20′，一般能估读到1/4分划即5′的精度。另外，量角器圆心小孔在长时间使用过程中会逐渐变大，使展点误差加大，为此要采取适当的措施进行修理或更换量角器。

2）用坐标展点器展绘碎部点。用测绘专用的量角器展绘碎部点，因量角器存在刻划偏心差、角度估读误差等，所以展点误差较大。为提高展点精度，可使用坐标展点器。用坐标展点器展绘碎部点时，与通常的经纬仪测绘法略有区别。区别为：当经纬仪在图根点 A 上瞄准已知点 B 时，经纬仪水平度盘配置的读数不是0°00′00″，而是点 A 至点 B 的坐标方位角 α_{AB}。这样，当经纬仪瞄准各碎部点时，水平度盘读数就是图根点至碎部点的坐标方位角。

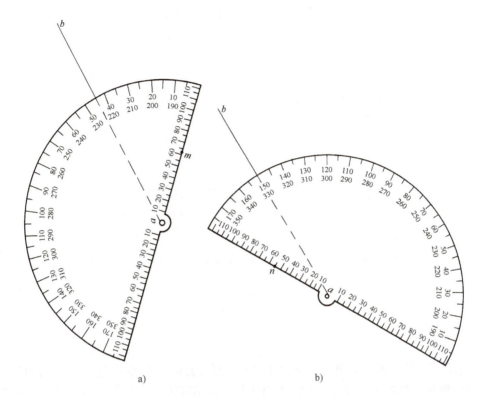

图 10-9 量角器展绘碎部点

同时还需要使用具有存储功能的电子计算器或 PC—E500 袖珍计算机，以便在野外就可直接算出碎部点的平面坐标和高程。计算碎部点 M 的平面坐标与高程的公式为

$$x_M = x_A + kl\cos^2\alpha\cos\alpha_{AM}$$
$$y_M = y_A + kl\cos^2\alpha\sin\alpha_{AM}$$
$$H_M = H_A + \frac{1}{2}kl\sin2\alpha + i - v \tag{10-4}$$

式中 α——视距法观测碎部点时的竖直角；
α_{AM}——图根点至碎部点的坐标方位角；
x_A、y_A——控制点 A 的纵横坐标；
k——视距加常数；
l——视距法观测时的尺间隔。

用坐标展点器展点的方法如图 10-10 所示，设在 1:1000 比例尺房地产图中，测算的碎部点 N 的坐标为 $x_N = 4454.2$m，$y_N = 5555.4$m。展点时，先根据 x_N、y_N 判断它所在的图上方格，然后求 $\Delta x = 4454.2 - 4400 = 54.2$m，$\Delta y = 5555.4 - 5500 = 55.4$m，移动展点器，使其上的左右两边线 5500m 和 5600m 与两纵坐标线重合，再上下移动展点器，使其上的 54.2m 精确对准左右 4400m 横坐标线，最后沿展点器上边缘在 55.4m 处刺出一点，即为碎部点 N 的图上位置 n。根据需要还可在其旁注记高程。经纬仪测绘法的优点是工具简单，操作方便，观测与绘图分别由两人完成，所以测绘速度较快。

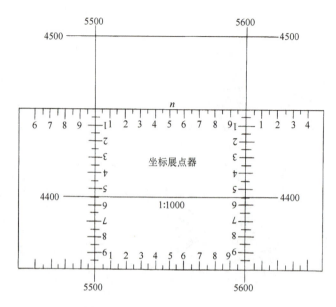

图 10-10　坐标展点器展绘碎部点

四、碎部点的选择和测绘

1. 地物测绘的一般原则

1) 凡能依比例尺表示的地物就应将其水平投影位置的几何形状测绘到房地产图上，如房屋、双线河流、球场等，或是将它们的边界位置表示在图上，边界内再充填绘入相应的地物符号，如森林、草地等。对于不能依比例尺表示的地物，则测绘地物的中心位置并以相应的地物符号表示，如水塔、烟囱、小路等。

2) 地物测绘必须根据测图比例尺，按地形测量规范和房地产图图式要求，经综合取舍，将各种地物表示在图上。地物测绘主要是将地物的形状特征点（也即其碎部点）准确地测绘到图上，例如地物的转折点、交叉点、曲线上的弯曲变换点等。连接这些特征点，便可得到与实地相似的地物图形。

2. 各类地物的测绘方法

（1）居民地的测绘　居民地中的各类建筑物均应测绘。城市房产开发区中的房屋排列较为整齐，而乡村房屋则以不规则的排列较多，测绘房屋至少应测绘三个屋角，因为屋角一般为直角，可以利用这个关系在图上直接画出第四个点。对于排列整齐的房屋，由于房屋比较规则，所以只要测定其外围轮廓，并配合量取房屋的宽度与房屋间的距离，就可绘出其他房屋。如果每幢房屋的地基高程不同，则应测出一个屋角点的高程。居民区的外围轮廓，都应准确直接测绘。其内部的主要街道及较大空地应分区测量。1∶500、1∶1000 比例尺测图的房屋、街巷应分别实测。

（2）道路的测绘　道路分为铁路、公路、乡村小路等，包括道路的附属建筑物如车站、桥涵、路堑、路堤、里程碑等，均需测绘在图上。各种道路均属线状地物，一般由直线和曲线两部分组成。道路的特征点一是直线与曲线的变换点，二是曲线本身的变换点。铁路应实测轨道中心线，在 1∶500、1∶1000 比例尺测图时应按比例尺描绘轨宽（铁路两轨道外缘）。铁路两侧的附属建筑物应按实际位置，根据房地产图图式要求描绘。公路也必须按实际位置测绘，特征点可选在路面中心或路的一侧，按实际路面宽度依比例尺描绘，在公路符号上应注明路面材料，如沥青、碎石等；乡村大路路面不均匀，变化大，道路边界有时不太明显，测绘时标尺立于道路中心，按平均路宽绘出；人行小路可择要测绘，人行小路弯曲较多，要注意取舍，取舍后的小路位置离其实际位置不应大于图上的 0.4mm。

（3）管线、垣栅的测绘　管线包括地上、地下和空中的各种管道、电力线、通信线等，管道应测定其交叉点、转折点的中心位置，并分别依比例尺符号或非比例尺符号表示。架空管线在转折处的支架塔柱应实测，而位于直线部分的可用图解法求出。塔柱上有变压器时，其位置按其与塔柱的位置关系绘出。垣栅包括城墙、围墙、栅栏、篱笆、铁丝网等，应测定其转折点，并按规定符号表示，临时性的篱笆和铁丝网可以不画出。

（4）水系的测绘　水系包括河流、湖泊、水库、沟渠、水井和泉等。水系测绘方法与道路测绘方法类似，不同的是河流、湖泊、水库等除测绘岸边界外，还应测定其水涯线（测图时的水位线），并适当注其高程。当河流、沟渠的宽度在图上不超过 0.5mm 时，可在其转折点、弯曲特征点、分岔点、会合点、起点或终点竖立标尺测定，并在图上用单线表示；当其宽度大于图上的 0.5mm 时，可在岸的一侧立尺，并量其宽度用双线表示；当其宽度较大时，应在两岸立尺。岸边线和水涯线较小的弯曲，可适当加以综合取舍。泉和水井应测定其中心位置，但在水网地区，当其密度较大时，可按实际需要进行取舍，水井应测井台高程。对水库、水闸、水坝等水利工程设施，均应按比例测绘。土堤堤高在 0.5m 以上才表示，堤顶宽度、线坡堤基底宽度，应按实际需要测绘，并注明堤顶高程。水系中有名称的应注记名称。

（5）独立地物的测绘　独立地物如水塔、电视塔、烟囱、微波塔等，对于用图时判断方位、确定位置有着重要的作用，应着重表示。独立地物应准确测定其位置。凡图上独立地物轮廓大于符号尺寸的，应依比例符号测绘；小于符号尺寸的依非比例符号表示。独立地物符号定位点的位置在图式中有相应的规定。

（6）植被的测绘　植被是地面各类植物的总称，如森林、果园、耕地、草地、苗圃等。植被的测绘主要是测绘各类植被的边界，以地类界点绘出面积轮廓，并在其范围内充填相应的符号，对耕地的轮廓测绘还应区分是旱田还是水田等。如果地类界与道路、河流等重合时，则可不绘出地类界，但与高压线、境界线重合时，地界类应移位绘出。

3. 地物测绘中跑尺的方法

测图时立尺员依次在各碎部点立尺的作业，通常称为跑尺。立尺员跑尺好坏，直接影响测图速度和质量，在某种意义上说，立尺员起着指挥测图的作用。立尺员除须正确选择地物特征外，还应结合地物分布情况，采用适当的跑尺方法，尽量做到不漏测、不重测，一点多用，均匀分布。一般应按下述原则跑尺或立尺：

1）地物较多时应分类立尺，以免绘图员连错，不应单纯为立尺员方便而随意立尺。例如立尺员可沿道路立尺，测完道路后，再按房屋立尺。当一类地物尚未测完，不应转到另一类地物上去立尺。

2）当地物较少时，可从测站附近开始，由近及远采用螺旋形跑尺路线跑尺，待迁测站后，立尺员再由远到近，以螺旋形跑尺路线回到测站。

3）若有多人跑尺，可以测站为中心划成几个区，采取分区专人包干的方法立尺，也可按地物类别分工立尺。

4）1:1000 分幅图测绘，若用视距测量的方法测量测站点至立尺点的距离，最大视距在城镇建成区主要地物点应不超过 80m，次要地物点不超过 100m；一般测区主要地物点不超过 100m，次要地物点不超过 120m。若采用光电测距仪测距，在保证碎部点测定精度的前提下可加大立尺点至测站点间的距离。

5）1∶500 分幅图应采用钢尺直接丈量或光电测距仪测量测站点至立尺点的距离。

五、房地产分幅图的拼接、检查和整饰

1. 房地产分幅图的拼接

当测区面积较大时，整个测区必须划分为若干图幅进行施测。由于测量误差的存在，使得相邻图幅连接处的地物轮廓与等高线常常不完全吻合，因此，在相邻图幅测绘完成后，需要进行图的拼接。如果是白纸测的图，先用 3~4cm 的两张透明纸分别蒙在被拼接图幅的东、南图边上，用铅笔把图廓线、坐标格网线、地物、地貌符号描绘在透明纸上，然后再把这两张透明纸按坐标格网线位置分别蒙在与该图幅东、南边相邻的两图幅的西、北衔接边上，同样用铅笔描绘地物、地貌符号。若差值不超过表 10-4 所规定的平面中误差的 2 倍时，可以平均配赋，但应保持地物、地貌相互位置和走向的正确。然后把相邻图幅接边处的线条各改正 1/2。

表 10-4 图上地物点位和点间距中误差

地 区 分 类	点位中误差/mm	点间距中误差/mm
城市建筑区和平地丘陵地	0.5	0.4
旧街坊内部（设测站困难）和山地、高山地	0.6	0.6

2. 房地产分幅图的检查

在测图中，测量人员要做到随测随检查。为了确保成图的质量，在房地产图测完后，必须对完成的成果图样进行严格的自检和互检，确认无误后方可上交。图的检查分室内和室外检查两部分。

（1）室内检查　首先查看应上交的各项资料是否齐全，图根控制点的密度是否符合要求，位置是否恰当，各项较差、闭合差是否在规定范围内，原始记录和计算成果是否正确等。然后检查分幅图图廓、方格网和控制点展绘精度是否合乎规定。最后检查图面地物是否清晰易读，各种符号、注记是否正确，接边精度是否合乎要求等。如发现错误和疑点，不可随意改动，应加以记录，到野外进行实地检查、修改。

（2）野外检查　野外检查在室内检查的基础上进行抽查，分巡视检查和仪器检查两种。

巡视检查时应携带测图板，根据室内检查的重点，按预定的巡视路线进行实地的对照查看。主要查看房屋及用地各要素测绘是否正确、齐全，取舍是否恰当，图式符号运用是否正确等。

仪器检查是在室内检查和野外巡视的基础上进行的。除对以上发现的错误和遗漏进行补测和修正外，对发现的疑点也要进行仪器检查。其检查的方法有方向法和散点法两种。方向法是将平板安置在测站上，用照准仪直尺边紧靠图上测站点，用照准仪照准被检查的地物点，检查已测绘的相应地物点方向是否有偏差。散点法是在地物特征点上重新立尺，以测定其平面位置，检查已测绘在图上的相应点的平面位置是否满足精度要求。在检查中发现的错误和遗漏，均应及时纠正。检查中发现的各种问题，应详细记录，并分析问题产生的原因，

以便对分幅图的质量进行评价、验收。

3. 房地产分幅图的整饰

原图经过拼接和检查后，还应按规定的房地产图图式符号对地物、地貌进行清绘和整饰，使图面更加合理、清晰、美观。整饰的顺序是先图内后图外，先注记后符号，再地物地貌。最后写出图名、比例尺、平面坐标系统、施测单位、测绘者及施测日期等。如果是独立坐标系统，还需画出指北方向。图内注记文字、数字的字型、大小、方向，字列的方向详见《房产测量规范　第2部分：房产图图式》（GB/T 17986.2—2000）。

图10-11（见书后附图）为房地产分幅平面图的示例。

第三节　房地产分丘图测绘

分丘图是以一个丘的房屋及其用地为单位所测绘的图件，是绘制房地产产权证附图的基本图。分丘图实质上是分幅图的局部图，用来更详细地表示各丘的房屋及其用地的房地产要素，以满足房地产管理的需要。分丘图是测绘部门的长期、大量的工作。

分丘图的图幅大小可根据丘面积的大小，选用32～4开的图幅；比例尺可在1:100～1:1000之间选择。一般情况下，应尽量采用与分幅图同样的比例尺，以便简化分丘图的编制工作量。当丘面积较小时，应采用较大的比例尺；当丘内建筑物密集时，也应采用较大的比例尺；当丘面积很大时，可采用较小的比例尺。

因为分丘图是分幅图的局部图，所以分丘图的坐标系统应与分幅图的坐标系统相同。图廓线、方格网和控制点展绘的限差要求与分幅图相同，地物点的精度要求与分幅图上主要地物点的精度要求相同。分丘图的图纸一般采用聚酯薄膜，也可选用其他材料。

分丘图一般可利用分幅图结合房地产调查表编绘成图，对于尚未测有分幅图的地区，则应以丘为单位实地测绘。下面分别介绍两种测绘方法。

一、编绘成图法

1. 准备图纸

根据丘面积的大小确定分丘图的图幅大小和比例尺，一般情况下，可选用与分幅图一致的测图比例尺。

2. 绘制底图

在绘制好的图纸上绘出分幅图上已有的房地产及相关要素，作为编绘分丘图的底图。当分丘图与分幅图的比例尺一致时，可把一张聚酯薄膜覆盖在它上面进行描绘。除了描绘该丘的全部内容外，还应适当表示其周围一定范围内的主要房地产要素，如道路、河流、相邻丘与本丘相接建筑物、权界等。此外，分幅图上的坐标格网经检查合格后，也应一并绘出。

如果分丘图的比例尺与分幅图的比例尺不一致，就要将分幅图进行缩小或放大。缩放可采用复照仪或工程复印机，以保证缩放后图纸的精度。当内容不多且房地产要素规则简单时，也可手工缩放。

3. 编绘成图

按照房地产调查资料和界址点的观测资料，在用上述方法绘制得到的底图上补绘有关房地产要素，并按规定的格式表示，即可获得铅笔编绘原图。经检查无误后，上墨清绘整饰，以便蓝晒或复印。在图廓整饰时，内外图廓之间的距离为 10mm，只在西南角注记坐标值。

一般来说，规范的分幅图和房地产调查表，其内容应能满足编绘分丘图的需要。在编绘过程中如有不清楚或有疑问的地方，应到实地进行测量核实。

图 10-12（见书后附图）为根据图 10-11 编绘而成的第 0033 丘的分丘图示例。请注意与分幅图的联系与区别。

二、实测成图法

如测区没有房地产分幅图，可实地测绘分丘图。分丘图的图幅大小和比例尺，应根据用地范围的大小确定。测图基本过程方法如下：

1. 图根控制测量

以测区以及周围已有的城市或国家控制点作为首级控制点，根据测图的需要，进行图根控制点的布设，其埋石点的数量与分幅图的要求相同。对于小范围丘，如果几个测站即可完成测图工作，则可用支点法、交会法等灵活简便的布设方式。丘内至少要布设 2~3 个埋石点，测量时要注意检核。控制测量方法如第七章所述。

2. 测图前准备

图纸一般应采用聚酯薄膜，也可用绘图白纸。绘制图廓、坐标方格网、展绘控制点精度要求与分幅图相同。绘制图廓时，应做好图面设计，尽量使丘范围位于图纸中部，且重心平稳。

3. 测图

分丘图的测绘既可用直接量距的传统测图方法，又可采用数字化测图法，基本方法和精度要求与分幅图测绘相同。由于分丘图需要测绘的内容比分幅图更多、更详细，因此每个测站完成后，搬站前要注意检查是否有遗漏。房屋应分幢丈量边长，房屋边长丈量精度应不大于 1/300。用地边长按丘界线丈量，丈量精度要求与房屋边长丈量相同。用地边长也可用界址点的坐标计算得到。对于不规则的曲线边界，可按折线分段丈量。测绘本丘的房屋及房屋用地时应适当绘出与本丘相连的房屋和权界线。

4. 清绘与整饰

结合房地产调查表，在室内对所测绘分丘图进行加工整理，按国家标准规定的格式和要求，绘制和注记房地产要素，接着进行清绘整饰。清绘整饰的程序、方法和要求与分幅图相同。图 10-12 所示为独立丘第 0033 丘轻工业研究所的分丘图。

分丘图的编绘是测绘单位的日常工作，比较繁琐。如采用数字化测图系统绘图，不仅可以提高工作效率和成图质量，同时还有利于房地产面积计算、分类统计等信息处理，为房地产信息管理系统提供重要的信息资源。

第四节　房地产分户图测绘

分户图是以分丘图为基础绘制的更详细的局部图，供房地产管理部门核发房屋产权证的附图使用。同分丘图测绘一样，分户图也是房地产测绘部门的日常工作，目前大多数单位采用计算机绘制。

当一幢住宅楼的产权为多户所有时，分丘图不可能详细反映各户之间的权属界线，为了房产管理的需要，就必须测绘更详细的分户图；组合丘内的各户房屋，办理房屋产权证时，也需要测绘分户图。如整幢房屋产权为一个业主所有，分丘图能表示清楚，则不需要再另行测绘分户图。

一、分户图的绘制要求

分户图的图纸可选用聚酯薄膜，也可采用其他图纸。图幅可根据房屋产权证附图的要求选用32开或16开两种尺寸。比例尺一般为1∶200，当房屋图形过大或过小时，比例尺可适当缩小或放大。

分户图可不绘坐标方格网线，不必与分幅图采用统一坐标系统，只需在图面适当的位置加绘指北方向符号。分户图上房屋的丘号、幢号应与分丘图上的编号一致。

分户图的方位应使房屋的主要边线与图框边线平行，按房屋的方向横排或竖排，以重心平稳、图面美观为原则。

二、分户图的测绘

1. 房屋的平面位置

分户图上房屋的平面位置，应根据分幅图、分丘图的位置关系用钢尺或手持式测距仪实地丈量房屋的边长，丈量读数应取至0.001m，往返丈量边长，互差应不大于1/500，取两次读数的平均值。绘制房屋的边长时要考虑抹灰层厚度，在图上用细实线表示，描绘着色偏移误差应不超过图上0.1mm。

2. 房屋权属要素

分户图的房屋权属要素包括房屋权界线、四面墙体归属和楼梯、走廊等共用部位。其中，房屋权界线和四面墙体归属的表示方法与分丘图相同，楼梯、走廊等共用部位仍用细实线表示。

3. 分户图的注记

在分户图图框表内标注的内容包括：

1）本户房屋坐落位置所在的丘号、幢号、户号（或门牌号）。

2）房屋的结构、层数、层次。

3）房屋的套内建筑面积、共有分摊面积及产权面积。面积的计算规则见第十一章。面积注记取至$0.01m^2$。

在分户图内注记的内容有：

1）文字注记包括楼梯、走廊的简注。

2）阳台的注记。

3）房屋边长的注记，房屋边长注记取至0.01m。

4. 图面整饰

分户图整饰比较简单，不像分幅图、分丘图那样需要外图廓及图外注记。本户的范围用加粗的实线表示，与本户相连的建筑物墙体用细实线表示。文字注记应相对集中，文字的大小规格按《房产测量规范　第2部分：房产图图式》（GB/T 17986.2—2000）规定执行。

分户图示例如图10-13所示。

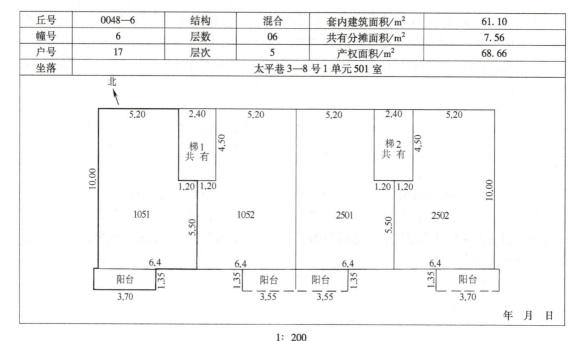

图 10-13 分户图示例

第五节 数字化测图法测绘房地产分幅图

一、数字化测图系统及其组成

由于全站仪的广泛应用,以及微型计算机硬件和软件技术的迅猛发展与渗透,使房地产图(大比例尺地形图)测图技术由传统的白纸测图向数字化测图方向发展。房地产图的表现形式不仅仅是绘制在图纸上的房地产图,更重要的是提交可供传输、处理、共享的数字房地产信息。这种以数字形式表达房地产特征的集合形态称为数字房地产图。它采用位置、属性与关系三方面的要素来描述存储的图形对象。数字化测图是获取数字房地产图的主要技术途径之一。

数字测图系统(Digital Surveying And Mapping)是以计算机为核心,外连输入、输出设备,在硬件、软件的支持下,对地理空间数据进行采集、输入成图、输出、管理的测绘系统。它包括房地产数据采集、数据处理与成图、绘图与输出三大部分。由于空间数据来源的不同,采用的仪器不同,数据采集的方法也不相同,如野外数据采集、原图数字化数据采集、航空或卫星图像数据采集等,从而构成了不同的数字测图系统,如全野外数字测图系统、房地产图数字化成图系统、航测数字化成图系统等。

数字化测图系统包括硬件和软件两大部分。硬件的配置与数字化测图的作业模式有关,主要包括全站仪、数据记录器(电子手簿)、计算机主机(便携机或台式机)、绘图仪、打印机、数字化仪、扫描仪、立体坐标测量仪、解析测图仪以及其他输入、输出设备。软件是数字测图系统的关键,一个完整的数字测图系统应具有数据采集、数据输入、数据处理、成图、图形编辑与修改以及图形输出等功能。图 10-14 所示为数字化测图系统组成框架图。

传统的房地产图是将测得的观测值用模拟的方法——图形来表示。数字测图的实质是将模拟的图形转换为数字形式,并输入到房地产图数据库(属于大比例尺地形图数据库的一

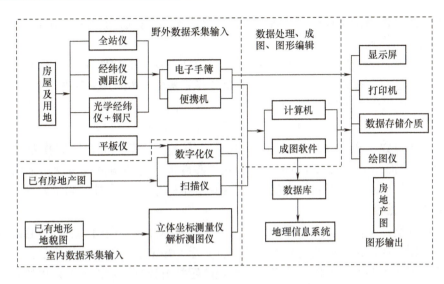

图 10-14　数字化测图系统组成框架图

部分）中，然后经过制图软件的处理，形成绘图数据文件，得到由磁盘、磁带、光盘等存储介质保存的数字房地产图，需要时可以借助图形输出设备得到各类房地产图。

数字化房地产图以数字形式表示房地产图的内容。房地产图的内容由图形和文字注记两部分组成，图形可分解为点、线、面三种图形元素，而点是最基本的元素。数字化房地产图以数字坐标表示地物和地貌的空间位置，以数字代码表示地形符号、说明注记和地理名称注记。房地产图要求精确真实地反映房地产分区（或丘）包含的全部地物（必要时反映地貌），如果把地表的全部要素绘在一张图纸上，就很不清晰，而数字化房地产图可把地表要素分层储存，例如分成控制点、房屋、房屋用地、道路、管线、水系以及植被等，而地貌则以数字地面模型表示。数字化房地产图可包括地表的全部空间位置信息，还可以将与空间位置有关的非图形信息一起储存在信息系统中进行管理，根据需要可按用途分层绘制专题图。

所谓房地产图数据库就是房地产图信息的载体，它是以数字的形式将（一幅）房地产图的诸内容要素以及它们之间的相互关系有机地结合起来，并存储在具有直接存取性能的介质上的一组关联的数据文件的总称。保存于房地产图数据库中的房地产图图形数据一般有矢量数据和栅格数据两种。矢量数据是图形离散点坐标的有序集合，它以坐标 (x, y) 来精确表示点位，能精确地定义图形实体位置、长度、大小以及它们之间复杂的拓扑关系。栅格数据是图形像元按网格形式的集合，每一像元的位置由行号和列号确定，其表示精度取决于像元的大小。例如，由野外采集的数据和手扶跟踪数字化采集的数据一般是矢量数据，而有栅格扫描仪扫描的数据和卫星遥控数据属于栅格数据。

与传统的房地产测图方法相比，数字化测图具有点位精度高、便于成果更新、避免因图纸伸缩带来的各种误差、能输出各种比例尺房地产图等优点，可以作为地理信息系统重要的信息源。

二、数字化测图的作业模式与过程

数字化测图软件是软件设计者根据不同的测绘仪器设备所设计的。不同的数字测图软件所支持的作业模式不尽相同。目前国内较流行的数字测图软件所支持的作业模式大致有如下几种：全站仪+电子手簿测图模式；电子平板测图模式；普通经纬仪+电子手簿测图模式；

平板仪测图＋数字化测图模式；已有地形图数字化成图模式；航测图像量测成图模式；镜站遥控电子平板测图模式。

数字化测图因作业过程、作业模式、数据采集方法及使用的软件等不同而有很大的区别。目前以全站仪＋电子手簿测图模式（测记式）和电子平板测图模式最为普通。电子平板测图模式与传统的测图模式作业过程相似，而测记式数字测图作业模式的基本作业过程为：资料准备、控制测量、测图准备、野外数据采集、数据传输、图形编辑、内业绘图、检查验收。

用全站仪进行数字测图时，可以采用图根导线测量与碎部点测量同时作业的"一步测量法"，即在一个测站上，先测导线的数据，接着测碎部点包括房屋及房屋用地的界址点和特征点。这种方法的特点是安置一次仪器、少跑一轮路，大大提高外业测量效率。

三、碎部点数据结构

传统的野外测图工作是用仪器测得碎部点的三维坐标并展绘在图纸上，然后由绘图员对照实地描绘成图。在描绘图形的过程中，绘图员实际上知道了碎部点的位置是什么地物或地貌点，以及与那些碎部点相连接等信息。数字化测图是由计算机软件根据采集的碎部点的信息自动处理绘出房地产图，因此，所采集的碎部点信息必须包括三类信息：位置、属性信息、连接信息。碎部点的位置用 (x, y, z) 三维坐标表示，并表明点号；属性信息用地形编码表示；连接信息用连接点点号和连接线线形表示。

绘图软件在绘制房地产图时，会根据碎部点的属性来判断碎部点是哪一类的特征点，采用《房地产图图式》中的什么符号来表示。因此，必须根据《房地产图图式》设计一套完整的地物编码体系，并要求编码和图式符号一一对应。编码设计的原则是符合国标图式分类，符合房地产图绘图规则，即简练、便于操作记忆，比较符合测量的习惯，便于计算机的处理。房地产图编码的方法很多，如拼音编码，3位、4位、6位数字编码等。可以以《基础地理信息要素分类与代码》（GB/T 13923—2006）为基础，结合《房产测量规范 第2单元：房产图图式》（GB/T 17986.2—2000）进行二次开发。

3位数字编码是以国家标准《国家基本比例尺地图图式 第1部分：1∶500、1∶1000、1∶2000 地形图图式》（GB/T 20257.1—2007）为依据进行设计的。该国标中将地形要素分为十大类：

1）测量控制点。
2）居民地。
3）工矿企业建筑物和公共设施。
4）独立地物。
5）道路及附属设施。
6）管线及垣栅。
7）水系及附属设施。
8）境界。
9）地貌与土质。
10）植被。

3位数字编码的第1位为类别码，代表上述十大类中的一类；第2、3位为顺序号，即地物符号在某大类中的序号，如101编码表示测量控制点类中的第2个符号，即三角点。

《基础地理信息要素分类与代码》（GB/T 13923—2006）采用6位数字编码，其编码原则与3位数字相同，考虑到系统的发展，便于编码的扩展，分类代码采用6为十进制数字，要素类型按从属关系依次分为大类、中类、小类和子类码。其中大类码 1 位，包括定位基础、水系、居民地及设施、交通、管线、境界与行政区、地貌、土质与植被等 8 类；中类码 1 位，在上述各大类基础上划分出共 46 类；小类和子类按照 1∶500、1∶1000、1∶2000、1∶5000～1∶100000、1∶250000～1∶1000000 三个比例尺段进行类别划分。表 10-5 列出部分各级比例尺地理信息要素分类与代码。

表 10-5　各级比例尺地理信息要素分类与代码

分类代码	要素名称	1∶500　1∶1000　1∶2000	1∶5000～1∶100000	1∶250000～1∶1000000
100000	定位基础	√	√	√
110000	测量控制点	√	√	√
110100	平面控制点	√	√	√
110202	水准点	√	√	
110302	卫星定位等级点	√	√	
120000	数学基础			√
120200	坐标网线	√	√	√
200000	水系	√	√	√
210000	河流	√	√	√
220200	干渠	√	√	√
220400	坎儿井	√	√	√
300000	居民地及设施	√	√	√
310300	单幢房屋、普通房屋	√	√	√
310500	高层房屋	√	√	
311001	地面窑洞	√	√	

注：表中"√"表示该比例尺段应包括的基础地理信息要素类。

如果测量的碎部点是独立的地物时，只要用该点的地形编码来表明它的属性，即可知道这个地物是什么。如果测得是一个线状或面状地物，这时需要标明本点与哪点相连，以什么线形相连。所谓线形是指直线、Z 字线或圆弧线等。线形通常也用数字码表示，如 1 为直线、2 为 Z 字线、3 为圆弧，如图 10-15 所示。在测站 C 测了第 28，29，…，35，36，…点，其碎部点的连接信息数据文件见表 10-6。

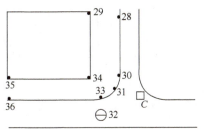

图 10-15　野外数据采集

表 10-6　碎部点连接数据文件

点　号	编　码	连接点	连接线形
…	…	…	…
28	648	28	1
29	201	29	1
30	648	28	1
31	648		2
32	618	32	
33	648	31	2
34	201	29	1
35	201		1
36	648	33	1
…	…	…	…

四、野外数据采集方法

野外数据采集包括控制测量和碎部点采集两个阶段。控制测量的方法与传统测图中的控制测量基本相似,但以导线测量的方式为主测定控制点位置。碎部点数据采集与传统作业方法有较大的差别,这里主要介绍采用全站仪进行碎部点数据采集的两种方法,图10-16为这两种方法的示意图。

1. 测记法数据采集

碎部点的数据采集每作业组一般需要仪器观测员1人、绘草图领尺(镜)员1人、立尺(镜)员1~2人。其中绘草图立尺员是作业组的核心、指挥者。作业组的仪器配备有全站仪1台、电子手簿1台、通信电缆1根、对讲机1副(2~3个)、单杆棱镜1~2个、皮尺1把。

数据采集之前,先将作业区的已知点成果输入电子手簿。绘草图领尺员了解测站周围房屋及房屋用地的分布,并及时勾绘一份含主要房屋及房屋用地的草图(也可在放大的旧图上勾绘),以便观测时标明所测碎部点的位置及点号。仪器观测员在测站点上架好仪器、连接电子手簿,并选定一个已知点进行观测以便检查。之后可以进行碎部点的采集工作。采集碎部点时,观测员与立镜员或绘草图领尺员之间要及时联络,以便使电子手簿上记录的点号和草图上标注的点号保持一致。绘草图领尺员必须把所测点的属性标注在草图上,以供内业处理、图形编辑时用。草图的勾绘要遵循清晰、易读、相对位置准确、比例一致的原则。一个测站的所有碎部点测完之后,要找一个已知点重测进行检查。

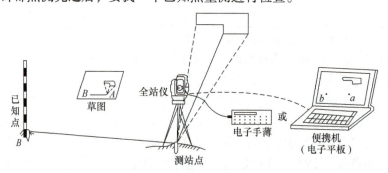

图10-16 全站仪野外数据采集

2. 电子平板数据采集

测图时作业人员一般配备为观测员1人、电子平板(便携机)操作员1人、立尺(镜)员1~2人。

进行碎部测图时,在测站点安置全站仪,输入测站信息,包括测站点号、后视点号及仪器高,然后以极坐标法为主,配合其他碎部点测量方法施测碎部点。例如电子平板测绘系统中,常用的方法有极坐标法、坐标输入法。它们的数据输入可通过通信方式由全站仪直接传送到计算机,也可采用图形界面对讲框输入。

对于电子平板测图系统,数据采集与绘图同步进行,即测即绘,所显即所测。

五、数字化测图的内业工作

数字化测图的内业处理要借助数字测图软件来完成。目前国内市场上比较有影响的数字测图软件主要有南方测绘仪器的CASS增强版、清华三维公司的EPSW电子平板仪等。它们各有特点，都能测绘地形图、地籍图和房地产图，并有多种数据采集接口，成果能输出成地理信息系统（GIS）所接受的格式，具有丰富的图形编辑功能和一定的图形管理能力，操作界面友好。

外业数据采集的方法不同，数字化测图的内业过程也存在一定的差异。对于电子平板测图系统，由于测图工作与数据采集在野外同步进行，因此其内业工作仅做一些图形编辑与整理工作。对于测记法，内业处理包括数据传输、数据转换、数据处理、图形编辑与整饰、图形输出，其作业流程如图 10-17 所示。

数据传输主要是指将采集的数据按一定的格式传送到计算机中供内业处理使用。

数据处理包括数据转换和数据计算。数据转换是将野外采集到的带简码（野外操作码）的数据文件或无码数据文件转换为带绘图编码的数据文件。简码数据文件软件可以自动处理，对无码数据文件，则要根据草图编制引导文件来处理。数据计算包括地形特征点，建立数字高程模型；此外还包括测量误差的调整，如房屋直角的调整。经数据处理后，未经整饰的房地产图即可显示在屏幕上，同时自动生成各种绘图文件。

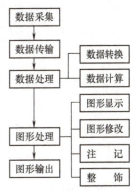

图 10-17　数字化测图内业流程图

图形处理就是利用数字化测图系统的图形编辑功能菜单项，对经过数据处理所生成的图形数据文件进行编辑整理、添加汉字注记和高程注记，进行图幅整饰和图廓整饰，并填充各种面状房地产符号。编辑完成的图形可以保存为数字文档或用绘图仪输出。

经过图形处理以后，即可得到数字房地产图。通过数字房地产图的图层控制可以输出房地产分幅平面图、房地产分丘平面图以及房地产分户图，以满足不同的需要。

小　结

1. 按房产管理的需要可分为房地产分幅平面图、房地产分丘平面图和房屋分户平面图。

2. 1∶5000、1∶1000 分幅图、分丘图按正方形分幅和编号。分幅图编号以高斯—克吕格坐标的整公里格网为编号区，由编号区代码加分幅图代码组成，编号区的代码以该公里格网西南角的横纵坐标公里值表示。

3. 房地产图必须依据国家标准规定的图式，综合取舍，科学地反映房地产各类要素的形态特征。

1）分幅图的基本内容包括房屋附属设施、与房产管理有关的地形要素、房地产要素和房产编号、地理名称。

2）分丘图除了表示分幅图的内容外，还应表示房屋权界线、界址点点号、窑洞的使用范围、挑廊、阳台、建成年份、用地面积、建筑面积、墙体归属和四至关系等各项房地产要素。

3）分户图表示的主要内容包括房屋权界线、四面墙体的归属和楼梯、走道等部位以及门牌号、所在层次、户号、室号、房屋建筑面积和房屋边长等。

4. 分幅图的测绘方法包括传统的测图方法、数字化测图方法、航空摄影测量方法、利用已有的地形图或地籍图测绘法等。分丘图、分户图在分幅图的基础上编绘。

传统测图方法的基本步骤包括：①收集资料，技术设计；②图根控制测量；③测图前准备；④碎部点测量；⑤图幅检查与整饰；⑥分幅图还包括相邻图幅的拼接。

数字化测图方法的基本步骤包括：①野外数据采集；②数据传输；③数据处理；④图形文件生成；⑤图形文件编辑；⑥图形输出；⑦数据存储。

思考题与习题

1. 房地产图如何进行分幅和编号？
2. 房地产图分为几种？各有什么特点？
3. 已知测站点为 A，其高程是 123.52m，后视点为 B，仪器高为 1.50m，完成表 10-7 中碎部测量手簿的记录和计算。

表 10-7 碎部测量记录手簿

点号	尺间隔/m	中丝读数/m	竖盘读数	竖直角	初算高差/m	改正数/m	改正后高差/m	水平角	水平距离/m	测点高程/m	备注
1	0.395	1.50	84°36′					43°30′			
2	0.575	1.50	85°18′					69°20′			
3	0.614	2.50	93°15′					10°50′			

注：望远镜水平时竖直度盘读数为90°，当视线向上倾斜时读数减小。

4. 经纬仪测图法和大平板仪测图法有何区别？
5. 什么是地物和地貌特征点？实际作业中如何选择？
6. 如何进行房地产图的拼接、检查和整饰？
7. 简述数字化测图的原理。
8. 数字化测图的主要工作过程是什么？

第十一章

房产面积测算

学习目标

通过本章学习，熟悉房屋建筑面积测算的规定；掌握住宅楼套面积和共有面积分摊方法；掌握房屋用地面积测算方法。

房产面积测算均指水平面积的测算，分为房屋面积测算、套面积计算与共有建筑面积的分摊及房屋用地面积测算三部分内容。

房屋面积测算包括房屋建筑面积测算、使用面积测算、产权面积测算、共有建筑面积的测算与分摊。房屋用地面积测算包括房屋占地面积的测算与用地面积的测算。

第一节 房屋建筑面积测算的范围

房屋建筑面积也称房屋展开面积，是房屋各层建筑面积的总和。房屋建筑面积包括使用面积、辅助面积和结构面积三部分。房屋建筑面积按房屋外墙（柱）勒脚以上各层的外围水平投影面积计算，包括阳台、挑廊、地下室、室外楼梯等辅助设施的面积。测算面积的房屋必须是结构牢固、有顶盖、层高不低于 2.20m 的永久建筑。房屋使用面积是指房屋户内全部可供使用的空间面积，按房屋的内墙线水平投影计算。房屋使用面积是房屋各层平面中直接为生活和生产使用的净空面积，不包括房屋内的墙、柱等结构构造面积和保温层的面积。签订商品房销售合同时，合同中应载明商品房的建筑面积和使用面积。房屋产权面积是指产权主依法拥有房屋所有权的房屋建筑面积。房屋产权面积由直辖市、市、县房地产行政主管部门登记确权认定。房屋共有建筑面积是指由多个产权主共同占有或共同使用的建筑面积。房屋占地面积是指房屋底层外墙（包括柱、廊、门、阳台）外围水平面积。

根据计算建筑面积的有关规定和规则，能够计算建筑面积的房屋原则上应具备以下条件：
1）具有上盖。
2）应有围护物。
3）结构牢固，属永久性的建筑物。
4）层高在2.20m（含）以上。
5）可作为人们生产或生活的场所。

其中层高是指房屋的上下两层楼面、楼面至地面或楼面至屋顶面的垂直距离。楼板面至屋顶面的垂直高度也包括楼板面至房屋顶平台面的高度，但房屋顶面或平台面都不应包括隔热层的高度。

一、计算全部建筑面积的范围

1）永久性结构的单层房屋，按一层计算建筑面积；多层房屋按各层建筑面积的总和计算。多层房屋是指两层或两层以上的房屋。层高低于2.20m的房屋都不能计算面积。

2）房屋内的夹层、插层、技术层及其楼梯间、电梯间等，其高度在2.20m以上部位计算建筑面积。楼梯间、电梯间是指进出楼梯或电梯的房间，还包括突出房屋屋面的有顶盖、有围护结构、永久性的、层高不低于2.20m的、供上屋顶顶层维修房屋或作为安全出口的房间，或供停放检修升降电梯用的房间。夹层、插层、技术层也称附层，是指建筑在房屋内部空间的局部层次，是安插于上下两个正式房屋层中间的房屋，从外表看不出来。这些增加的房屋层，有的是结构层，即属于整个房屋整体结构的一部分，有的是技术层，是加插进去的。不论是结构层还是技术层，只要其层高不低于2.20m都可以计算建筑面积，凡层高低于2.20m的部位，均不应计算建筑面积。

3）穿过房屋的通道（房屋内部的通道），房屋内的门厅、大厅因功能需要，不论其层高多高（其含义是指层高不论高于2.20m多少），均按一层计算建筑面积。而层高低于2.20m的通道、门厅、大厅不能计算房屋的建筑面积。门厅、大厅有的因层高很高，一般在沿厅的周围设有楼层式的走廊，称其为回廊，这一部分凡层高不低于2.20m的，按其水平投影面积计算建筑面积，回廊下边的厅，层高在2.20m（含）以上部位仍应计算建筑面积。

4）楼梯间、电梯（观光梯）井、提物井、垃圾道、管道井等均按房屋自然层计算建筑面积。楼梯是供房屋各层间上下步行的交通通道；电梯是指房屋各层间垂直上下的电动交通通道；提物井是专供房屋各层间垂直上下提升或放降物品用的通道井；垃圾道是指专供房屋各层倾倒垃圾用的井道；管道井是指房屋各层的各种管道（如上下水管、暖气管、电缆、通信线等）上下集中通过的井道。由于这些井道有的并不构成明显的层，但又都占用了房屋的建筑面积，因此应作为房屋自然层面积的一部分，跟随房屋一起计算房屋的建筑面积。

房屋的自然层数是指按房屋的楼板和地板结构分层的层数。房屋的自然层数，一般按室内地平线以上计算。地平线以下为地下室，按负层数计算；采光窗在室外地平线以上的半地下室，其室内层高不低于2.20m的计算自然层数；层高在2.20m以上的架空层也计算自然层数。地下室是指房间地面低于室外地平面的高度超过该房间净高的1/2者；半地下室是指房间地面低于室外地平面的高度超过该房间净高的1/3但不超过1/2的地下室。当房间地面低于室外地平面的高度不超过房间净高的1/3者，则不能算作地下室，也不算半地下室。假层、附层（夹层）、插层、阁楼（暗楼）、装饰性塔楼以及突出屋面的楼梯间、水箱间等不计层数。由于现代房屋设计的多样化，楼梯、电梯等井道到达的部位不同，有的直达地下室各层，有的服务于不同类型的楼层，服务对象和使用功能也不相同，因此在对这些共有建筑面积进行认定和测算时，还是应根据实际情况予以确定。

5）房屋天面上，属永久性建筑，层高在2.20m以上的楼梯间、水箱间、电梯机房及斜面结构屋顶高度在2.20m以上的部位，按其外围水平投影面积计算。天面是指房屋顶面上四周有围护结构的可供人们正常活动的平台，也叫天台。房屋天面上的楼梯间是突出房屋屋顶、有顶盖、有围护结构，供人们出入屋顶面进行维修或作为安全出口的步行通道的建筑物。房屋天面上的水箱间是突出房屋屋顶，有围护结构的蓄水装置的建筑物。电梯机房是突出房屋屋顶，供电梯升降、停放或检修的专门用房。斜面屋顶的房屋是指在房屋屋顶或天面上另有一个永久性的、可供人们居住用的或存储物品的斜面屋顶房屋，对这类斜面房顶的房屋，按其层高达到2.20m的部位计算房屋建筑面积。

6）挑楼、全封闭的阳台按其外围水平投影面积计算。挑楼是指楼房向外悬挑出底层的封闭房屋，层高不低于2.20m，按楼房计算建筑面积。阳台是供人们休息及晾晒衣物用的房屋设施，是户内与户外的过渡空间。封闭阳台按其外围水平投影计算面积，不封闭阳台按其外围水平投影的一半计算建筑面积。封闭与不封闭以设计图样或其他批准文件为准。封闭阳台是指阳台采用实体栏板作围护，栏板以上用玻璃等物全部围闭的阳台。

7）属永久性结构有上盖的室外楼梯，按各层水平投影面积计算。室外楼梯是指位于房屋外部的作为人们上下各层的步行通道用的、有围护结构的永久性建筑物，属房屋的附属设施。当上屋楼梯设计为下层楼梯的顶盖，且可以完全遮盖的，可视为该层室外楼梯有顶盖。

8）与房屋相连的有柱走廊、两房屋间有上盖的走廊，均按其柱的外围水平投影面积计算。与房屋相连，是指走廊的顶盖和柱与房屋的结构相连，即两者的梁、柱、墙相连，走廊的柱为承重的结构柱。走廊是指供人们在生产或生活中出入或经常通行用的走廊。

9）房屋间永久性的封闭的架空通廊，按外围水平投影面积计算。架空通廊是指两建筑物之间供人们通行用的空中走廊。封闭的架空通廊是指架空通廊采用实体栏板作围护，栏板以上采用玻璃等物全部围闭的，有的架空通廊和房屋一样，是由墙体全部围闭，并有门和窗，这都是封闭的架空通廊。架空通廊的层高低于2.20m的也可不计算建筑面积。

10）地下室、半地下室及其相应出入口，层高在2.20m以上的，按其外墙（不包括采光井、防潮层及保护墙）外围水平投影面积计算。采光井是指为地下室提供光线和通风用的地下室墙体外的地下空间；防潮层是指一种用于防止地面上各种流体和地下水渗透地下室和地下室墙体的隔离层；保护墙是指和防潮层作用相同的隔离墙体，地下建筑物为抵抗周边的压力，外墙的厚度随着掩埋地下的深度而增厚，增厚的这一部分墙体也是保护墙，它起着防潮和抗压的双重作用。这些增厚的墙体都不计算建筑面积，故地下室和半地下室的建筑面积计算按上口，即以地上部分的墙体为准计算。

11）有柱或有围护结构的门廊、门斗按其柱或围护结构的外围水平投影面积计算。门廊和门斗是指房屋门前有顶盖、有支柱或围护结构的进出通道。支撑顶盖的是柱时称门廊，支撑顶盖的是承重墙体时称门斗。门廊和门斗是房屋门外的房屋附属设施，它主要起遮雨、防尘、避晒、挡风、防寒、隔声等缓冲作用和分隔作用。门斗在主墙体以内部分的建筑面积，可包含在底层房屋建筑面积之中。门廊和门斗必须具备与房屋相连的永久性的、结构牢固的顶盖。这个上盖可以是独立的顶盖，也可能是房间或挑廊的底板，或挑廊或阳台的地板，也可以是屋檐。门廊和门斗的层高不低于 2.20m。门斗的围护结构应为结构墙体，也可能是房屋承重墙体的一部分，也可以是独立与顶盖相连的墙体。门廊和门斗都是进出大门的主要通道。独立柱和单排柱的门廊，应按其上盖投影面积的一半计算建筑面积；无柱或无围护结构或围护结构残缺不全的都不计算建筑面积。

12）玻璃幕墙等作为房屋外墙的，按其外围水平投影计算。玻璃幕墙是指这一部分的房屋没有砖石等结构的外墙体，而是以玻璃幕墙直接作为房屋的外墙体。

13）属永久性建筑有柱的车棚、货棚等按柱的外围水平投影面积计算。柱是指承重的结构柱，装饰性的柱、非承重柱以及柱的装饰性部分除外。以上车棚、货棚的层高低于 2.20m 的部位，不应计算建筑面积。独立柱和单排柱的车棚、货棚按上盖水平投影面积的一半计算建筑面积。

14）依坡地建筑的房屋，利用吊脚做架空层、有围护结构的，按其高度在 2.20m 以上部位的外围水平面积计算。吊脚是指利用打桩、筑柱等承重结构来承托架空房屋地板的一种建筑结构，这一部分建筑物如果加上围护物，而且围护物有一定的高度，并且是永久性的牢固的建筑物，架空层内再整修有底板，就可以作为人们生产和生活的场所而加以利用，也就可以对层高不低于 2.20m 的部位计算建筑面积。如果架空层未整修无底板，也未利用，仅作为堆积余土，或作为架空防潮之用时，则可以不计算建筑面积。

15）伸缩缝、沉降缝等变形缝，不论其宽度如何，只要其与两边房屋中的一边相通，具有房屋的一般条件，又能正常利用的，则可以计算到房屋的建筑面积中。

二、计算一半建筑面积的范围

1）与房屋相连，有上盖无柱的走廊、檐廊，按其围护结构外围水平投影面积的一半计算。走廊是房屋墙体外有顶盖的、供人们进出和行走的通道。与房屋相连的上盖，可以是挑楼或挑楼的底板，也可以是专制的顶盖。顶盖是由屋檐延伸而构成的底层无柱走廊，称檐廊；顶盖由楼体、挑廊或挑楼底板构成的，底层无柱走廊，也是檐廊。有和房屋相连的顶盖、有永久性的牢固的围护结构的檐廊，按围护结构外围的水平投影面积的一半计算建筑面积。檐廊两端均有与房屋相连的墙体作为围护物结构的，视为有围护结构的檐廊。有围护结构的檐廊还应是房屋进出的通道，或作为生产或生活的场所，层高不低于 2.20m 的，才计算建筑面积。没有顶盖或没有围护结构，或生产和生活都无法使用的，或层高低于 2.20m 的，均不宜计算建筑面积。

2）未封闭的阳台、挑廊，按其围护结构外围水平投影面积的一半计算。未封闭的阳台、挑廊都应该有永久性的结构牢固的围护结构，且层高不低于 2.20m，围护结构还应有一定的高度。阳台与挑廊都必须具有顶盖，并且与室内相通。其中顶盖可以是上层阳台或上层挑楼，或房屋的底板，也可以是屋檐的延伸或自备顶盖。

3）独立柱、单排柱的门廊、车棚、货棚等属永久性建筑的，按其上盖水平投影面积的一半计算。单排柱是指排列成一行的柱。

4）无顶盖的室外楼梯按各层水平投影的一半计算。该室外楼梯应该是永久性的、结构牢固的、人们生产和生活正常使用的建筑物。

5）有顶盖不封闭的永久性的架空通廊，按外围水平投影面积的一半计算。不封闭的架空通廊应该是永久性的、结构牢固、层高不低于 2.20m 的，并有结构牢固的围护物。

三、不计算建筑面积的范围

1) 层高在 2.20m 以下的夹层、插层、技术层和层高小于 2.20m 的地下室和半地下室。所有层高低于 2.20m 以下的房屋、房间、房层、楼梯间、水箱间、走廊、檐廊、阳台、挑廊、挑楼、地下室、半地下室等都不宜计算建筑面积。

2) 突出房屋墙面的构件、配件、装饰柱、装饰性的玻璃幕墙、垛、勒脚、台阶、无柱雨篷等。构件是组成房屋结构的各单元，如房屋的梁、柱等，这里指的是突出房屋墙面的梁、柱等构件。配件是组成房屋的零件或部件，这里指的是突出房屋墙面的部件，例如砖和瓦等部件。装饰柱是为装饰或点缀房屋而用的非承重柱，承重柱是指对房屋起承重作用的结构柱，承重柱有时在外表附有装饰性的部分，装饰柱或承重柱以及承重柱的装饰性部分的认定，以设计图样为准。装饰性的玻璃幕墙是指附在或架在房屋外墙面上起装饰作用的玻璃幕墙。垛是指房屋墙上向上或向外突出的部分，如突出房屋墙面的砖、瓦以及水泥构件。勒脚是位于房屋外墙面下部、突出房屋外墙面的为保护墙基和墙体的防水侵蚀的附在房屋外墙面下端的表面构筑层，它由砖或混凝土或三合土等材料构成，不是所有房屋都有勒脚。台阶在这里是指室外台阶，室外台阶是房屋的辅助设施，不单独计算建筑面积。室外台阶是房屋室内外地面联系的过渡构件，是根据室内外地面之间的高差而设置的。无柱雨篷，这里指的是无柱的位于门上方或窗上方的为防雨和防晒用的顶盖，顶盖一般由混凝土构件（板）构成，与房屋的墙体或房屋的梁柱相连接，顶盖的下方无承重柱或承重墙支撑，顶盖下方可能是房屋的进出口或人行通道，没有围护结构或围护物。

3) 房屋之间无上盖的架空通廊，包括无上盖的挑廊。

4) 房屋的天面、挑台、天面上的花园、泳池。挑台是指挑出房屋外墙面或伸出屋面，有围护结构无顶盖的平台。天面上的花园、泳池都是指房屋天面上无顶盖的花园和游泳池。

5) 建筑物内的操作平台、上料平台及利用建筑物的空间安置的箱、罐的平台。这些平台是指安置于建筑物内部的，供操作、上料、安放物品用的平台，其特点是没有自备顶盖和围护物。

6) 骑楼、过街楼的底层用作道路街巷通行的部分。这里指的骑楼或过街楼的底层，又是社会公用通道的道路或街巷的一部分。

7) 利用引桥、高架桥、高架路、路面作为顶盖建造的房屋。这里指的是在引桥、高架桥、高架路下面建造的房屋，利用引桥桥面、高架桥桥面或高架路路面作为房屋的顶盖。在引桥、高架桥、高架路下面建造的自备顶盖的房屋，不在此条规定之列。

8) 活动房屋、临时房屋、简易房屋。不是永久性的房屋都不应计算建筑面积。

9) 独立烟囱、亭、塔、罐、池、地下人防干支线。

10) 与房屋室内不相通的房屋间伸缩缝、沉降缝。

第二节　套面积计算与共有建筑面积的分摊

一、共有建筑面积

（一）可以分摊的共有建筑面积

1) 共有的电梯井、管道井、垃圾井、观光井（梯）、提物井。

2) 共有的楼梯间、电梯间。

3）为本幢建筑服务的变电室、水泵房、设备间、值班警卫室。
4）为本幢建筑服务的公共用房、管理用房。
5）共有的门厅、大厅、过道、门廊、门斗。
6）共有的电梯机房、水箱间、避险间。
7）共有的室外楼梯。
8）共有的地下室、半地下室。
9）套与公共建筑之间的分隔墙，以及外墙（包括山墙）水平投影面积一半的建筑面积。

（二）不应分摊的建筑面积
1）作为人防工程的建筑面积。
2）独立使用的地下室、半地下室、车库、车棚。
3）为多幢服务的警卫室、设备用房、管理用房。
4）用作公共休息用的亭、走廊、塔等建筑物及绿化区。
5）用作公共事业的市政建设的建筑物。

（三）共有面积的处理原则
1）产权各方有合法权属分割文件或协议的，按文件或协议规定执行。
2）无产权分割文件或协议的，可按相关房屋的建筑面积按比例进行分摊。

（四）共有面积的所有权与使用权
房屋共有建筑面积的所有权属参与共有建筑面积分摊的各产权人。

（五）共有建筑面积的分类与确认
根据共有建筑面积的使用功能，共有建筑面积主要可分成三类。

（1）全幢共有共用的建筑面积　指为整幢服务的共有共用的建筑面积，此类共有建筑面积由全幢进行分摊。

（2）功能区共有共用的建筑面积　指专为某一功能区服务的共有共用的建筑面积，如某幢楼内专为某一商业区或办公区服务的警卫值班室、卫生间、管理用房等。这一类专为某一功能区服务的共有建筑面积，应由该功能区内分摊。

（3）层共有的建筑面积　由于功能设计不同，共有建筑面积有时也不相同，各层的共有建筑面积不同时，则应区分各层的共有建筑面积，由各层各自进行分摊。如各层的卫生间、公共走道等各不相同时，可分层各自分别进行分摊。如果一幢楼各层的套型一致，共有建筑面积也相同，如普通的住宅楼，则没有必要对共有建筑进行分类，而可以以幢为单位进行一次共有建筑面积的分摊，直接求得各套的分摊面积。对多功能的综合楼或商住楼，共有建筑面积的分摊比较复杂，一般要进行二级或三级甚至更多级的分摊。因此，在对共有建筑面积分摊之前，应首先对本幢楼的共有建筑面积进行认定，决定其分摊层次和归属。对共有建筑面积的分摊的认定要填写认定表进行确认。

二、套面积计算与共有建筑面积的分摊

（一）套内建筑面积的内容
套内建筑面积由以下三部分组成。
（1）**套内使用面积**　套内使用面积为套内房屋空间的净面积，按水平投影面积计算。一般根据内墙面之间的水平距离计算，内墙面的装饰厚度应计入使用面积。

(2) **套内墙体面积** 套内自有墙体面积全部计入套内墙体面积。套与套之间的共有墙体、套与公共部位的共有墙体、套与外墙（包括山墙的墙体），均按墙体的中线计算套内墙体面积与套内建筑面积。

(3) **套内阳台面积** 套内阳台建筑面积均按阳台外围与房屋外墙之间的水平投影面积计算，其中封闭阳台按水平投影面积全部计算建筑面积；不封闭阳台按水平投影面积的一半计算建筑面积；没有顶盖的阳台不计算建筑面积。

在实际工作中，也可以按照套型的中线尺寸直接计算套内建筑面积，但阳台面积则应按外尺寸计算，即使用外墙至外墙的尺寸计算阳台面积。当两个阳台相邻共用一道公共墙体时，对共墙的尺寸使用中线尺寸。

（二）层、功能区、幢面积的计算

1. 层面积的计算

$$S_{Ci} = \sum S_{Ti} + \Delta S_{Ci} \tag{11-1}$$

式中　S_{Ci}——各层（i层）的建筑面积（m²），i为层号；

　　　S_{Ti}——本层（i层）内各套建筑面积（m²），i为套号；

　　　ΔS_{Ci}——本层内共有共用的建筑面积（m²），i为层号。

2. 功能区面积的计算

$$S_{gi} = \sum S_{ci} + \Delta S_{gi} \tag{11-2}$$

式中　S_{gi}——各功能区（i功能区）的建筑面积（m²），i为功能区号；

　　　S_{ci}——本功能区（i功能区）内各层的建筑面积（m²），i为层号；

　　　ΔS_{gi}——本功能区内共有共用的建筑面积（m²），i为功能区号。

3. 幢面积的计算

$$S_Z = \sum S_{gi} + \Delta S_Z \tag{11-3}$$

式中　S_Z——本幢全幢的建筑面积（m²）；

　　　S_{gi}——本幢内各功能区的建筑面积（m²）；

　　　ΔS_Z——本幢由全幢分摊的幢共有建筑面积（m²）。

4. 面积计算的检核

$$S_Z = \sum S_{Ti} + \sum \Delta S \tag{11-4}$$

式中　S_Z——全幢总建筑面积（m²）；

　　　$\sum S_{Ti}$——全幢内各套建筑面积总和（m²）；

　　　$\sum \Delta S$——本幢内全部共有面积之和（m²），$\sum \Delta S = \sum \Delta S_{Ci} + \sum \Delta S_{gi} + \Delta S_Z$，即$\sum \Delta S$为各层、各功能区和幢的共有建筑面积之总和。

（三）外墙体一半面积的计算

共有建筑面积中包括套与公共建筑之间的分隔墙以及外墙（包括山墙）水平投影面积一半的建筑面积。由于在实际计算中一般使用中线尺寸，即墙体中线至另一墙体中线尺寸，所以套与公共建筑之间的分隔墙都已分别包括在套面积与公共建筑面积之内，其墙体面积的一半已归入公共建筑面积之中而被分摊，所以不存在另外再分摊的问题，需要分摊的只有外墙（包括山墙）水平投影面积一半的建筑面积。如图11-1所示为一幢房屋山墙放大的示意图。

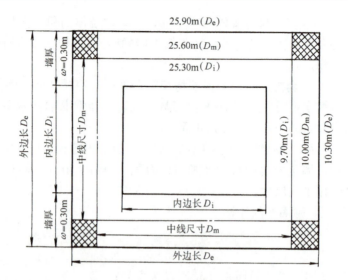

图11-1　房屋山墙示意图

图中　D_e——房屋的外边长，为外墙至外墙的尺寸，称外尺寸；

D_i——房屋的中线边长，为墙体中线至中线的尺寸，称中线尺寸；

D_m——房屋的内边长，为内墙体面至内墙体面的尺寸，称内尺寸；

ω——墙厚，$\omega/2$ 为半墙厚。

1/2 外墙墙体面积 = $\sum(S_\omega/2)$ = 外墙面包围的面积（S_e）－墙体中线所包围的面积（S_m），即

$$\sum(S_\omega/2) = S_e - S_m \tag{11-5}$$

图11-1中，$\sum(S_\omega/2) = (25.90 \times 10.30 - 25.60 \times 10.00)\ \text{m}^2 = 10.77\ \text{m}^2$

当房屋为矩形时，也可根据矩形的两个边长 a 和 b 以及墙的厚度 ω 计算 1/2 外墙墙体面积 $\sum(S_\omega/2)$。

$$\left.\begin{array}{l}\text{根据外边长计算：} \sum(S_\omega/2) = (a_e + b_e)\omega - \omega^2 \\ \text{根据中线边长计算：} \sum(S_\omega/2) = (a_m + b_m)\omega + \omega^2 \\ \text{根据内边长计算：} \sum(S_\omega/2) = (a_i + b_i)\omega + 3\omega^2\end{array}\right\} \tag{11-6}$$

（四）住宅楼共有建筑面积的分摊

1. 住宅楼房屋的共有建筑面积计算

整幢房屋的建筑面积扣除整幢房屋各套套内建筑面积之和，并扣除作为独立使用的地下室、车棚、车库等，以及为多幢服务的警卫室、管理用房、设备用房和人防工程等面积，即为整幢住宅楼的共有建筑面积。

2. 住宅楼的共有建筑面积的分摊

住宅楼的共有建筑面积以幢为单位进行分摊，根据整幢的共有建筑面积和整幢套面积的总和求取整幢住宅楼的分摊系数，再根据各套房屋的套内建筑面积，求得各套房屋的分摊面积。整幢住宅楼的分摊系数为

$$K_Z = \Delta S_Z / \sum S_{Ti}$$

各套房屋的分摊面积为

$$\Delta S_{Ti} = K_Z S_{Ti} \tag{11-7}$$

式中 ΔS_Z——整幢房屋的共有建筑面积（m^2）；

　　K_Z——整幢房屋共有建筑面积的分摊系数；

　　S_{Ti}——各套（第i套）房屋的套内建筑面积（m^2），i为套号；

　　$\sum S_{Ti}$——整幢房屋各套房屋套内建筑面积的总和（m^2）。

（五）多功能综合楼共有建筑面积的分摊

多功能综合楼是指具有多种用途的建筑物，即这幢建筑物内有住宅、商业用房和办公用房，各共有建筑面积的功能与服务对象也并不相同。因此，对多功能综合楼就不能和普通住宅楼一样，用一个分摊系数一次进行分摊，而是应按照谁使用谁分摊的原则，对各共有建筑面积按照各自的功能和服务对象分别进行分摊，即进行多级分摊。

按照《房产测量规范 第1部分：房产测量规定》（GB/T 17986.1—2000）的规定，采取由上而下的分摊模式，即首先分摊整幢的共有建筑面积，把它分摊至各功能区；功能区再把分到的分摊面积和功能区原来自身的共有建筑面积加在一起，再分摊至功能区内的各个层；然后层再把功能区分到的分摊面积和层原来自身的共有建筑面积加在一起，最后分摊至各套或各户。套内建筑面积加上分摊面积，就得到了各套或各户的产权面积。如果各功能区内各层的结构相同，共有建筑面积也相同，则可免去层这一级分摊，由功能区直接分摊至套或户。具体可按以下计算次序进行分摊。

1. **幢共有建筑面积的分摊**

$$\delta S_{gi} = K_Z S_{gi} \tag{11-8}$$

其中 $$K_Z = \Delta S_Z / \sum S_{gi}$$

式中 δS_{gi}——幢内各功能区（第i功能区）的分摊面积（m^2）；

　　K_Z——整幢房屋共有建筑面积的分摊系数；

　　S_{gi}——幢内各功能区（第i功能区）的建筑面积（m^2）；

　　ΔS_Z——整幢房屋的共有建筑面积，即应由全幢分摊的共有建筑面积（m^2）；

　　$\sum S_{gi}$——本幢各功能区建筑面积之和（m^2）。

2. **功能区共有建筑面积的分摊**

$$\delta S_{ci} = K_{gi} S_{ci} \tag{11-9}$$

其中 $$K_{gi} = (\Delta S_{gi} + \delta S_{gi}) / \sum S_{ci}$$

式中 δS_{ci}——功能区（第i功能区）内各层的分摊面积（m^2）；

　　K_{gi}——功能区（第i功能区）共有建筑面积的分摊系数；

　　S_{ci}——功能区（第i层）内各层的建筑面积（m^2）；

　　ΔS_{gi}——本功能区自身原有的共有建筑面积（m^2）；

　　δS_{gi}——幢分摊给本功能区（第i功能区）的分摊面积（m^2）；

　　$\sum S_{ci}$——功能区内各层的建筑面积之和（m^2）。

3. **层共有建筑面积的分摊**

$$\delta S_{Ti} = K_{Ci} S_{Ti} \tag{11-10}$$

其中 $$K_{Ci} = (\Delta S_{Ci} + \delta S_{Ci}) / \sum S_{Ti}$$

式中 δS_{Ti}——各套房屋的分摊面积（m^2），i 为套号；

K_{Ci}——各功能区内，各层（i 层）的共有建筑面积的分摊系数；

S_{Ti}——各套房屋（或户）的套内建筑面积（m^2）；

ΔS_{Ci}——各层本身原有的层共有建筑面积（m^2）；

δS_{Ci}——功能区分摊给各层的分摊面积（m^2）；

$\sum S_{Ti}$——本层内各套（户）房屋套内建筑面积之和（m^2）。

4. 套（户）内产权面积的计算

$$S_{Ei} = S_{Ti} + \delta S_{Ti} \tag{11-11}$$

式中 S_{Ei}——各套（户）房屋的产权面积（m^2）；

S_{Ti}——各套（户）房屋的套内建筑面积（m^2）；

δS_{Ti}——各套（户）房屋分摊所得的分摊面积（m^2）。

5. 共有分摊面积计算的检核

$$\sum S_{Ei} = \sum S_{Ti} + \Delta S_z + \Delta S_g + \Delta S_c \tag{11-12}$$

式中 $\sum S_{Ei}$——本幢房屋中各套（户）房屋产权面积之和（m^2）；

$\sum S_{Ti}$——本幢房屋中各套（户）房屋的建筑面积之和（m^2）；

ΔS_z——本幢房屋中全幢共有建筑面积（m^2）；

ΔS_g——各功能区房屋的共有建筑面积（m^2）；

ΔS_c——各层房屋的共有建筑面积（m^2）。

$$\sum \delta S_{Ti} = \Delta S_z + \Delta S_g + \Delta S_c \tag{11-13}$$

式中 $\sum \delta S_{Ti}$——本幢各套（户）分摊面积总和（m^2）。

（六）商住楼面积计算与共有面积分摊计算示例

某建筑物为一幢商住楼，共 6 层，分两个功能区，1～2 层为商业区，每层 8 户，两层共计 16 户，户号由一层西北角起从 1～16 顺编；商业区两层的户型相同。3～6 层是住宅区，共 4 层，每层两个单元，共 4 户，合计 16 户，户号从 3 层由 17～32 顺编，住宅区为成套住宅，套型相同。

根据建房协议，门口警卫收发室作为商业区与住宅区的管理用房，属两区共有。住宅区和商业区各自备楼梯，分别使用，各自所有。住宅区和商业区在结构上完全分离，互不相通。警卫收发室面积属全幢共有面积，由全幢分摊；住宅区楼梯面积由住宅区分摊，商业区楼梯面积由商业区分摊。

各层的户型组成，共有面积分布，边长尺寸标注于表 11-1 中的附图上。墙体的厚度为 0.3m。套与套之间，套与共有面积之间的墙均为共墙。阳台均为不封闭的阳台。

计算步骤如下：

1. 房屋各边长尺寸的检核

为了保证房屋面积计算的准确可靠，在计算面积之前应对房屋的所有边长进行一次校核，保证各尺寸之间没有矛盾，保证各房间边长与总边长完全一致，对不一致的应进行检查。如果是多余观测的测量误差的闭合差，在限差之内时，应进行平差配赋处理。本幢房屋的中线边长有：

$(2.40+2.80+2.40+5.20+5.20+2.40+5.20)\text{m}=25.60\text{m}$

$(6.40\times 4)\text{m}=25.60\text{m}$

$(4.00+1.50+2.10+2.40)\text{m}=10.00\text{m}$

$(5.20+2.40+5.20+5.20+2.40+5.20)\text{m}=25.60\text{m}$

2. 成套房屋套内建筑面积的计算

成套房屋的套内建筑面积以 S_{Ti} 表示，i 为套号或户号。本幢房屋的套内建筑面积根据

表11-1　商住楼面积计算与共有面积分摊示例

丘　号	0048—6	户　号	1—32	结　构	钢　混
幢　号	2B	层　次		层　数	06
座　落		人民南路太平巷3—8号			

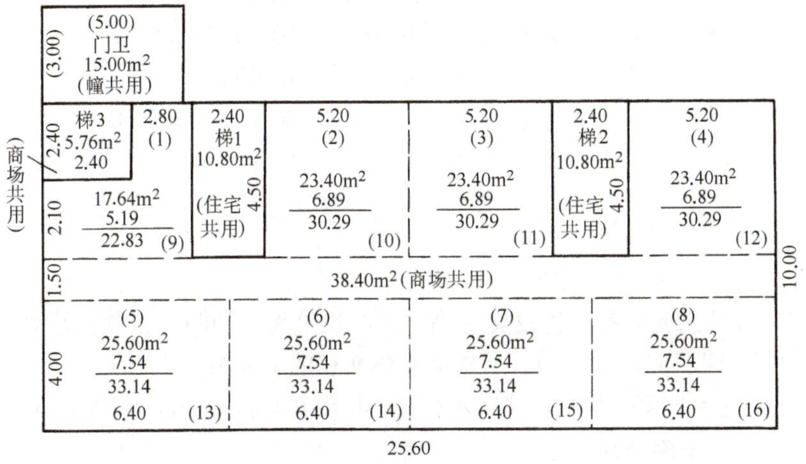

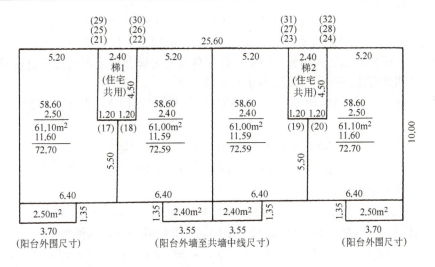

一层与二层各户平面图（户号：1~16）

图上所注尺寸除阳台和门卫房所注尺寸为外尺寸外，其他所注尺寸均为中线尺寸。

三层至六层各户平面图（户号：17~32）

《房产测量规范 第1部分:房产测量规定》(GB/T 17986.1—2000)的有关规定进行计算。
商场部分共16套(户),套内面积分别为

$$S_{T1} = S_{T9} = (2.80 \times 2.40 + 2.10 \times 5.20) m^2 = 17.64 m^2$$

$$S_{T2} = S_{T10} = S_{T3} = S_{T11} = S_{T4} = S_{T12} = (5.20 \times 4.50) m^2 = 23.40 m^2$$

$$S_{T5} = S_{T13} = S_{T6} = S_{T14} = S_{T7} = S_{T15} = S_{T8} = S_{T16} = (6.40 \times 4.00) m^2 = 25.60 m^2$$

共计套面积 $\sum S_{Ti} = 380.48 m^2$

住宅部分共16套(户),套内面积分别为

$$S_{T17} = S_{T21} = S_{T25} = S_{T29} = [10.00 \times 5.20 + 1.20 \times 5.50 + (1.35 \times 3.70)/2] m^2 = 61.10 m^2$$

$$S_{T18} = S_{T22} = S_{T26} = S_{T30} = [10.00 \times 5.20 + 1.20 \times 5.50 + (1.35 \times 3.55)/2] m^2 = 61.00 m^2$$

$$S_{T19} = S_{T23} = S_{T27} = S_{T31} = [10.00 \times 5.20 + 1.20 \times 5.50 + (1.35 \times 3.55)/2] m^2 = 61.00 m^2$$

$$S_{T20} = S_{T24} = S_{T28} = S_{T32} = [10.00 \times 5.20 + 1.20 \times 5.50 + (1.35 \times 3.70)/2] m^2 = 61.10 m^2$$

共计套面积 $\sum S_{Ti} = 976.80 m^2$

3. 共有建筑面积的确定与计算

根据房屋的设计结构和有关协议文件确定共有建筑面积的归属,并计算如下。

(1) 幢的共有建筑面积 全幢各层外墙墙体面积的1/2为

$$\Delta S_{Z1} = [(25.60 + 10.00) \times 0.30 + 0.30 \times 0.30] \times 6 m^2 = 10.77 \times 6 m^2$$
$$= 64.62 m^2$$

全幢共用的幢外门卫收发室面积为

$$\Delta S_{Z2} = (5.00 \times 3.00) m^2 = 15.00 m^2$$

幢的共有建筑面积为

$$\Delta S_Z = \Delta S_{Z1} + \Delta S_{Z2} = (64.62 + 15) m^2 = 79.62 m^2$$

(2) 功能区的共有建筑面积 本幢房屋共有两种用途,1~2层为商场,3~6层为住宅,商场和住宅区各有独立的楼梯,根据协议文件各自分摊。商业区的共有建筑面积以 ΔS_{g1} 表示,住宅区的共有建筑面积以 ΔS_{g2} 表示,分算如下。

1) 商场区的共有建筑面积包括1~2层的自用楼梯间面积 ΔS_{s1} 和1~2层商场内的两个过道 ΔS_{s2}。

$$\Delta S_{s1} = 2.40 \times 2.40 \times 2 m^2 = 11.52 m^2$$

$$\Delta S_{s2} = 1.50 \times 25.60 \times 2 m^2 = 76.80 m^2$$

商场共有建筑面积为

$$\Delta S_s = \Delta S_{g1} = \Delta S_{s1} + \Delta S_{s2} = (11.52 + 76.80) m^2 = 88.32 m^2$$

2) 住宅区的共有建筑面积 ΔS_{gz} 为两个楼梯间共6层的面积,其值为

$$\Delta S_{gz} = [(2.40 \times 4.50 + 2.40 \times 4.50) \times 6] m^2 = 129.60 m^2$$

(3) 层的共有建筑面积 本幢全部共有建筑面积已全部归属于幢和功能区,已分配完毕。层的共有建筑面积为0,此级不再分摊。在分摊时,将从功能区越过层直接分摊至套(户)。

4. 各部分面积的计算

(1) 功能区面积的计算　以式 (11-1) 代入式 (11-2)，得

$$S_{gi} = \sum S_{Ti} + \Delta S_{gi} + \Delta S_{ci}$$

令 $\Delta S_{ci} = 0$，得功能区面积

$$S_{gi} = \sum S_{Ti} + \Delta S_{gi}$$

$$S_{g1} = [(2.80 \times 2.40 + 2.10 \times 5.20) \times 2 + (5.20 \times 4.50) \times 6 + (6.40 \times 4.00) \times 8 + 88.32] \text{m}^2 = 468.80 \text{m}^2$$

$$S_{g2} = [(61.10 \times 4 + 61.00 \times 4 + 61.00 \times 4 + 61.10 \times 4) + 129.60] \text{m}^2$$
$$= 1106.40 \text{m}^2$$

功能区面积为

$$S_g = S_{g1} + S_{g2} = (468.80 + 1106.40) \text{m}^2 = 1575.20 \text{m}^2$$

(2) 幢面积计算　将式 (11-1)、式 (11-2)、式 (11-3) 左右两端分别相加，化简后得

$$S_Z = \sum S_{Ti} + \Delta S_{gi} + \Delta S_{ci} + \Delta S_Z$$

本例中　$\Delta S_{ci} = 0$

故

$$S_Z = \sum S_{Ti} + \Delta S_{gi} + \Delta S_Z = (1575.20 + 79.62) \text{m}^2 = 1654.82 \text{m}^2$$

(3) 面积计算的检核　全幢面积应为

$$S_Z = [(0.15 + 25.60 + 0.15) \times (0.15 + 10.00 + 0.15) \times 6 + 4 \times \sum K S_Y + 15.00] \text{m}^2$$
$$= (266.77 \times 6 + 9.80 \times 4 + 15) \text{m}^2 = 1654.82 \text{m}^2$$

计算结果与 (2) 相同，说明计算无误，可继续计算。如果最后一位数字有差，是凑整误差所致，属正常现象。

式中 S_Y 为阳台面积，封闭阳台 $K = 1$，不封闭阳台 $K = 1/2$。

5. 共有建筑面积的分摊

(1) 幢共有建筑面积的分摊　利用式 (11-8)，可得幢的分摊系数

$$K_Z = \Delta S_Z / \sum S_{gi} = 79.62 \text{m}^2 / 1575.20 \text{m}^2 = 0.050546$$

商场部分的分摊面积为

$$\delta S_{g1} = K_Z S_{g1} = (0.050546 \times 468.80) \text{m}^2 = 23.70 \text{m}^2$$

住宅部分的分摊面积为

$$\delta S_{g2} = K_Z S_{g2} = (0.050546 \times 1106.40) \text{m}^2 = 55.92 \text{m}^2$$

商场部分总的共有建筑面积为

$$\Delta S_{g1} + \delta S_{g1} = (88.32 + 23.70) \text{m}^2 = 112.02 \text{m}^2$$

住宅部分总的共有建筑面积为

$$\Delta S_{g2} + \delta S_{g2} = (129.60 + 55.92) \text{m}^2 = 185.52 \text{m}^2$$

(2) 功能区共有建筑面积的分摊　利用式 (11-9)，因各功能区内各层户型尺寸相同，可直接分摊至套，故可把式 (11-9) 中的 C 全部改为 T。

商场部分分摊系数为

$$K_{g1} = (\Delta S_{g1} + \delta S_{g1}) / \sum S_{T1} = 112.02 \text{m}^2 / 380.48 \text{m}^2 = 0.294418$$

住宅部分分摊系数为

$$K_{g2} = (\Delta S_{g2} + \delta S_{g2}) / \sum S_{T2} = 185.52 \text{m}^2 / 976.80 \text{m}^2 = 0.189926$$

商场部分各套（户）的分摊面积为

$$\delta S_{Ti} = K_{g1} S_{Ti} = 0.294418 S_{Ti}$$

住宅部分各套（户）的分摊面积为

$$\delta S_{Ti} = K_{g2} S_{Ti} = 0.189926 S_{Ti}$$

（3）套（户）分摊面积与套（户）产权面积的计算　表 11-2 为两功能区套户与套（户）分摊面积、产权面积的计算统计结果。

表 11-2　两功能区套户数与分摊、产权面积

	商场部分			住宅部分	
套（户）面积/m²	17.64	23.40	25.60	61.00	61.10
分摊面积/m²	5.19	6.89	7.54	11.59	11.60
产权面积/m²	22.83	30.29	33.14	72.59	72.70
套（户）数	2	6	8	8	8

（4）分摊计算的检核　全幢各套（户）产权面积之和 $\sum S_E = 1654.84 \mathrm{m}^2$，幢面积 $S_Z = 1654.82 \mathrm{m}^2$，两者相差 $0.02 \mathrm{m}^2$，属凑整误差，成果检核无误，分摊计算与产权面积计算正确。

表 11-3 所示为商住楼面积计算与共有面积分摊表。

表 11-3　商住楼面积计算与共有面积分摊　（单位：m²）

幢	单元	功能区	层	户号	$S_{sy}+S_z$	S 阳台	套（户）内建筑面积	共有分摊面积	产权面积
$\Delta S_1 = 1/2$ 外墙面积 = $[(25.60 + 10.00) \times 0.30 + 0.30 \times 0.30] \times 6$ = 64.62　ΔS_2 = 门卫收发室面积 = $3.00 \times 5.00 = 15.00$　$\Delta S_z = \Delta S_1 + \Delta S_2 = 79.62$　$K_Z = 79.62/(468.80 + 1106.40) = 0.050546$	各单元结构相同	商场部分　ΔS_1 = 楼梯间面积 = $2.40 \times 2.40 = 5.76$　ΔS_2 = 过道 = $1.50 \times 25.60 = 38.40$　$\Delta S_1 + \Delta S_2 = 44.16$　$\Delta S_s = 44.16 \times 2 = 88.32$　$S_s + \Delta S_s = 468.80$	1~2 层尺寸相同	(1),(9)	17.64	0	17.64	5.19	22.83
				(2),(10)	23.40	0	23.40	6.89	30.29
				(3),(11)	23.40	0	23.40	6.89	30.29
				(4),(12)	23.40	0	23.40	6.89	30.29
				(5),(13)	25.60	0	25.60	7.54	33.14
				(6),(14)	25.60	0	25.60	7.54	33.14
				(7),(15)	25.60	0	25.60	7.54	33.14
				(8),(16)	25.60	0	25.60	7.54	33.14
				$S_c = \sum$	190.24	0	190.24	56.02	246.26
				$S_s = 2S_c$	380.48		380.48	112.04	492.52
				$\delta S_s = K_Z \times 468.80 = 23.70$，$\Delta S_s + \delta S_s = 88.32 + 23.70 = 112.02$　$K_s = 112.02/380.48 = 0.294418$					
		住宅部分　ΔS_1 = 楼梯间面积 = $2.40 \times 4.50 \times 2 \times 6 = 129.60$　$S_{zh} + \Delta S_{zh} = 976.80 + 129.60 = 1106.40$	3~6 层尺寸相同	(17)(21)(25)(29)	58.60	2.50	61.10	11.60	72.70
				(18)(22)(26)(30)	58.60	2.40	61.00	11.59	72.59
				(19)(23)(27)(31)	58.60	2.40	61.00	11.59	72.59
				(20)(24)(28)(32)	58.60	2.50	61.10	11.60	72.70
				$S_c = \sum$	234.40	9.80	244.20	46.38	290.58
				$S_{zh} = 4 \cdot S_c$	937.60	39.20	976.80	185.52	1162.32
				$\delta S_{zh} = K_Z 1106.40 = 55.92$，$\Delta S_{zh} + \delta S_{zh} = 129.60 + 55.92 = 185.52$　$K_{zh} = 185.52/976.80 = 0.189926$					

（检查）共有分摊面积计算与产权面积计算的检核：

产权面积总和 $\sum S_E = 492.52 + 1162.32 = 1654.84$

全幢总建筑面积 $S_z = 1575.20 + 79.62 = 1654.82$

全幢总建筑面积 S_z = 房屋外轮廓面积 ×6 + 门卫收发室面积 + 阳台面积 ×4 = $(25.90 \times 10.30) \times 6 + 3 \times 5 + (2.5 \times 2 + 2.4 \times 2) \times 4 = 1654.82$

第三节 房屋用地面积测算的方法

房屋用地面积是指房屋占用和使用的全部土地面积，包括房屋及其附属设施所占用的土地面积、院落用地面积和公用土地的分摊面积等。其中包括供休息和满足生产或生活需要的土地面积，出入专用的室外道路、绿化、停车场、院内空地及其围护物等所占土地面积，但不包括下列土地的面积：

1) 无明确使用权属的冷巷、巷道和间隙地。
2) 市政管辖的道路、街道、巷弄等公用土地。
3) 公共使用的河涌、沟渠、排水沟。
4) 已征用、划拨或者属于原房地产证记载范围内，经规划部门核定需要作市政建设的用地。
5) 其他按规定不记入用地面积的土地面积。

用地面积以丘为单位进行测算，包括房屋占地面积、其他用途的土地面积、各项地类面积的测算。用地面积测算可用坐标解析法、实地量距法以及图解法等方法。

坐标解析法是根据几何图形的各角点坐标直接计算面积，长期以来是测定土地面积的主要方法，决定精度的主要因素是界址点的精度。

用实地量距法测算房屋面积是房地产测绘部门的主要方法，决定精度的主要因素是边长测量的精度。

图解法是指直接从图上量算面积，无复杂计算。面积量算与一般测量工作一样，也有整体和局部、控制和碎部之分，所以其量算的总原则是符合测量工作的总原则的。通常是以图幅理论面积为基本控制，按图幅分级量算，依面积大小的比例进行平差计算，自下而上地逐级汇总统计。

测算方法的选择要从实际出发，由面积的大小、精度的要求以及设备条件来决定。控制面积精度应高于碎部面积精度，权属面积精度应高于分类地块面积精度。从方法上来看解析法精度高于图解法的精度。由于数字化技术的普及和发展，以及房地产数据库和房产信息系统的建立，用坐标解析法计算房屋面积的情况将会逐步增多。

一、坐标解析法

坐标解析法根据房屋用地界址点或边界点的坐标计算房屋用地或丘的面积，也包括利用房角点的坐标计算房屋面积。如图 11-2 所示，四边形 1234 的顶点坐标为 1 (x_1, y_1)，2 (x_2, y_2)，3 (x_3, y_3)，4 (x_4, y_4)。则其面积可用梯形 $122'1'$ 加梯形 $233'2'$ 后，减梯形 $144'1'$ 和 $433'4'$ 求得，即

$$S_{1234} = S_{122'1'} + S_{233'2'} - S_{144'1'} - S_{433'4'}$$

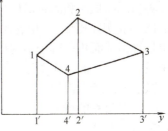

图 11-2　解析法求面积

利用梯形面积计算公式得

$$S_{1234} = [(x_1 + x_2)(y_2 - y_1) + (x_2 + x_3)(y_3 - y_2) - (x_1 + x_4)(y_4 - y_1) - (x_3 + x_4)(y_3 - y_4)]/2$$

提出 x 项，整理后得

$$S_{1234} = [x_1(y_2 - y_4) + x_2(y_3 - y_1) + x_3(y_4 - y_2) + x_4(y_1 - y_3)]/2$$

提出 y 项，整理后得

$$S_{1234} = [\,y_1(x_4 - x_2) + y_2(x_1 - x_3) + y_3(x_2 - x_4) + y_4(x_3 - x_1)\,]/2$$

以上两式可推广到 n 边形，得

$$S = \frac{1}{2}\sum_{i=1}^{n} x_i(y_{i+1} - y_{i-1})$$

$$S = \frac{1}{2}\sum_{i=1}^{n} y_i(x_{i-1} - x_{i+1})$$

(11-14)

式中　S——房屋面积、房屋用地面积或丘面积（m^2）；

　　　x_i——界址点、房角点或边界点的纵坐标（m）；

　　　y_i——界址点、房角点或边界点的横坐标（m）；

　　　n——界址点、房角点或边界点的个数；

　　　i——界址点、房角点或边界点的序号，按顺时针方向顺编，或逆时针方向顺编，序号从 1 开始顺编，当 $(i+1) > n$ 时，令 $(i+1) = 1$；当 $(i-1) < 1$ 时，令 $(i-1) = n$。

面积中误差按式（11-15）计算，即

$$m_s = \pm m_j \sqrt{\frac{1}{8}\sum_{i=1}^{n} D_{i-1,i+1}^2}$$

(11-15)

式中　m_s——面积中误差（m^2）；

　　　m_j——界址点、房角点或边界点的点位中误差（m）；

　　　n——界址点、房角点或边界点的点数；

　　　i——界址点、房角点或边界点的点号，一般从 1 开始按顺时针方向连续顺编，当 $(i+1) > n$ 时，令 $(i+1) = 1$；当 $(i-1) < 1$ 时，令 $(i-1) = n$；

　　　D——界址点、房角点或边界点连线所组成的多边形中，相间点连线的间距。如图 11-3 所示，在此 i 也是边号，即 $D_i = D_{i-1,i+1}$。

二、实地量距法

实地量距法是目前房地产测量中最普遍的面积测算方法，在测算房屋面积时和测量房屋用地时，皆可以使用该法。对于规则的图形（例如矩形），用卷尺或测距仪直接量取其边长就可很简单地算出其面积；对于不规则的图形，量取其边长后，可将其分解成几个简单的几何图形，然后分别计算出这些图形的面积，用加减法算出所求面积。

房产面积的精度分为三级，各级面积的限差和中误差不得超过表11-4要求。

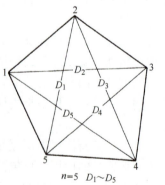

图 11-3　多边形面积计算中 D_i 的确定

表 11-4　房产面积测量精度要求

房产面积的精度要求	限差/m^2	中误差/m^2
一	$\pm(0.02\sqrt{S} + 0.0006S)$	$\pm(0.01\sqrt{S} + 0.0003S)$
二	$\pm(0.04\sqrt{S} + 0.002S)$	$\pm(0.02\sqrt{S} + 0.001S)$
三	$\pm(0.08\sqrt{S} + 0.006S)$	$\pm(0.04\sqrt{S} + 0.003S)$

注：S 为房产面积，单位 m^2。

三、图解法

（一）平行线法

将间距 $H=1\text{mm}$（或 2mm）的平行线刻绘在透明膜片上，使用时把其蒙在所测图形上，则图形被平行线分割成许多等高的梯形，如图11-4所示，图中平行虚线是梯形的中线，量测各梯形中线长度，可得图形面积为

$$S = (ab + cd + ef + \cdots)H \tag{11-16}$$

最后再根据图的比例尺将其换算为实地面积。

（二）方格网法

如图11-5所示，将刻绘有边长为 1mm 或 2mm 的正方形格网的透明膜片蒙在待测图形上，先数出图形内完整的小方格数，然后目估不完整的小方格凑整成完整的小方格数。这样根据每个小方格所表示的实地面积，就可求得整个图形的实地面积。该法适用于所量图形边界为不规则的曲线图形。

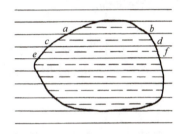
图 11-4　平行线法求面积

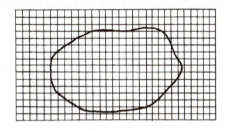
图 11-5　方格网法求面积

图上量算面积应独立进行两次。两次量算面积较差不得超过式（11-7）的规定，即

$$\Delta S = \pm 0.0003 M \sqrt{S} \tag{11-17}$$

式中　ΔS——两次量算面积较差（m^2）；

S——所量算图形面积（m^2）；

M——图的比例尺分母。

使用图解法量算面积时，图形面积不应小于 5cm^2。图上量距应量至 0.2mm。

第四节　房产测绘软件 BMF 简介

房测之友 BMF 是南方公司采用 C/S 服务器模式，以 AUTOCAD 为图形平台，使用大型关系数据库 SQL SERVER 为数据库平台，将房产测绘单位的业务，从"外业测绘数据采集""房屋测绘制图""房屋面积分摊计算""结果检查""成果审查"到"成果图、成果报表输出"等融为一体的一套专门为房产测绘单位量身定制的数字房产测绘软件。该软件具有如下功能和特色。

（一）主要功能

1. 系统管理

具备安全、灵活的系统管理功能，主要包括操作人员管理、权限设置、密码更改、字典设置、业务流程设置、系统登录等功能。

在数据安全方面，任何登陆系统的操作人员，都要凭用户名、密码才能登录，进行权限

内的数据操作；操作人员不能修改别人正在办理的测绘案件，也不能修改已经通过检查、审核、归档的数据，从而保障测绘数据、测绘成果的安全，降低风险。

2. 房产基础测绘，分幅分丘图的绘制与输出

具备规范的基础测绘功能，主要包括前期的外业数据采集，房产要素的绘制，分幅分丘图的输出。系统提供与主流全站仪和测绘软件的接口功能，所有地物符号完全按照国家规范制作。

3. 房产项目测绘——商品房面积分摊计算

具备高效、精确的商品房计算功能。项目测绘中的商品房面积计算是整个房产测绘单位业务工作的核心，主要包括工程、幢信息的管理，房屋平面图形的绘制，属性的添加，面积分摊计算，结果的检查、审核，计算公式的自动生成，分层分户图的生成，房产面积计算报告的输出等。系统在商品房面积计算方面，基于 CAD 平台，可批量添加户室属性，自定义实体编号格式，从而做到分摊关系划分方式直观，面积计算结果准确。

4. 房产项目测绘——私房、单位房的面积计算

具备快捷、方便的单位房处理功能。项目测绘中的单位房计算主要包括单位房的图形绘制，属性的添加，面积计算及其成果表格和图形的输出。系统在私房处理上，操作简单方便。

5. 查询统计

具备强大的查询统计功能，主要包括面积统计、工作量统计、收费统计、幢信息查询、丘信息查询、测绘信息查询等。

（二）主要特色

1) 批量添加面积线属性。对于处理大批量的商品房、车库、商铺等房屋可极大提高工作效率。

2) 自动处理中线阳台。无论凸阳台、凹阳台、半凹半凸阳台，无论按中轴线还是按外墙线绘制阳台，系统均可自动按正确尺寸计算。

3) 自动不限级别的树形分摊模型。分摊关系采用分摊树表示，直观显示功能区和共用区的关系；提供全自动、半自动、手动等多种分摊模式，能处理各类、多级复杂分摊，如比例分摊、协议分摊、交叉分摊等。

4) 自动生成面积计算公式。能自动生成户室、楼层、功能区、幢的面积计算公式，自动生成各系数的分摊计算公式，以及详细的分摊说明。

5) 分摊检查和面积检核。从实体到幢，都有相应的面积检核手段，并因各种条件做出合适的提示，确保成果精确、安全。

6) 实体复制、幢复制。使用实体复制处理幢内相同结构部位，幢复制解决预测到实测转换问题以及处理多个类似结构幢，提高工作效率。

7) 实测预测关联。实测成果和预测成果关联，进行面积比对，了解测量成果的变化。

8) 批量生成成果图、智能打印。批量生成分户平面图、分层平面图等，智能打印省去繁琐的打印设置。

9) 采用 Cell 组件，轻松制作出适合地方要求的成果图表样式，自动生成完整齐全的成

果图表。

10）成果图和成果报表自由定制。自由定制各种样式的成果图形模板、报表模板、统计报表模板。

11）人性化的设置。可以按"单进双不进"原则设置计算成果小数位，设置面积线的颜色、出分户图的部位、定义新的房产类型等。

12）系统提供多样的接口，数据可导出到当前常用的 GIS 平台，并与其他软件如 CASS、EIS、HOS、HIS 进行无缝接轨。

13）若有工作上的需要，还可加入房产测绘工作流程，在 BMF 基础上提供房产测绘办公系统 HOS，满足需要流程功能的房产测绘用户的需要，更有利于对各操作人员进行权限控制以及管理统计，更符合现代化分工协作的办公需求。

房测之友 BMF 软件的安装、操作应用步骤，应按照说明书进行，在此不做详述。

小　结

1. 房屋面积测算包括房屋建筑面积测算、使用面积测算、产权面积测算、共有建筑面积的测算与分摊。

2. 房屋建筑面积包括使用面积、辅助面积和结构面积三部分。

3. 能够计算建筑面积的房屋原则上应具备以下普遍的条件：

1）具有上盖。

2）应有围护物。

3）结构牢固，属永久性的建筑物。

4）层高在 2.20m（含）以上。

5）可作为人们生产或生活的场所。

4. 房屋建筑面积的计算范围包括：

1）计算全部建筑面积的范围。

2）计算一半建筑面积的范围。

3）不计算建筑面积的范围。

5. 套内建筑面积由套内使用面积、套内墙体面积和套内阳台面积三部分组成。

6. 共有面积包括层、功能区、整幢共有面积。

7. 套内产权面积的计算步骤：

1）幢共有建筑面积的分摊。

2）功能区共有建筑面积的分摊。

3）层共有建筑面积的分摊。

4）套（户）内产权面积的计算。

思考题与习题

1. 房产面积测算包括哪两方面的内容?
2. 计算建筑面积的房屋普遍应具备什么条件?
3. 已知图 10-13 为一幢普通住宅楼,全幢共有 6 层,分为两个单元,每单元有两套住宅,全幢共 24 户住宅,各层套型相同,具体尺寸见图,图中所注尺寸除阳台为外尺寸外,其他尺寸均为中线尺寸,墙体厚度为 0.3m。试进行套面积、产权面积和分摊面积的计算。
4. 如何进行共有建筑面积的分类与确认?
5. 不应分摊的建筑面积有哪些?
6. 套内建筑面积由哪三部分组成?
7. 已知 6 个点的坐标 1(350.00,400.00),2(487.44,400.00),3(489.79,635.67),4(492.75,835.50),5(221.18,858.31),6(214.35,647.60)。分别用坐标解析法两个计算公式进行面积计算并求其中误差,已知 $m_j = \pm 0.02\text{m}$。

第十二章

房地产测绘资料管理

学习目标

通过本章学习，了解房地产测绘资料的特点；熟悉房地产测绘资料管理的内容；掌握房地产变更测量的方法程序。

    房地产测绘资料是在房地产测绘的设计、生产过程中形成，由各用户申请登记，经过主管部门逐户审核确认后，作为核发房屋所有权证与国有土地使用权证的图样和资料成果。其特点如下：

1）具有延续性。是房地产历史和现状的真实记录。

2）具有基础性。是进行房地产管理工作的必要条件和重要依据。

3）具有准确性。是根据国家标准采用科学的方法使用测量仪器设备测绘的成果。

4）具有时效性。在社会主义市场经济条件下房地产的交易十分活跃，城镇建设日新月异，房屋和房屋用地的现状和权属在不断地变化，每次变更都要进行变更测量，对原有的房地产资料进行修正和处理。

5）具有法律性。是调解房屋产权与土地使用纠纷、审核房屋建筑是否违章等必不可少的法定资料凭证。

6）具有共享性。它不仅是房地产开发利用、交易、征收税费以及城镇规划建设的重要数据和资料，而且可作为城市地理信息系统的子系统为城市的土地、地籍的基础资源管理，交通安全，公安消防管理及城市管网管理等提供信息资源。

    房地产测绘资料管理应包括资料形成过程的质量管理和资料形成后的管理及适时进行房地产变更测量以保证房地产测绘资料的现势性。

第一节　测绘资料质量管理

测绘资料的质量管理，主要是指测绘资料形成过程中的各个环节的质量管理。其内容包括测绘产品从技术设计、新产品开发、设备材料、生产实施直至测绘产品使用全过程的质量管理。其主要内容是：国家测绘主管部门负责测绘生产质量管理工作的立法，测绘产品的控制、监督与管理；测绘生产单位建立健全测绘产品的质量管理体系和质量保证体系，制订测绘产品质量规划，进行质量教育，增强质量意识，遵守职业道德，严格执行国家技术标准，组织测绘产品质量的检查和评定工作；房地产管理部门的测绘主管机关与测绘单位共同组织房地产测绘产品的质量评定验收工作。

一、技术设计与新产品的质量管理

测绘生产单位应在资质等级证书允许的业务范围内承揽房地产测绘任务。测绘生产单位接受房地产测绘任务委托后或接到发标单位的中标通知书并与发包单位签订合同后，应按照任务委托书或合同内容的有关要求，组织技术人员进行技术设计，在规定的时间内报委托单位或监理单位审批。应坚持先设计后生产的原则，不允许边设计边生产，并禁止无设计生产。技术设计应严格执行国家标准和行业标准，技术设计中涉及放宽技术标准和生产工艺等问题而可能影响产品的质量时，设计书的审批应征求质量管理部门的意见。在设计中应尽量使用新技术、新工艺，所应用的新技术、开发的新产品，必须通过正式鉴定，重大技术改进应经主管部门组织专家论证批准后方可用于生产。审批后的技术设计是施测作业的主要技术依据，除非委托单位或发包单位改变委托书或合同的有关内容，否则测绘生产单位在作业中不得随意修改。

二、测绘生产过程中的质量管理

（一）检查、验收制度

房地产测绘成果实行二级检查和一级验收制。一级检查为过程检查，在全面自检、互查的基础上，由作业组的专职或兼职检查人员承担。二级检查由测绘单位的质量检查机构和专职检查人员在一级检查的基础上进行。

测绘单位的领导、管理人员应深入作业现场，抓好每个生产环节的质量管理。参加作业以及承担各级检查、验收的人员，要经过培训考核合格后，持证上岗。作业前必须组织有关人员学习国家、行业技术标准、操作规程及技术设计书，并对生产使用的仪器设备进行检验和校正。作业中应严格执行技术标准，做到有章可依，违章必究，不得随意放宽技术标准。作业人员要对所完成的作业质量负责到底。

测绘单位要完善自身的质量管理体系，结合所承担的任务成立质量管理小组，开展各种形式的质量攻关活动。坚持对每个环节都进行一级和二级检查，检查或验收人员发现质量问题要做好记录并提出处理意见，交被检单位改正。当出现意见分歧时，检查中的问题由测绘生产单位的总工程师裁决，验收中的问题由测绘生产单位上级行政主管部门的质量管理机构裁定。

测绘单位要保证测绘仪器设备、工具材料的质量，产品的规格、品种和性能满足生产要求和合同的要求。建立仪器设备的定期检修保养制度。

房地产测绘各工序的产品必须符合相应的技术标准和质量要求，由质检人员按规定签注意见（实行招投标的项目应报监理单位签注中间质量单）后，上一道工序的产品（成果资料）方可在下一道工序使用。下一道工序有权退回不符合要求的产品，上一道工序要及时予以改正。

检查验收工作应在二级检查合格后由房地产测绘单位的主管机构实施。二级检查和验收工作完成后应分别写出检查、验收报告。

（二）检查验收的依据

1）有关的房地产测绘任务书、合同协议书或委托检查验收文件。

2）有关法规及技术标准。

3）技术设计书和有关技术规定。

（三）检查验收的项目及内容

1. 控制测量

控制测量网的布设和标志埋设是否符合要求，各种记录计算是否正确，各类控制点的测定方法、扩展次数及各种限差、成果精度是否合乎要求，起算数据和平差计算方法是否正确，成果精度是否符合要求。

2. 房产要素调查

房产要素调查的内容与填写是否齐全、正确，调查表中的用地略图和房屋权界线示意图上的用地范围线、房产权界线、房屋四面墙体归属，以及有关说明、符号和房地产图上是否一致。

3. 房产要素测量

房产要素测量的测量方法、记录和计算是否正确，各项限差和成果精度是否符合要求，测量的要素是否齐全、准确，对地物的取舍是否合理。

4. 房地产图的绘制

房地产图的规格尺寸、技术要求、表达内容、图廓整饰是否符合要求，房地产要素的表述是否齐全、正确、合乎要求，对有关地形要素的取舍是否合理，图面精度和图边处理是否符合要求。

5. 房产面积的测算

房产面积和用地面积的计算方法是否正确，精度是否合乎要求，共有与共用面积的测定和分摊计算是否合理。

测绘任务完成后，产品成果的最终验收工作由委托单位或发包单位组织实施。产品成果的等级分三级：优级品、良好品和合格品。成果质量的评定标准可参照《测绘成果质量检查与验收》（GB/T 24356—2009）执行，成果质量由专职或兼职检查验收人员评定。

（四）检查验收的方法

1）对于房地产测量中使用的测量仪器，应看有无出厂合格证书，是否按计量法的规定在计量部门或计量部门授权指定的机构按照规定的期限进行了计量鉴定并持有计量鉴定合格证，在出测之前是否按规范规定的项目对测量仪器进行了检验校正，各检校项目的记录是否规范、数据是否完整。

2）对于外业测量的原始记录，应检查记录是否工整，计算是否正确；角度测量是否符合各项观测限差，观测记录的秒值是否有涂改，度、分、秒是否有连续改动；水准测量是否合乎观测限差，读数的后一位是否有涂改的现象；距离测量中，温度、气压的记录是否齐全，测回平均值的计算是否正确等。

3）对于计算成果资料，在室内应先检查所使用的计算数据和计算方法是否正确，再检查计算结果的正确性。到实地可应用仪器工具进行抽检，比如对房地产界址点测量的成果的检查，可将全站仪安置在测量界址点时的控制点上，用坐标测量的方法对其中部分或全部界址点进行检查测量。

4）对于房地产图，应在室内检查的基础上，在野外采用散点法或剖面线法使用测量仪器进行抽检。

三、产品使用中的质量管理

房地产测绘产品经验收合格后方可交付房产管理部门使用。测绘单位应主动征求用户对产品质量的意见，建立质量信息反馈系统，并为用户提供咨询服务。测绘单位应对测绘产品的质量负责到底，在质量问题上如与用户产生分歧，应协商解决，否则应上报用户所在地区测绘行政主管部门的质量管理机构裁决。

第二节　测绘资料管理

房地产测绘资料按内容和表示方法不同可分为测量、调查原始资料，测量成果计算资料和房地产图。具体包括：房地产测绘技术设计书，成果资料索引及说明，控制测量成果资料，房屋及房屋用地调查表、界址点坐标成果表，图形数据成果和房地产原图，技术总结以及检查验收报告。房地产测绘资料是房地产管理部门进行房产产权、产籍管理，房地产开发利用、交易、征收税费的重要依据，是城市规划部门进行城镇规划建设的重要资料。因此，必须科学地整理、妥善地保管、充分地利用。房地产测绘资料管理工作，应根据国务院制定的《科学技术档案工作条例》和建设部颁布的《城市建设档案管理条例》，根据本地区测绘行政主管部门制定的测绘资料管理办法进行，使测绘资料管理纳入科学化、现代化的轨道。

一、资料的整理

房地产测绘资料通过整理实现其条理化并将其有关内容、成分揭示出来，否则无法进行定位排架。同时，通过整理还可以检验资料的完整性。所以整理工作是管理工作的基础。

将整理好的房地产测绘资料分门别类装订成册，按类别编号登记入柜，建立账卡，做到有目录、有索引，便于查找，易于管理。因此，整理工作对于充分发挥测绘资料的作用，实现测绘资料的档案化管理及有效利用具有重要的意义。

房地产测绘资料只有经过整理才能成为房地产管理部门所需的房产簿册、房产数据集和房地产图集。房地产测绘资料的整理包括房地产测绘数据成果资料和房地产图的整理。

1. 原图的整理

经过外业测量绘制的房地产图或由航测内业得到的房地产航测图，以及经过编绘得到的房地产编绘图，都称为实测房地产原图或编绘原图。原图的材质分为两种，一种原图是胶合板纸图，应再另行映绘一套聚酯薄膜或透明底图。原图是外业修测经常使用的图样，底图是供复晒使用的图样，另一种原图是聚酯薄膜图，应根据房地产图测绘要求将其清绘上墨，使其成为复晒用的底图，为了外业修测使用方便，应再用底图复制一套薄膜二底图。

为了减少经常性外业修测对原图的磨损，在一般情况下如果修测面积不大，可用复晒的蓝图到野外修测，室内修改原图。

2. 绘制结合图

为了便于房地产图幅所在地的位置和四邻接图幅的图号，对整个测区范围应绘制一份结合图。这样可以在结合图上一目了然地看清整个测区图幅的分幅情况、图号和图幅的数量，不仅便于图样的管理和使用，也便于以后修测时划分分工范围，安排作业计划。

3. 复晒图的装订

由于要经常修测，第一次测制完成后应复晒一套图按房产区、房产分区、丘顺序装订成册，以后每隔3~5年对修测后的图样都要重新复晒装订成册，均作为历史资料保存，以真实地反映房地产的演变情况。装订时应采用硬纸板作为封面，写上房产区、房产分区名称、丘号、坐标或行列式顺序，内页应附测图日期、图幅总数、执行标准及用法说明。

4. 原图的数字化

目前，数字化测图技术日趋完善，在房地产测绘中应采用多功能自动化程度较高的综合测图系统，具有全野外数据采集，计算机数据处理，建立图形数据库，根据需要和要求输出图样等优点。对于已测绘的原图，可采用图形数字化技术、使用数字化仪或扫描仪将原图资料数字化，建立图形数据库，根据需要输出图样。

5. 测绘数据成果资料的整理

测绘数据成果资料的整理，是将测绘数据成果按控制测量、房产要素测量进行成果分类，并按房产区、房产分区、丘、施测日期进行分册，以便管理和使用。也可将测绘数据成果输入计算机建立房产数据库，与房地产图形数据库形成城镇地理信息系统房地产管理子系统。

6. 资料建档

房地产测绘资料的建档是在整理的基础上，由房地产管理部门的档案管理机构对其进行科学的分类、排列和编号。为了便于对房地产测绘资料进行分类、整理和排架，现将我国测绘科技档案的分类法列举如下。

我国测绘科技档案共设置了19个基本大类，各基本大类的序号按汉语拼音字母A、B、…、T、U排列，测绘、海洋、气候及地震同属一类编在第18类，总序列号为T。海洋、气候、地震、测绘类属二级科目，采用双字母表示其相应的类目，即相应为TA、TB、TC、TD。测绘科技档案分类见表12-1。

表12-1 测绘科技档案分类表

一级分类		二级分类		一级分类		二级分类	
编号	名称	编号	名称	编号	名称	编号	名称
1	天文大地测量	11	天文测量	5	科学研究	51	基础理论研究
		12	重力测量			52	大地测量研究
		13	三角测量			53	摄影测量研究
		14	长度测量			54	房地产图制图研究
		15	水准测量			55	工程测量研究
		16	空间测量			56	测绘仪器研究
		19	其他			59	其他
2	摄影测量	21	航空摄影测量	6	基本建设	61	航测类
		22	卫星摄影测量			62	人造卫星地面站
		23	多波段摄影测量			69	其他
		24	红外摄影测量	7	仪器设备	71	测量仪器
		25	多光谱扫描			72	航测仪器
		26	地面摄影测量			73	地图印制设备
		29	其他			74	仪器设备通用
3	地图制图	31	地形图			79	其他
		32	影像地图	8	标准、计量	—	—
		33	专题图				
		34	地图集				
		39	其他	9	环境保护及其他	—	—
4	专业测量	41	工程测量				
		42	地籍测量				
		49	其他				

二、资料的管理

房地产测绘资料的日常管理,包括资料的存放保管和调阅。一般来说,房地产测绘资料的日常管理工作是一项经常性的业务工作,应在集中管理的原则指导下,制订完善的管理制度,采取必要的技术措施,克服和限制损毁资料的各种不利因素,维护资料的完整、准确、系统和安全。只有做好存放保管工作,才能使集中起来的测绘资料的完整性和安全性得到可靠的保证;只有严格执行资料的调阅制度,才能充分地发挥资料的作用。

1. 图样资料的存放保管

从材质来看,房地产图有胶合板原图、聚酯薄膜原图、聚酯薄膜底图、透明纸底图、聚酯薄膜二底图及蓝晒图等多种图样。由于各种图样的用途不同,应分开存放在特制的铁柜或木柜内。为了防尘,保持原图的线划清晰,应将原图板用玻璃纸将有线划的一面包好,装在特制的大纸袋内,平放在图柜中保存。最好将图柜分成小格,每格只放1块,最多不超过5块。聚酯薄膜和透明纸图应卷成圆筒存放,圆筒的直径不能太小,以免变形和晒图时伸展不平。蓝晒图可以折叠存放,折叠时应将图名、图号折在外面,以便查阅。各种复制图也应妥善存放和保管，以提高其使用率。

数字化成图的房地产测绘资料，应将房地产界址数据和图形数据复制到可靠存储介质上1~2份并分别存放。

房地产测绘资料的保管工作，应从两个方面入手。一是物的因素，即必须提供必要的保管条件，图样资料库必须坚固适用，库房内必须保持适当的温度、湿度，具有抗震、防盗、防水、防火、防尘、防潮、防虫、防鼠、防高温、防强光等设施；二是人的因素，图样资料室应配备数量足够和能胜任管理工作的管理人员，其中必须包括一定数量的工程技术人员。资料管理人员必须具备事业心和高度的责任感，认真执行国家档案工作条例的有关内容，自觉遵守保密制度，刻苦钻研业务，对接收的图样资料进行造册登记建档，经常分析和掌握造成图样资料损毁的因素，研究和改进图样资料的保护技术，尽量延长图样资料的寿命，对已破损和字迹褪色的重要图样资料及时进行修复和复制。要制订严格的防护措施，对所属的图样和资料的保管情况进行定期检查，遇到特殊情况立即检查，及时处理。坚持以防为主、防治结合的原则，并依据保密法做好保密工作。

图样和资料管理部门应对所存放的房地产测绘资料按测绘科技档案分类方法和房地产资料档案纲目科学地进行分类、排列和编号，建立台账，编制必要的检索工具。通过排架、存放和库房管理，一是有利于发挥库房和装置的使用效益，维持库房管理的科学秩序，二是有利于保护测绘资料和对资料的查询利用，维护所保管图样资料的完整安全。

2. 图样资料的调阅

房地产测绘资料的调阅和使用是经常性的、频繁的。一是为保持房地产图与实地现状的一致性，要调出图样修测；二是复晒使用的图样，要调出晒制；三是处理房地产有关事宜，要调出查阅。为了防止图样资料的遗失、损坏和泄密，必须配备专职管理人员，制订严格的管理制度和调阅登记制度。图样资料的调阅，必须经过有关领导的批准，进行登记。调出的图纸资料，必须在规定的期限内归还，逾期未还的管理人员有责任催还。管理人员应对图样资料的利用情况及时准确地进行统计，并按有关规定上报有关单位和领导。

第三节　房地产变更测量

随着城镇建设的不断发展，房屋及其用地的现状和权属的状况经常发生变化，各种与房地产有关要素不断变更。作为房地产测绘资料管理内容的一部分，为了保证房地产图样资料与现状的一致性，需要及时进行房地产变更测量。

一、变更测量的内容与要求

变更测量包括现状变更测量和权属变更测量。

1. 现状变更测量内容

房屋的新建、拆迁、改建、扩建；房屋的结构、层数的变化；房屋的损坏与灭失，包括全部拆除与部分拆除、倒塌和烧毁；围墙、栅栏、篱笆、铁丝网等围护物以及房屋附属设施的变化；道路广场、河流的拓宽、改造，境界的变化；地名、门牌号的变化；房屋及其用地面积的增减变化。

2. 权属变更测量内容

房屋买卖、交换、继承、分割、赠与、兼并等引起的权属的转移；房屋用地界线、界址的变化，包括合并、分割、塌没和截弯取直；征拨、出让、转让土地而引起的土地权属界线的变化；他项权利（抵押、典当）的变化和注销。

3. 变更测量的要求

变更测量时，应做到变更有合法依据，对原有已登记发证而确认的权界位置和面积等合法数据、附图不得随意更改。

房地产的分割应先进行房地产登记，且无禁止分割文件，分割处必须有固定界标；位置毗连且权属相同的房屋及其用地的合并，应先进行房地产登记。

房屋所有权发生变更或转移，其房屋用地应随之变更或转移。

二、变更测量的方法程序

1. 准备工作

在变更测量之前，应到城市规划部门、市政公用部门、房地产开发企业、交易市场、政府房地产管理部门拆迁管理单位等部门收集房地产变更信息资料并进行归类、列表，调阅已有房地产图集等资料，作为现场调查的基础资料。确定修测范围，并根据原图上的平面控制点的分布情况和现有的测量仪器设备，选择变更测量方法。

2. 变更要素调查

根据所收集的变更资料，实地进行房地产变更要素调查，掌握各项房地产要素变更的具体情况，包括现状变更和权属变更调查。

现状变更调查是利用调查表，对照房地产图，对房屋及其用地的自然状况（包括地名、门牌号、建筑结构、层数、建成年份、用途、用地分类状况）进行调查和核实。

权属变更调查是利用申请表对房屋及其用地的状况（包括权利种类、权利人、他项权利人、权利范围、四至状况）进行实地调查和核实。对于新的权利界址的认定，不论采用何种方式指界，必须得到相邻产权人的认可并签章，有时还应设立四至界标，或对"四面墙界表"进行签认。

3. 修测

对变更后的房屋及其用地的位置及形状进行修测，应根据原有的近邻平面控制点、界址点或明显的固定地物点，在原图或二底图上进行。现状变更范围较小时，可采用卷尺或钢尺丈量，用几何作图法进行修测；现状变更范围较大时，应先补测图根控制点，然后采用解析法或全野外数字采集系统进行测图。所有已修测过的地物点均不得作为变更测量的依据。

4. 界址点测量

随着权界的变更，界址点也应做相应的调整并重新测定其坐标。变更界址点的测量方法和精度与原界址点的测量方法相同。

5. 变更用地面积测算

根据变更界址点应达到的精度等级可采用相应的方法进行用地面积的测算。测算方法包括解析法和图解法，利用界址点的坐标或实测边长重新计算用地面积。

房产分割后各户建筑面积之和与原有房屋建筑面积的不符值、用地分割后各丘面积之和与原丘面积的不符值应符合房产测量规范规定的限差。房产合并后的建筑面积，取合并建筑面积之和；房屋用地合并后的面积，取合并的各丘面积之和。

三、房地产编号的调整

房地产合并、分割或调整后，应根据变更的情况，及时调整有关丘号、界址点号及幢号，调整规则如下：

1. 丘号
1）用地的合并与分割都应重新编丘号。新增丘号，按编号区内的最大丘号续编。
2）组合丘、新增丘支号按丘内的最大丘支号续编。

2. 界址点、房角点点号
新增的界址点或房角点的点号，分别按编号区内界址点或房角点的最大编号续编。

3. 幢号
房产合并或分割应重新编幢号，原幢号作废，新幢号按丘内最大幢号续编。

小 结

1. 房地产测绘资料具有延续性、基础性、准确性、时效性、法律性和共享性等特点。
2. 房地产测绘资料管理包括资料形成过程的质量管理、资料形成后的管理和为了保证房地产测绘资料现势性而进行随时房地产变更测量。
3. 房地产测绘资料的质量管理主要是指资料形成过程中的各个环节的质量管理，包括测绘产品从技术设计、新产品开发、设备材料、生产实施直至测绘产品使用全过程的质量管理。
4. 房地产测绘资料形成后的管理包括资料整理和资料管理两方面的内容。
资料整理包括原图的整理、绘制结合图、复晒图的装订、原图的数字化、测绘数据成果资料的整理、资料建档。
资料管理包括图样资料的存放保管和图样资料的调阅。
5. 房地产变更测量包括现状变更测量和权属变更测量。
变更测量的方法程序为：
1）准备工作。即收集变更资料、确定变更测量范围、仪器方法。
2）变更要素调查。实地进行房屋及用地现状和权属变更调查。
3）修测。实地在原图或二底图上修测变更范围。
4）界址点测量。在修测的同时进行权属变更界址点的测量。
5）变更用地面积测算。

思考题与习题

1. 房地产测绘资料有哪些特点？
2. 房地产测绘资料包括哪些内容？
3. 简述房地产测绘资料检查验收的项目和内容。
4. 房地产测绘资料验收的方法有哪些？
5. 试述房地产测绘资料整理的方法和内容。
6. 房地产变更测量的内容包括哪些？
7. 简述变更测量的程序。

参 考 文 献

[1] 廖元焰. 房地产测量 [M]. 北京：中国计量出版社，2011.
[2] 刘杈. 房地产测量 [M]. 武汉：武汉大学出版社，2009.
[3] 吕永江. 房产测量规范与房地产测绘技术 [M]. 北京：中国标准出版社，2001.
[4] 宁津生，陈俊勇，李德仁，等. 测绘学概论 [M]. 武汉：武汉大学出版社，2004.
[5] 蓝悦明，康雄华. 不动产测量与管理 [M]. 武汉：武汉大学出版社，2008.

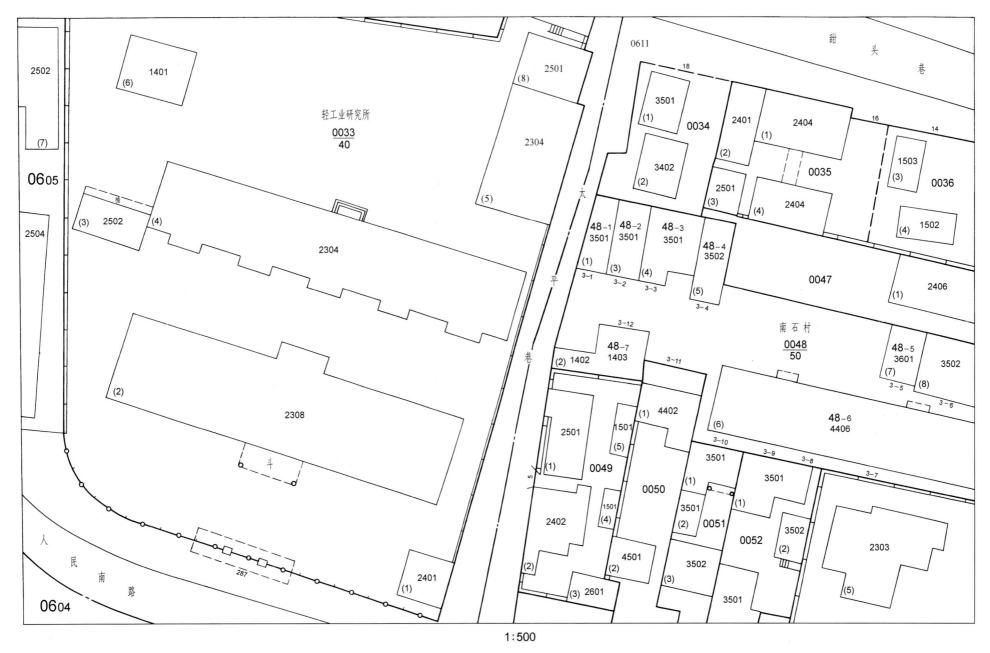

图 10-11 房地产分幅图(局部)示例

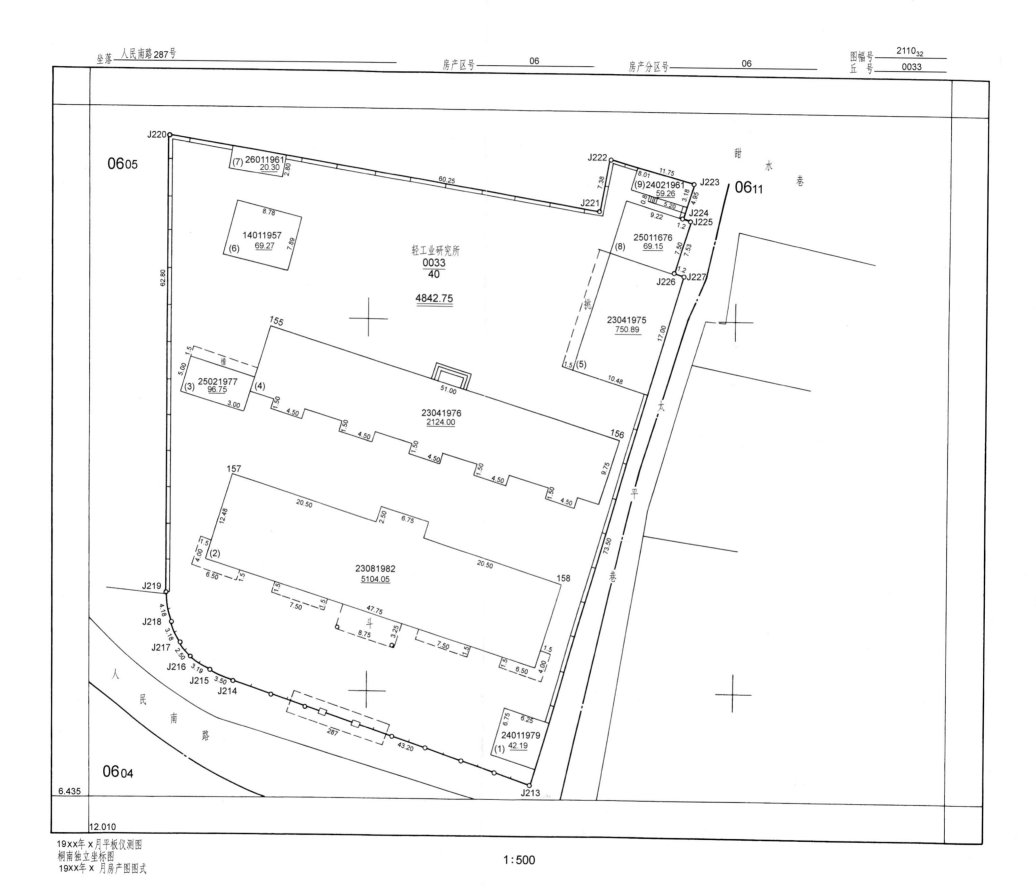

图 10-12 分丘图示例